书香中国学术文库

聚焦主课

李小坚　邓政　主编

光明日报出版社

图书在版编目（CIP）数据

聚焦主课 / 李小坚，邓政主编 . -- 北京：光明日报出版社，2017.11（2023.1 重印）

ISBN 978 - 7 - 5194 - 3572 - 1

Ⅰ.①聚… Ⅱ.①李…②邓… Ⅲ.①中国共产党—党校—教学研究—文集 Ⅳ.①D261.41 - 53

中国版本图书馆 CIP 数据核字（2017）第 269945 号

聚焦主课

JUJIAO ZHUKE

主　　编：李小坚　邓　政

责任编辑：曹美娜　　责任校对：赵鸣鸣

封面设计：中联学林　　责任印制：曹　诤

出版发行：光明日报出版社

地　　址：北京市西城区永安路 106 号，100050

电　　话：010 - 67078251（咨询），63131930（邮购）

传　　真：010 - 67078227，67078255

网　　址：http：//book. gmw. cn

E - mail：gmrbcbs@ gmw. cn

法律顾问：北京市兰台律师事务所龚柳方律师

印　　刷：三河市华东印刷有限公司

装　　订：三河市华东印刷有限公司

本书如有破损、缺页、装订错误，请与本社联系调换

开　　本：710×1000　1/16

字　　数：295 千字　　印　　张：23.5

版　　次：2017 年 11 月第 1 版　　印　　次：2023 年 1 月第 2 次印刷

书　　号：ISBN 978 - 7 - 5194 - 3572 - 1

定　　价：85.00 元

编 委 会

前　言

全国党校工作会议于2015年12月11日至12日在北京召开,习近平总书记在会议上强调,党校姓党,决定了党校工作的重心必须是抓党的理论教育和党性教育。之前的11月23日,中央政治局开会,审议通过了《关于加强和改进新形势下党校工作的意见》。习近平总书记的讲话和中央的意见都强调党校要突出理论教育和党性教育两个主业,《关于加强和改进新形势下党校工作的意见》指出:马克思主义理论教育和党性教育是党校的主课,在中央党校、省(自治区、直辖市)委党校、市(地)委党校教学安排中不低于总课时的70%,确保党性教育课不低于总课时的20%。为了认真贯彻落实会议和意见精神,中共邵阳市委党校及时组织部分教师潜心研究,编著了《聚焦主课》一书,这是一件很有影响、很有意义的事情。

教师的教案结集出版,是教师的教学成果浓缩升华的结晶,是教学科研一体化的重要形式,也是市委党校第一次将教师的教案公开出版发行。

"理论教育是根本,党性教育是关键",把理论教育和党性教育作为党校教育的主业和主课,是习近平总书记反复强调的重要治校方略。因此这次教案集的内容集中、主题突出、结构严谨、语言较为精炼,内容主要围绕加强马克思主义理论学习,增强党员干部的修养展开,紧扣提高党员的理论修养和党性修养这一主题,突出了"党校姓党""理论阵地"和"党性熔炉"的功能。同时,党校要成为党和国家的重要智库,要聚焦党和政府中心工作、党委和政府重大决策部署、社会热点难点问题进行深入研究,提出有价值的对策建议。有鉴于此,有些教案深入联系邵阳市情,提出了促进邵阳经济社会发展的对策措施,从而形成了本书的三大部分:理论武装篇、党性修养篇、问题聚焦篇。

教案集是市委党校教师心血和汗水的结晶，每个专题教师们都精心选题、布篇谋局、字斟句酌、反复锤炼、几易其稿。全书视野开阔、阐释缜密、研究深入，其中不乏有见地、有深度、有创意的思想观点和对策建议，值得学习研究。

姚海波

目　录
CONTENTS

01

理论武装篇导读

马克思主义理论是无产阶级认识世界和改造世界的强大思想武器，是无产阶级政党的行动纲领和实践指南，是中国共产党人锤炼党性、锻炼品行、增强自信、不断前进的根本保证。

马克思主义理论在它产生以来的一百多年的历史发展进程中，不断丰富、发展和完善。它在和各种非无产阶级思想的斗争中，经受住了时间和历史的深刻考验。共产党人只有加强对马克思主义理论的深入学习，切实坚持用马克思主义理论武装自己，坚持用马克思主义理论去观察、分析和解决问题，才能在实际工作中做到方向正确、信念坚定、少走弯路、奋发有为；才能在社会历史的发展潮流中实事求是、保持清醒、与时俱进；才能在面对各种非无产阶级思潮的冲击时坦然应对、激浊扬清、发展创新。

马克思主义理论博大精深，因此，对马克思主义理论的学习不可能一蹴而就，需要我们持之以恒地学，认认真真地学，扎扎实实地学。

本辑共选录了与马克思主义理论有关的教案八篇。其中马昌永同志的《坚信“两个必然”，坚定理想信念——从〈共产党宣言〉谈起》，详细解读了“两个必然”规律的内涵，对我们坚定理想信念，很有帮助；

郑典福同志的《〈矛盾论〉〈实践论〉解读》，从《实践论》《矛盾论》的写作背景、基本内容和思想、当代价值和启示等方面，阐释了中国共产党人对马克思主义理论的继承、发展和创新；刘颖梅同志的《深入学习"四个全面"重大战略布局》则通过对"四个全面"提出的时代背景、"四个全面"战略的具体内涵的准确把握，从而高屋建瓴地对马克思主义理论的最新成果"四个全面"战略部署进行科学解读；肖凤同志的《学好辩证法，提高辩证思维能力》从实践的角度阐述了领导干部学好辩证法的重大作用；李小坚同志的《核心的问题是处理好政府与市场关系——学习十八届三中全会〈决定〉的体会》则运用马克思主义的唯物发展史观解读了政府与市场的关系的历史演变及处理好政府与市场关系的重要意义；杨佳同志的《认清西方政治民主制度本质，坚持走中国特色社会主义民主政治道路》则以马克思主义的唯物辩证法分析了西方政治民主的实质，强调坚持中国特色社会主义民主政治制度的必要性；邹鑫同志的《分配制度的改革与反腐倡廉的制度建设》以历史唯物主义的态度审视我国收入分配情况，说明收入分配制度改革的客观必然性。八篇文章，均运用马克思主义的基本理论和方法从不同的角度和高度来分析和解决问题，对于我们提高马克思主义理论素养很有帮助。

坚信“两个必然”，坚定理想信念

——从《共产党宣言》谈起

马昌永[①]

党的十八大报告指出，坚定理想信念，坚守共产党人精神追求。对马克思主义的信仰，对社会主义和共产主义的信念，是共产党人的政治灵魂，是共产党人经受住任何考验的精神支柱。

在革命时期，我们党许多先烈抛头颅、洒热血，是因为他们有理想、有信仰、有追求；今天，我们许多党员干部在不同的岗位上，无私奉献，不求名利，也是由于他们有理想、有信仰、敢担当。

在经济全球化、文化多元化的今天，党员领导干部更应当坚定共产主义理想信念。

本文从《共产党宣言》这篇光辉著作如何论述社会主义必然胜利、资本主义必然灭亡规律（以下简称“两个必然”规律）谈起，深刻地把握马克思主义关于社会发展规律的论述，坚信“两个必然”，从而坚定对社会主义和共产主义的信念，坚定对马克思主义的信仰，坚守我们共产党人的精神追求。

---

① 马昌永，男，中共邵阳市委党校马列教研部副主任，副教授。

一、《共产党宣言》对"两个必然"规律的论述

(一)《共产党宣言》是一本什么样的书

1.《共产党宣言》是全世界共产党人最早的党纲,也是国际共产主义运动的第一个纲领性文献

《共产党宣言》是第一个国际性共产党组织——"共产主义者同盟"的党纲。马克思和恩格斯在1872年德文版序言中说:"《宣言》是无产阶级政党'周详的理论和实践'的党纲"。《宣言》起草发表的经过也充分说明了这一点。1847年1月,恩格斯为正义者同盟写了《共产主义信条草案》,1847年6月正义者同盟改组大会(共产主义者同盟成立大会)再次邀约恩格斯为同盟写了《共产主义原理》,上述文件在成员讨论时存在较大分歧,于是邀约马克思一起参加起草一个正式的党纲。1848年2月,马克思、恩格斯共同写出《共产党宣言》。《宣言》发表以后,工人运动风起云涌,形成一股强大的国际共产主义运动进步潮流。斯大林因此指出:"马克思、恩格斯以自己的'宣言'创造了一个时代,这就是无产阶级革命的时代。"①

2.《共产党宣言》是马克思主义的奠基之作

首先,它第一次向全世界公开说明马克思主义的宗旨和目的——实现无产阶级及全人类的解放。《宣言》开篇宣布:"现在是共产党人向全世界公开说明自己的观点、自己的目的、自己的意图的时候了。"《宣言》号召:"全世界无产者联合起来""消灭资产阶级私有制",《宣言》指出:"每个人的自由发展是一切人的自由发展的条件"。

其次,《宣言》标志着马克思主义的核心组成部分——科学社会主义的诞生。马克思主义由三大部分组成,即马克思主义哲学、科学社会主义、政治经济学。其中科学社会主义是其核心和最终的理论

① 斯大林:《无政府主义还是社会主义?》,《斯大林全集》第1卷,人民出版社1953年版,第322页。

目的。

第三,《宣言》是马克思主义经典著作中篇幅最小、影响最大的文献,是马克思恩格斯后来全部著作的序曲。列宁说,《共产党宣言》是"成熟的马克思主义的最初著作"①。《宣言》之后,马克思恩格斯的研究基本上沿三个方向展开:资本主义生产和经济规律;探索无产阶级革命运动规律;探讨共产主义社会发展阶段特征。

3.《共产党宣言》是世界上流传最广、影响最深远的社会政治文献之一

目前全球《宣言》有200多种文字,1000多个版本,发行几千万册,足迹遍布全球。美国学者汉·马·恩岑斯贝格尔1998年在美国《洛杉矶时报》撰文说:"宣言的许多部分如美妙的诗篇","以往的理论现在都被抛在故纸堆里,马克思恩格斯这些充满活力的词句却会继续给下一个世纪带来震撼与启迪。"世纪之交,世界许多新闻媒体评选出的改变世界的10本或者20本书,《共产党宣言》都名列其中。美国评选的影响美国的20本书中,非美国人的著作只有三本,他们是《共产党宣言》(名列第五位)、弗洛伊德的《梦的解析》、凯恩斯的《就业、利息和货币通论》。

《共产党宣言》影响了中国,影响和改变了20世纪中国的三位伟人孙中山、毛泽东、邓小平的信仰和追求。

孙中山1896年伦敦蒙难之后在英国留居近一年,期间,曾常常到大英博物馆研究欧洲社会主义运动。正是在这里,孙中山第一次知道了马克思和恩格斯的名字及其活动情况,并第一次读到了《共产党宣言》等马克思主义著作,这对他形成三民主义思想影响甚为深远。对此,宋庆龄曾多次讲到,在孙中山诞辰100周年的纪念大会上讲得最精彩:"就在这一海外活动时期,孙中山制订了他的民权主义、民族主义和民生主义。他知道马克思和恩格斯,他也听到了关于列宁和俄国

① 列宁:《国家与革命》,《列宁选集》第3卷,人民出版社2009年版,第578页。

革命活动的消息。早在那个时候，社会主义就对他发生了吸引力。他敦促留学生研究马克思的《资本论》和《共产党宣言》并阅读当时的社会主义书刊。"①

毛泽东1936年在与埃德加·斯诺的谈话中，介绍自己信奉马克思主义的经历时，曾谈道："有3本书（《共产党宣言》、考茨基《阶级斗争》和柯卡普《社会主义史》）对我的影响尤其深刻，使我树立起对马克思主义的信仰。"②毛泽东提到的第一本书即是《共产党宣言》，是《共产党宣言》帮助毛泽东树立起马克思主义世界观。

在《宣言》中，马克思、恩格斯多次强调生产力的重要性，强调资本主义的产生和灭亡、无产阶级革命的胜利，都必须从生产力上去考察。邓小平南方谈话回应和发展了《宣言》提出的生产力思想，肯定了如同过去的革命是解放生产力一样，在社会主义条件下改革作为一场深刻的革命，也要解放生产力。

《共产党宣言》为中国共产党的成立提供了理论与宣传准备。

（二）《共产党宣言》关于"两个必然"规律的论述

《宣言》包括七篇序言和四章正文，序言中阐述了贯穿《宣言》的基本思想，在正文的第二章，用55个自然段论述了"两个必然"规律。

1. 贯穿《宣言》的基本思想是生产力决定生产关系、交换关系、所有制关系，生产关系对生产力具有反作用，当生产关系适应生产力发展时，生产力就会得到释放和发展，当生产关系不适应生产力发展时，生产力就会对生产关系反抗，就会导致建立在生产关系之上的社会制度的变革；经济基础决定上层建筑（正如《宣言》中说，"每一历史时代的经济生产以及必然由此产生的社会结构，是该时代政治的和精神的历史的基础"），上层建筑对经济基础有反作用。因此（从原始土地公有制解体以来）全部历史都是阶级斗争的历史，即社会发展各个阶段上被剥削

① 宋庆龄：《孙中山——坚定不移、百折不挠的革命家》，载《人民日报》，1966年11月13日。
② 埃德加·斯诺：《红星照耀中国》，河北人民出版社1992年版，第116页。

阶级和剥削阶级之间、被统治阶级和统治阶级之间斗争的历史；而这个斗争现在已经达到这样一个阶段，即被剥削、被压迫的阶级（无产阶级），如果不同时使整个社会永远摆脱剥削、压迫和阶级斗争，就不再能使自己从剥削它压迫它的那个阶级（资产阶级）下解放出来。

2. 现代资产阶级本身是一个长期发展过程的产物，是生产方式和交换方式的一系列变革的产物，只不过它使阶级斗争、阶级对立更加简单化了。从封建社会的灭亡中产生出来的现代资产阶级社会并没有消灭阶级对立。它只是用新的阶级、新的压迫条件、新的斗争形式代替了旧的。但是，资产阶级时代，却有一个特点：它使阶级对立简单化了。整个社会日益分裂为两大敌对的阵营，分裂为两大相互直接对立的阶级：资产阶级和无产阶级。

3. 虽然资产阶级在历史上曾经起过非常革命的作用，但是，随着资本主义生产力的发展，资产阶级的阻碍性已经出现了。资产阶级赖以形成的生产资料和交换手段，是在封建社会里造成的。在这些生产资料和交换手段发展的一定阶段上，封建的所有制关系，就不再适应已经发展的生产力了。这种关系已经在阻碍生产而不是促进生产了，它变成了束缚生产的桎梏。它必须被炸毁，它已经被炸毁了。取而代之的是自由竞争以及与自由竞争相适应的社会制度和政治制度、资产阶级的经济统治和政治统治。现在，我们眼前又进行着类似的运动。资产阶级的生产关系和交换关系，资产阶级的所有制关系，这个曾经仿佛用法术创造了如此庞大的生产资料和交换手段的现代资产阶级社会，现在像一个魔法师一样不能再支配自己用法术呼唤出来的魔鬼了。几十年来的工业和商业的历史，只不过是现代生产力反抗现代生产关系、反抗作为资产阶级及其统治的存在条件的所有制关系的历史。只要指出在周期性的重复中越来越危及整个资产阶级社会生存的商业危机就够了。在商业危机期间，总是不仅有很大一部分制成的产品被毁灭掉，而且有很大一部分已经造成的生产力被毁灭掉。在危机期间，发生一种在过去一切时代看来都好像是荒唐现象的社会瘟疫，即生产过剩的瘟疫。这是什么缘故呢？因为社会上文明过度，生活资料太多，工业和商业太发达。社会所拥有的生产力已经不能再促进资产阶级文明和资产阶级所有制关系的发展；相反，生产力已经强大到这种关系所不能适应的地步，它已经受到这种关系的阻碍；而它一着手克服这种障碍，就使整个资产阶级社会陷入混乱，就使资产阶级所有制的存在受到威胁。资产阶级用来推翻封建制度的武器，现在却对准资产阶级自己了。

4. 资产阶级不仅锻造了置自身于死地的武器，它还产生了将要运用这种武器的人——现代的工人，即无产者。随着资产阶级即资本的发展，无产阶级即现代工人阶级也在同一程度上得到发展。

现代工业已经把家长式的师傅的小作坊变成了工业资本家的大工厂，挤在工厂里的工人群众就像士兵一样被组织起来。

以前的中间等级的下层，即小工业家、小商人、小食利者、手工业者和农民——所有这些阶级都降落到无产阶级的队伍里来了，无产阶级就是这样从居民的所有阶级中得到补充的。

无产阶级反对资产阶级斗争有三个发展阶段：首先，由分散的经济斗争转为联合的经济斗争，再到有了理论武装，转向政治斗争。旧社会内部的所有冲突在许多方面都促进了无产阶级的发展。

其次，我们已经看到，工业的进步把统治阶级的整批成员抛到无产阶级队伍里去，或者至少也使他们的生活条件受到威胁。他们也给无产阶级带来了大量的教育因素。

最后，在阶级斗争接近决战的时期，统治阶级内部的、整个旧社会内部的瓦解过程，就达到非常强烈、非常尖锐的程度，甚至使得统治阶级中的一小部分人脱离统治阶级而归附于革命的阶级，即掌握着未来的阶级。

5. 资本主义社会越来越两极分化，无产阶级越来越降到本阶级的生存条件以下。因而,资产阶级不能把自己阶级的生存条件当作支配一切的规律强加于社会了。

资产阶级不能统治下去了,因为它甚至不能保证自己的奴隶维持奴隶的生活,因为它不得不让自己的奴隶落到不能养活他反而要他来养活的地步。

至今的一切社会都是建立在压迫阶级和被压迫阶级的对立之上的,但是,为了有可能压迫一个阶级,就必须保证这个阶级至少有能够勉强维持奴隶般的生存的条件。现代的工人却相反,他们并不是随着工业的进步而上升,而是越来越降到本阶级的生存条件以下。工人变成赤贫者,贫困比人口和财富增长得还要快。由此可以明显地看出,资产阶级再不能做社会的统治阶级了,再不能把自己阶级的生存条件当作支配一切的规律强加于社会了。

6. 资产阶级赖以生产和占有产品的基础本身也就从它的脚下被挖掉了,同时生产了它自身的掘墓人。资产阶级生存和统治的根本条件,是财富在私人手里的积累,是资本的形成和增殖;资本的条件是雇佣劳动。雇佣劳动完全是建立在工人的自相竞争之上的。资产阶级无意中造成而又无力抵抗的工业进步,使工人通过结社而达到的革命联合代替了他们由于竞争而造成的分散状态。资产阶级赖以生产和占有产品的基础本身也就从它的脚下被挖掉了。它首先生产的是它自身的掘墓人。

于是,随着大工业的发展,资产阶级的灭亡和无产阶级的胜利是同样不可避免的。

二、坚信“两个必然”,坚定理想信念

(一)首先我们要认识到,“资本主义必然灭亡,社会主义、共产主义必然胜利”是人类社会发展的客观规律

1. 生产力与生产关系、经济基础与上层建筑的矛盾推动人类社

会由低级向高级发展。一定的社会形态是一定的经济基础和上层建筑的统一。经济基础的性质变更决定上层建筑的变更,而上层建筑又积极服务和反作用于经济基础。

一切社会制度、社会形态都是人类社会由低级到高级的无穷发展过程中的阶段。没有永恒的社会制度与社会形态。

既然人类历史遵循由低级向高级发展的规律,就总是要由一些发展阶段表现出来,因此,马克思、恩格斯为了说明这个发展的规律,对体现那个规律的一些发展阶段做了大体上的描述或归纳。一是中世纪社会:具体的小生产。生产资料是供个人使用的,生产都是为了直接消费。只有在生产的东西除了满足这些消费以外还有剩余时,这种剩余才拿去出卖和进行交换,所以,商品生产刚刚处于形成过程中。二是资本主义革命:起初是工业通过简单协作和工场手工业实现的变革。先前分散的生产资料集中到大作坊中,因而它们就由个人的生产资料转变为社会的生产资料,旧的占有形式仍然起作用。资本家出现了,他是生产资料的所有者,生产已经成为社会活动;社会的产品被个别资本家所占有。这就是产生现代社会的一切矛盾的基本矛盾,现代社会就在这一切矛盾中运动。(1)生产者和生产资料相分离;(2)支配商品生产的规律日益显露出来,它们的作用日益加强。个别工厂中的社会组织和整个生产中的社会无政府状态相矛盾;(3)一方面是机器的改进,另一方面是生产的无限扩张,这两方面造成了生产力的空前发展、供过于求、生产过剩、市场盈溢、十年一次的危机、恶性循环,生产力和产品的过剩。这种矛盾发展到荒谬的程度:生产方式起来反对交换形式;(4)资本家本身不得不部分地承认生产力的社会性。三是无产阶级革命,实现矛盾的解决:无产阶级将取得公共权力,并且利用这个权力把脱离资产阶级掌握的社会生产资料变为公共财产。通过这个行动,无产阶级使生产资料摆脱了它们迄今具有的资本属性,使它们的社会性有充分的自由得以实现。生产的发展使不同社会阶级的继续存在成为时代的错误。随着社会生产的无政府状态的消失,国家的政治权威也将消失。人成为自身的主人——自由的人。

2.《共产党宣言》发表160多年的实践,不仅证明了马克思主义的生产力决定生产关系、经济基础决定上层建筑的历史唯物主义原理是正确的,而且证明了马克思关于资产阶级必然灭亡、资本主义丧钟已经敲响了的预言也是正确而科学的。

实践已经证明,资本主义不是千秋万代的,160多年来,《宣言》所提出的社会主义的措施、方案甚至属于社会主义性质的制度已经在大部分资本主义国家实现,说明资本主义会沿着生产社会化的路径发展到社会主义,即实现生产资料的社会公有,实现剥削的消灭和共同富裕,实现人与人在政治、经济、文化、社会上的全面平等,实现人的自由全面发展。这些既是必然趋势,甚至有些已经在历史发展中逐步实现了。虽然历史发展到今天,资本主义制度似乎还没有灭亡,甚至在新的形势下,资本主义利用现代科学仿佛还焕发出一定的生机,但是我们一定要看到,资本主义的这种"生机"恰恰说明了它们已经接近灭亡,实质上这种"生机"更多的是资本主义的"回光返照"。此外,我们必须认识到,马克思生活的那个时代的资本主义对工人的血腥剥削制度(如血汗工资制度、超负荷的、暴力的劳动制度等)基本上已经灭亡,至少在法理上被人类所否定了。事实也是如此,即使是现代资本主义,它们走向灭亡的趋势也是非常明显,因此资本主义制度灭亡的时间并非十分遥远。

3. 既要坚信"两个必然",又要懂得"两个决不会",全面地把握社会发展规律。马克思在1859年《政治经济学批判导言》提出了"两个决不会"的思想,他说:"无论哪一个社会形态,在它所能容纳的全部生产力发挥出来以前,是决不会灭亡的;而新的更高的生产关系,在它的物质存在条件在旧社会的胎胞里成熟以前,是决不会出现的。"①

① 《马克思恩格斯文集》第2卷,人民出版社2009年版,第592页。

从人类历史发展的实践看,“两个必然”揭示了资本主义必然灭亡,社会主义必然胜利的前进性趋势。“两个决不会”揭示了社会主义取代资本主义的曲折过程,二者体现了社会发展前进性和曲折性的统一。

从科学社会主义的理论逻辑看,“两个必然”和“两个决不会”相互包容相互补充。一方面“两个必然”指明了“两个决不会”的最终前途,从一定意义上讲“两个决不会”与“两个必然”间体现了共性与个性的高度统一;“两个决不会”和“两个必然”可以相互转化,促进社会向“两个必然”发展。另一方面“两个决不会”体现了“两个必然”。

4. 正确认识资本主义的新变化没有改变资产阶级必然灭亡的趋势。资本主义是一个体系,我们既要看到少数发达资本主义国家的繁荣,还要看到多数不发达资本主义国家的贫穷与落后。并且,少数发达资本主义国家的繁荣无论从历史上看还是从现实上看,都是对不发达国家掠夺而实现的,至少是依靠多数不发达的国家的落后而存在的。

资本主义制度已经存在几百年了,积累了一套反危机、防危机、渡过危机的方法和经验,而且利用其经济技术的优势向落后地区转嫁危机。

对于当代资本主义而言,千变万变,决定其走向灭亡的基本矛盾没有变(生产的社会化和生产资料的资本主义私人占有制度的矛盾依然存在)。左改右改,无产阶级受压迫受剥削的地位没有改(政治压迫、经济剥削依然存在)。内换外换,掠夺抢夺的角色没有换(当今世界南北矛盾仍然很尖锐,发达资本主义国家凭借其经济、技术优势对发展中国家、弱小国家进行掠夺的本质并没有改变,他们仍然推行霸权主义和强权政治,发达资本主义国家之间的争夺仍然十分激烈)。

几十年前,伟大的科学家爱因斯坦预言:资本主义的出路只能是社会主义,“无政府的资本主义是罪恶之源,我亲眼看见一个巨大的生产共同体,这个共同体的一小撮人他们正在贪婪的吞食他们集体的整个劳动成果,不是通过武力,而是通过所谓的合法统治来实现……这种对个人的摧残，我认为是资本主义最大的祸害，我认为，要消灭这些祸害，只有一条道路，那就是建立社会主义经济，同时配上以社会为目标的教育制度。”①

5. 正确认识社会主义和正确对待社会主义的挫折。什么是社会主义社会、共产主义呢？《共产党宣言》对此虽然没有集中论述，但通篇涵盖了这些观点：

一是大力发展生产力；二是同传统所有制决裂而实现公有制；三是同传统观念彻底决裂而实现文化教育的发展；四是民族压迫与民族剥削逐步消失；五是城乡之间的差别与对立逐步消失；六是逐步消灭阶级差别，甚至阶级对立、阶级斗争逐步消灭；七是公众的权力逐步失去了政治的性质；八是每个人都实现了全面自由发展。

社会主义运动100多年来，开辟了社会主义新时期，推动了民族解放运动，捍卫了世界和平，推动了社会生产力的发展。

当今世界社会主义和资本主义两种社会制度既存在根本区别又是互相相融的；将来的世界不会是趋同于资本主义，也不会趋同于既非资本主义又非社会主义的第三种社会制度，一定会共同发展到每个人都实现了全面自由发展的社会主义。

（二）共产党人为什么要坚定对共产主义的信念呢

1. 共产主义是人类社会发展的必然趋势，是科学，不是空想

自人类有文明以来，就对美好社会充满了憧憬，在这些憧憬中，中外不乏有天才般的设想和理论。2500年前，孔子提出“大同社会”理想，《礼记》“礼运”篇中记载了孔子（公元前551年—公元前479年）这样一段话：“大道之行也，天下为公。选贤与能，讲信修睦，故人不独亲其亲，不独子其子；使老有所终，壮有所用，幼有所长，矜寡、孤独、废疾者皆有所养；男有分，女有归。货恶其弃于地也，不必藏于己；力恶

① 艾伯特·爱因斯坦：《为什么我信奉社会主义》，载《人民论坛》，1997年1月号，总第58期，第1页。

其不出于身也,不必为己。是故谋闭而不兴,盗窃乱贼而不作。故外户而不闭,是为大同。”①康帕内纳以他的《太阳城》规划了空想社会主义蓝图。《太阳城》提出了彻底消灭一切阶级差别,反对等级贵贱的主张,尤其是在社会主义史上第一次提出了劳动光荣和劳动有益于人的身心健康的思想,推进了对社会主义的认识。

在各种对未来社会的理想中,为什么说共产主义是科学呢?

第一,共产主义理想是对人类社会发展两大基本矛盾运动规律认识得出的结论。

共产主义社会是人类历史上最先进、最美好、最理想的社会制度。关于共产主义社会,马克思作了这样的概述:“在共产主义社会高级阶段,在迫使个人奴隶般地服从分工的情形已经消失,从而脑力劳动和体力劳动的对立也随之消失之后;在劳动已经不仅仅是谋生的手段,而且本身成了生活的第一需要之后;在随着个人的全面发展,他们的生产力也增长起来,而集体财富的一切源泉都充分涌流之后——只有在那个时候,才能完全超出资产阶级权利的狭隘眼界,社会才能在自己的旗帜上写上:各尽所能,按需分配!”马克思和恩格斯在其他著作中也曾对共产主义社会进行过论述。综合他们的观点,共产主义社会有以下基本特征:

(1)社会生产力高度发展,物质财富极大丰富。在共产主义社会里,由于生产力的极大发展和劳动生产率的提高,物质财富不断涌流,社会产品极大丰富,达到可以满足整个社会及其成员需要的程度。(2)社会成员共同占有全部生产资料。在共产主义社会里,生产资料的占有关系彻底摆脱了私有制的束缚。生产资料和劳动产品归全社会公共所有,劳动者本身既是劳动者,又是生产资料的共同占有者。(3)实行各尽所能、按需分配的原则。社会成员将尽自己的能力,最大

① 孔子:《礼记·礼运》,《钦定四库全书精编》第一卷,吉林摄影出版社 2002 年版,第 389 页。

限度地参与社会劳动和工作，社会将根据每个成员的实际生活需要，分配个人消费品。消除了社会主义时期实行“按劳分配”存在着的某些事实上的不平等现象。(4)彻底消灭了阶级差别和重大社会差别。在共产主义社会里，由于生产力的高度发展，产生剥削阶级的社会条件不复存在，阶级和阶级差别都将消灭，城乡之间、工农之间、脑力劳动与体力劳动之间的差别也将消失。(5)全体社会成员具有高度的共产主义觉悟和道德品质。在共产主义社会里，劳动已经不是谋生的手段，而是人们生活的第一需要。劳动者都具有高度的科学知识、广泛的专业知识和高尚的道德品质，在体力智力等方面得到自由而全面的发展，成为共产主义新人。(6)国家消亡。随着阶级和阶级差别的彻底消灭，作为阶级统治工具的国家将完全消亡。那时，管理公共事务的机构虽然存在，但它的社会职能已经失去其阶级性质。以上这些特征，尽管只是共产主义社会的大致轮廓，但它已经表明：共产主义是人类历史上最美好、最进步、最合理的社会制度。

与以往其他的思想理论不同，共产主义社会是无产阶级革命导师在对人类社会发展规律进行探索和研究后得出的结论。

第二，共产主义理论不仅对未来社会提出预想，而且阐述了实现这个美好社会的路径和条件。

第三，共产主义理想，包含着理论、运动、制度和精神在内极为丰富而深刻的内容。作为理论的马克思主义早已磅礴于全世界；作为运动，它通过组建共产党、抗击法西斯、支持民族独立、反帝反殖民反霸权，推动着世界历史的发展；作为制度，其第一阶段——社会主义已成现实；作为精神，如全心全意为人民服务、集体主义等，早已是共产党员和先进分子的光辉实践。所以，我们的理想绝不是虚无缥渺、可望而不可即的东西，而是早已存在于历史和现实之中。

2. 坚定共产主义的理想信念是由中国共产党的性质决定的

中国共产党自从诞生之日起，就向全世界宣称，她是工人阶级政党,是大公无私的党,是全心全意为劳苦大众服务的党。她自身没有任何私利,是秉承《共产党宣言》的思想,按照马克思、恩格斯的建党学说来建设的世界最先进的党。

党章对党的性质做了归纳和阐述,共产党把实现共产主义作为崇高理想和最高奋斗目标。

3. 坚定共产主义的理想信念是由共产党的宗旨决定的

我们中国共产党以全心全意为人民服务为宗旨。中国共产党每年有成千上万的新成员加入其中。这些新党员,有一个思想上入党的问题;老党员中,也有一个思想上不断改造的问题。《共产党宣言》告诉我们,共产党立党为公,是为了解放全人类,共产党员入党就应该是为了奉献,在奉献中实现自己的人生价值。

4. 党员干部坚定理想信念,才能有精神动力,谨防思想庸俗化

回顾党的历史,无论面对强大凶恶的敌人还是艰难困苦的环境,无论是战场上还是在刑场上,无数革命先烈之所以具有"砍头不要紧"的铮铮铁骨,就是因为具有"只要主义真"的坚定信念。1921 年,朱德远涉重洋,从中国到欧洲,从法国到德国,最终找到周恩来,加入了中国共产党,就是为了寻找自己的理想信念。1927 年,时任北伐军二十军军长的贺龙,舍弃高官厚禄加入共产党,脱下将军服穿上粗布衣,脱下皮鞋穿上草鞋,也是为了追求自己的理想信念。1946 年,被囚禁五年零两个月的新四军军长叶挺,出狱后第一件事就是申请加入中国共产党,也是为了追求理想信念。新中国成立后,钱学森、朱光亚等著名科学家,放弃国外待遇,冲破层层阻挠,毅然回到祖国,为国防事业呕心沥血,做出重大贡献,是因为他们心中有着崇高的信仰。改革开放的时代,也涌现了大批理想崇高、信仰坚定的时代先锋,做官先做人的郑培民、以事业成功为幸福的牛玉儒、让世界粮食增产的袁隆平、把使命看得比天大的杨业功,以及奋不顾身勇救学生的最美教师张丽莉、强忍剧疼把旅客送到安全区的最美司机吴斌、最美乡村医生李佳

生等。

随着改革开放和社会主义市场经济的发展,社会经济成分、组织形式、就业方式、利益关系和分配方式日趋多样化,人们思想活动的独立性、选择性、多变性、趋利性和差异性也必然反映到党内来。事实证明,共产党人要想不得软骨症,就要时时注意补充精神上的钙,这就是要坚定理想信念。

(三)当代中国,坚定理想信念就是要坚持"四个自信"

1. 中国特色社会主义是当代中国的马克思主义和共产主义

中国特色社会主义没有丢掉老祖宗,始终坚持以历史唯物主义为理论基石,坚持以实现共产主义为根本任务,坚持代表最广大人民的根本利益,坚持以公有制和按劳分配为社会主义经济制度基础,坚持以人民当家做主为社会主义民主政治的本质特征,坚持改革和完善社会主义制度和体制。同时,中国特色社会主义具有鲜明的中国特色,即实践特色、理论特色、民族特色、时代特色,是当代中国发展进步的根本方向。

2. 中国特色社会主义取得了辉煌的成就

改革开放以来,我国经济总量跃升到世界第二位,社会生产力、经济实力、科技实力迈上一个大台阶,人民生活水平、居民收入水平、社会保障水平迈上一个大台阶,综合国力、国际竞争力、国际影响力迈上一个大台阶,国家面貌发生新的历史性变化。进入新世纪,中国改革步伐加快,成就喜人(综合国力、人民生活水平、国际影响力迈上新台阶),问题突出(困难、风险不少,经济社会发展中不平衡、不协调、不可持续的问题还很突出),但中国特色社会主义已经成为我国前进的根本方向,我们满怀信心务实推进。

3. 我们要树立对中国特色社会主义的四个自信:理论自信、制度自信、道路自信、文化自信

中国特色社会主义道路,就是在中国共产党领导下,立足基本国情,以经济建设为中心,坚持四项基本原则,坚持改革开放,解放和发

展社会生产力,建设社会主义市场经济、社会主义民主政治、社会主义先进文化、社会主义和谐社会、社会主义生态文明,促进人的全面发展,逐步实现全体人民共同富裕,建设富强民主文明和谐的社会主义现代化国家。

中国特色社会主义理论体系,就是包括邓小平理论、"三个代表"重要思想、科学发展观在内的科学理论体系,是对马克思列宁主义、毛泽东思想的继承和发展。

中国特色社会主义制度,就是人民代表大会制度的根本政治制度,中国共产党领导的多党合作和政治协商制度、民族区域自治制度以及基层群众自治制度等基本政治制度,中国特色社会主义法律体系,公有制为主体、多种所有制经济共同发展的基本经济制度,以及建立在这些制度基础上的经济体制、政治体制、文化体制、社会体制等各项具体制度。

中国特色社会主义文化,既继承了在五千多年文明发展中孕育的中华优秀传统文化,又不断创新发展在党和人民伟大斗争中孕育的革命文化,积淀着中华民族最深层的精神追求,代表着中华民族独特的精神标识。展望未来,中国现代化和中华民族伟大复兴指日可待,正如李大钊所说,"试看将来的寰球,必是赤旗的世界!"

总之,"两个必然"是马克思分析蒸汽机时代自由资本主义社会基本矛盾得出的结论。我们共产党人要在认识社会发展规律中树立共产主义崇高理想,坚定对马克思主义的信念,坚定对共产主义的信仰,坚守共产党人的精神追求。同时,我们要把崇高理想与脚踏实地的奋斗精神结合起来,在当代中国,坚定对共产主义的信仰就是要坚持对中国特色社会主义的四个自信,爱岗敬业,为实现全面小康社会而奋斗!

《矛盾论》《实践论》解读

郑典福①

新一届中央政治局到2016年2月,一共进行了30次集体学习,其中有两次学习马克思主义哲学,一次是2013年12月3日学习历史唯物主义基本原理和方法论,一次是2015年1月23日学习辩证唯物主义基本原理和方法论。习近平总书记在主持学习时强调:“学哲学、用哲学是我们党的一个好传统”“党的各级领导干部特别是高级干部,要原原本本学习和研读经典著作,努力把马克思主义哲学作为自己的看家本领”“更好认识国情,更好认识党和国家事业发展大势,更好认识历史发展规律,更加能动地推进各项工作”。② 总书记的讲话为我们学习好、运用好辩证唯物主义,增强工作的科学性和主动性,提出了明确要求,提供了思想指南,指明了实践方向。今天我们现在学习的是毛泽东同志的《实践论》和《矛盾论》,主要讲四个方面的问题。

一、重读“两论”的意义和价值

《实践论》和《矛盾论》是毛泽东主席1937年7月至8月在延安抗日军事政治大学讲授哲学时所用《辩证法唯物论(讲授提纲)》的部分

① 郑典福,男,中共邵阳市委党校副校长,副教授。
② 习近平:《推动全党学习和掌握历史唯物主义,更好认识规律更加能动地推进工作》,载《人民日报》,2013年12月5日。

章节。《实践论》是提纲的第二章第十一节，是7月份讲授的；《矛盾论》则是第三章的第一节，是8月份讲授的。“两论”在抗大讲完之后，由八路军总政治部将整个讲课提纲进行了整理，经毛泽东同意，以《辩证法唯物论讲授提纲》形式印发。目前保存最早的是1937年9月的油印本。新中国成立之后，毛泽东主席几经修改、校阅，《实践论》《矛盾论》分别于1950年12月和1952年4月在《人民日报》发表。

我们今天为什么重新阅读“两论”，它的意义和价值在哪里，我认为它的重要性表现在《实践论》《矛盾论》是毛泽东最著名的哲学代表作，是毛泽东哲学思想的集中体现和精华所在，是毛泽东哲学思想的核心，也是毛泽东思想的理论基础。它创造性地继承和发展了马克思主义哲学，合理地扬弃了中国古代哲学思想，是中国现代社会革命经验的哲学概括。具体表现为：

（一）它是中国马克思主义哲学的开山之作

“十月革命”一声炮响，为我们送来了马列主义。其实也为中国人民前进点燃了新的希望，但是自马克思主义传入中国之后，就存在着如何中国化的问题、如何和中国具体的实际相结合的问题。因此，对马克思主义的理解绝不应该是照抄照搬，或者是套用公式、套用公理这样一个问题，而应该根据中国社会运动的规律进行革命。“两论”就是马克思主义普遍真理同中国这样一个具体实际相结合的产物，它继承和发扬了马克思主义中的精髓，是马克思主义哲学在中国的一个具体化和新发展，开辟了马克思主义哲学中国化的新境界。

（二）它是中国革命胜利的奠基之作

中国共产党从1921年成立之后，到1937年的“两论”创作的这样一个漫长的过程中，我们党有非常多的经验和教训，急需对这些经验和教训做一总结和说明。为了厘清我们党的这样一种思想路线以及指导方针的问题，毛泽东写作完成了《实践论》和《矛盾论》，在“两论”中，它揭露了左和右的错误，尤其是在认识论和思维方式上的一种错误,系统地从哲学的高度概括和总结了中国革命的这样一个历史经验和教训。自此,自“两论”问世以来,中国革命的面貌也发生了翻天覆地的变化,中国革命摆脱了两次受挫的这样一种阴影,走向了胜利的大道。

(三)它是中国共产党思想理论建设的一部经典之作

我们党历来是非常注重思想理论建设的,党的思想理论建设始终是党保持先进性的一个重要的手段。自中国共产党成立以来,它始终把思想理论建设放在党建的一个重要的位置。但是在革命的很长一段时间,在我们一些同志的头脑中,始终是带着问号的,为什么我们中国不走俄国式的革命道路,甚至怀疑我们党领导的新民主主义革命只是一场农民运动而已。“两论”的问世,就是对这样一系列问题的回答,它回答了我们党为什么不走俄国式的革命道路,它从哲学的高度为中国共产党制定不同于俄国式的一系列的方针、政策做好了准备,也使全党坚定了走中国特色革命道路的信心,其实也为之后的“延安整风运动”做好了充分的思想准备,也为中国共产党开创新的革命阶段做好了思想准备,由此我们可以看到“两论”在整个共产党的思想理论建设中的重要性和积极意义。

(四)它将中国传统哲学的发展推向了新的阶段

1.《实践论》阐明了中国哲学史上长期争论不休的知行关系的问题。中国的传统哲学,把知行关系作为核心问题之一,对知行难易、知行先后、知行轻重、知行分合等问题进行了长期的探讨与论辩。比如孔子、孟子、朱熹等人先后主张知先行后的唯心论,与此相反,墨子、荀子、王夫之等人主张行先知后的朴素唯物主义经验论,但从根本上来说,由于传统哲学只是将行理解为人伦日用和道德践履,没有将行理解为社会性的实践,因而未能彻底解决知行统一问题。毛泽东批判总结了中国哲学史上的知行观,在《实践论》中批判了“秀才不出门,全知天下事”的唯心主义思想,汲取了中国传统哲学家关于知行关系的朴素唯物主义思想，科学地阐明了知和行的关系。

2.《矛盾论》克服了我国古代消极的辩证法，开拓创新积极的辩证法。我国古代哲学家很早就提出了矛盾范畴，用矛盾范畴来表述客观事物的矛盾关系，并且还试图用矛盾的观点来研究和解决自然、社会和人生关系的问题。其中有合理性思想，也有局限性或糟粕思想。毛泽东继承了我国古代哲学关于矛盾普遍存在的合理思想，科学界定了矛盾的普遍性原理；继承了我国古代哲学关于矛盾双方主次有别的合理思想，批判了矛盾双方地位固定不变的错误思想，全面地阐释了矛盾特殊性原理；继承了我国古代哲学关于矛盾双方相互转化的合理思想，摒弃了忽视矛盾双方转化的条件性和对事物发展加以限制的错误思想，阐释了共性与个性、绝对与相对的矛盾精髓问题；继承了我国古代哲学关于矛盾斗争性的合理思想，摒弃了循环论的错误思想，揭示了辩证法的否定之否定规律。

二、《实践论》《矛盾论》的写作背景

“两论”产生于20世纪30年代，绝不是偶然的，它是有着深刻的历史背景和理论准备的。它是适应于当时的需要而不得不写的一部哲学著作，是为了从哲学高度总结中国革命的这样一个历史经验和教训而作的，是为了批判和清算，甚至严重危害到中国革命发展的这样一种主观主义，特别是教条主义而作的，是为了论证马克思主义普遍真理同中国革命这样一个具体实践相结合而作的。

（一）中国共产党革命斗争的经验教训需要从哲学层面上系统总结

自中国共产党1921年成立以来到1935年的十几年间，我们党经历了一个曲折发展的过程。中国革命经历了两起两落，即北伐战争的胜利、大革命的失败、土地革命战争的兴起和第五次反“围剿”的失败。这两次失败虽然是由于敌强我弱的这样一种力量悬殊所造成的，但是

从我们党自己内部来说，它跟我们党自己内部错误的指导思想、错误的思想路线有着非常大的关系，先后相继发生了“一右三左”，即陈独秀的右倾错误路线、瞿秋白为代表的“左”倾盲动主义、李立三为代表“左”倾冒险主义和以王明为代表的“左”倾教条主义。为了实现马克思主义基本原理与中国革命实际相结合，就必须反对主观主义，解决好哲学路线、思想路线问题。正如毛泽东所说，“从一九二一年建党后，经过了十四年，牺牲了多少党员、干部，吃了很多苦头，才懂得了如何处理党内关系、党外关系，学会走群众路线。不经过那场斗争，我的那些文章也是写不出来的。”[①]因此，毛泽东写作“两论”的根本原因就是从哲学上反思、批判和破除党内严重存在的主观主义错误，清除教条主义和经验主义特别是左倾教条主义的危害；确立正确的思维方式和思想路线。

（二）它是马克思主义哲学在中国传播的必然升华

“两论”的写作既是马克思主义哲学传播的必然结果，也使马克思主义哲学在中国由传播升华到了实际应用这样一个新的阶段。其标志有五个方面：第一，它从译介型上升为著述型，最初我们对马克思主义的认识和理解是一种翻译介绍，之后逐步上升为一种观点的重新理解，来展示我们自己的观点。第二，从通俗普及型上升为一种理论研究型。第三，从学理型上升为现实型。第四，从日常生活型上升为一种革命经验型。第五，由诠释型上升为创造型。

三、《实践论》《矛盾论》的基本思想

（一）《实践论》的基本思想

《实践论》通过揭示认识与实践的关系，系统阐述了辩证唯物主义的能动反映论，论述了理论与实践、主观与客观具体历史的统一，深刻揭示了“左”右倾错误的认识论根源。

① 胡哲峰、孙彦：《毛泽东谈毛泽东》，中共中央党校出版社 1993 年版，第 191 页。

1. 基本框架

我们先来看《实践论》。《实践论》它有一个副标题,这个副标题叫《论认识和实践的关系——知和行的关系》,通过这样一个副标题我们可以看到,它的整个思想,就是讨论知和行的问题。

它的整个逻辑框架包含四大部分。

第一部分是第一段到第五段,着重论述了实践对认识的基础作用。

第二部分是第六段到第十八段,着重论述了认识发展的辩证过程。

第三部分是第二十段到二十五段,主要论述了认识运动无限发展的这样一个过程,指出了相对真理和绝对真理的辩证关系,并对认识论上的唯心论和机械唯物论、机会主义、冒险主义等进行了批判。

第四部分是第二十六段,是对整个全文的一个总结,对认识运动的总规律进行了概括和总结。

2. 具体内容

(1)着重论述了实践的地位和作用。

阐明实践的观点是马克思主义认识论的首要的和基本的观点,也是马克思主义哲学首要的和基本的观点。毛泽东在《实践论》中着重强调、反复阐述了实践对认识的基础性作用。

首先,对实践内容和形式做了一个科学的规定。

他认为实践是主观见之于客观的东西。整个实践内容,包含生产活动、阶级斗争、政治活动、科学和艺术活动。即社会实际生活的一切领域的客观活动,这些都是实践的内容。具体的形式有三个方面:第一个方面是生产斗争,第二个方面是阶级斗争,第三个方面是科学实践。这是毛泽东在实践论中对实践的内容和基本形式的一个总结和概括。

其次,它明确了实践在认识中的地位和作用。

第一,实践是认识的来源。人们通过物质生产实践、社会政治实践与科学文化实践,逐渐了解自然规律和社会规律,认识人和自然的关系以及人和人的关系。离开实践,人的认识就成了无源之水、无本之木。《实践论》中指出:"你要有知识,你就得参加变革现实的实践;你要知道梨子的滋味,你就得变革梨子,亲口尝一尝。你要知道原子的组织同性质,你就得实行物理学和化学的实验,变革原子的情况。你要知道革命的理论和方法,你就得参加革命。"①

第二,实践是认识发展的动力。一方面社会实践本身的变化发展,不断向人们提出新的问题和新的要求,推动人们去探索规律、追求新知。另一方面社会实践也为人们积累了日益丰富的经验材料,创造出了新的工具手段。正是由于在实践中出现了问题才促使我们不断地去更新我们的知识。因此,《实践论》中指出,"人类社会的生产活动,是一步又一步地由低级向高级发展,因此,人们的认识,不论对于自然界方面,对于社会方面,也都是一步又一步地由低级向高级发展。"②

第三,实践是人们对于外界认识的真理性的标准。所谓真理是什么,是人们对客观对象及其规律的正确反映,即主观符合于客观。要想使主观符合于客观,我们只能通过实践去检验。所以《实践论》中指出:"判断认识或理论之是否真理,不是依主观上觉得如何而定,而是依客观上社会实践的结果如何而定。真理的标准只能是社会的实践。"

第四,实践是认识的目的。"理论的基础是实践,又转过来为实践服务。"③如果说认识的根本任务是认识本质、把握规律;那么,认识的最终目的则是指导实践、改造世界。

---

① 毛泽东:《毛泽东选集》,人民出版社 1991 年版,第 287—288 页。
② 毛泽东:《毛泽东选集》,人民出版社 1991 年版,第 283 页。
③ 毛泽东:《毛泽东选集》,人民出版社 1991 年版,第 284 页。

(2)揭示了认识的辩证发展过程。

首先,深刻阐述了感性认识和理性认识以及其辩证关系。感性认识是人们对事物的现象、事物的外部联系、事物的各个方面的认识。它包括感觉、知觉、表象三种形式。理性认识阶段更多是一种抽象的阶段,它是对事物本质、全体及内部联系的认识,它包括概念、判断和推理等三种形式。二者之间的关系表现为,感性认识和理性认识是认识过程中两个不同的阶段,它们不仅有量的区别,而且有质的不同,不能把它们混为一谈。但是,它们又是辩证统一的。一是理性认识必须依赖于感性认识,离开了感性认识,理性认识就成了无源之水、无本之木;二是感性认识有待于上升到理性认识。割裂感性认识和理性认识的辩证关系,就会导致唯理论和经验论。

其次,揭示了感性认识上升到理性认识的条件。我们怎样才能把感性认识上升到理性认识?第一个条件,必须勇于实践,深入调查,掌握十分丰富和真实的感性材料。正如毛泽东同志所说,“只有感觉的材料十分丰富(不是零碎不全)和合乎实际(不是错觉),才能根据这样的材料造出正确的概念和论理来。”①第二个条件是要经过思考,将丰富的感性材料进行去粗取精、去伪存真、由此及彼、由表及里的改造和制作。

再次,揭示了第二次飞跃的重大意义。一方面,认识世界的目的是去为了改造世界,理论只有回到实践、为群众所掌握才能变成一种巨大的物质力量,才能真正地实现对客观世界的改造。另外一方面,获得理性认识之后,我们还需要通过实践去检验、去发展、去补充。

(3)揭示了认识运动是无限发展的过程。

第一,它揭示了认识发展的阶段性和无限性统一过程。人们在认识过程中,由认识到实践的多次反复后,如果在实践中达到预期的目的,那么,人们对某一具体事物、具体过程的认识就算完成了。但是,

① 毛泽东:《毛泽东选集》,人民日报出版社 1991 年版,第 290 页。

由于客观事物本身及其发展无论在空间上还是在时间上都是无限的，所以，人们对纷繁复杂、无限多样的客观事物及其过程的认识，无论在深度上还是广度上也都永远没有止境。

第二，阐述了真理是一个以相对真理走向绝对真理的过程。每一个真理既具有客观性，同时又具有绝对性和相对性，是相对性和绝对性的统一。就真理的客观性而言，任何真理都包含着不依赖于人和人类的客观内容，都同谬误有原则性的界限，这一点是绝对的、无条件的。但是，我们也不得不承认，在一定条件下，对客观世界及其发展规律的正确认识总是有局限的，承认我们的认识有待深化，也就承认了相对真理。概括地说，从真理的两重性来看，任何真理既是绝对的，又是相对的；从真理的发展上来看，任何真理都只是相对真理向绝对真理转换的一个环节。

(4)揭示了认识运动的总规律。

在讲了三个问题后，毛泽东又进一步概括了认识运动的总规律："通过实践而发现真理，又通过实践而证实真理和发展真理。从感性认识而能动地发展到理性认识，又从理性认识而能动地指导革命实践，改造主观世界和客观世界。实践、认识、再实践、再认识，这种形式，循环往复以至无穷，而实践和认识之每一循环的内容，都比较地进到了高一级的程度。这就是辩证唯物论的全部认识论，这就是辩证唯物论的知行统一观。"①

这个总规律表明：其一，实践和认识的矛盾是贯穿于整个人类认识活动的基本矛盾；其二，认识是一个从实践到认识，又从认识到实践的能动的发展过程；其三，实践、认识、再实践、再认识，是一个循环往复、无限上升的过程。其四，认识世界和改造世界、改造客观世界和改造主观世界是一个辩证统一的过程。

---

① 毛泽东：《毛泽东选集》第1卷，人民出版社1991年版，第296—297页。

(二)《矛盾论》的基本思想

《矛盾论》围绕矛盾的普遍性和矛盾的特殊性的辩证关系这个精髓,系统、完整地论述了对立统一规律这一辩证法的实质和核心,深刻批判了教条主义的主观性、片面性和表面性的形而上学哲学路线。

1. 基本框架

《矛盾论》全文两万五千字左右,它分成七章六个部分。引言部分说明了对立统一规律是唯物辩证法的实质和核心,指明了写作本书的目的是扫除党内存在着的严重的教条主义思想。第一章以矛盾问题为核心,说明辩证法和形而上学作为两种世界观和方法论的根本对立,指明矛盾规律对坚持唯物辩证法宇宙观的意义。第二章和第三章论述了矛盾的普遍性和特殊性及其相互关系的内容。第四章从矛盾的特殊性中抽出主要矛盾和主要的矛盾方面问题做了专门的分析。第五章对矛盾自身的关系,即同一性和斗争性及其关系问题作了深入分析。第六章论述了对抗的斗争形式及认识这种形式的意义,指明了矛盾斗争形式和矛盾性质的关系。第七章是结论部分,总结了全书的主要论点。

2. 具体内容

(1)论述了唯物辩证法和形而上学两种宇宙观的对立。

指出形而上学的观点就是用孤立、静止、片面的观点看世界,把事物看成彼此孤立和永远不变的,或者只承认量变和外力的推动作用,不承认事物的质变和内因引起变化的作用。而唯物辩证法主张用联系的、发展的全面的观点看问题。同时,从辩证法的观点阐述了内因和外因相互作用的关系。唯物辩证法更强调内因,内因是根据、外因是条件,外因通过内因发挥作用。

(2)论述矛盾的普遍性和特殊性及其二者的关系(第二章和第三章)。

第一,矛盾的普遍性。其一是说,矛盾存在于一切事物的发展过程中；其二是说，每一事物的发展过程中都存在着自始至终的矛盾运动。

第二，矛盾的特殊性。其一是说，不同类事物、不同运动形式的矛盾各有特点；其二是说，每一个矛盾的双方也各有特点。

第三，每个过程的各个阶段的矛盾和矛盾的各个方面都有特殊性。

矛盾的特殊性要求我们具体问题具体分析，不同质的矛盾只能用不同质的方法去解决。因此，这是整个人类认识事物的一个规律。

第四，矛盾普遍性和特殊性的关系——矛盾问题的精髓。

首先，毛泽东指出，矛盾的普遍性与特殊性之间，没有不可逾越的鸿沟，它们在一定条件下是可以互相转化的。

其次，毛泽东还指出，每一个事物内部不但包含了矛盾的特殊性，而且还包含了矛盾的普遍性，普遍性存在于特殊性之中。

再次，毛泽东分析了矛盾的普遍性和特殊性的关系，是共性和个性、绝对和相对的关系。毛泽东强调指出，"这一共性个性、绝对相对的道理，是关于事物矛盾的问题的精髓，不懂得它，就等于抛弃了辩证法。"①

（3）论述了主要矛盾和次要矛盾的辩证法（第四章）。

第一，主要矛盾和非主要矛盾及其方法论意义。主要矛盾在许许多多的矛盾的体系之中，起着影响其他矛盾的存在和发展的作用。非主要矛盾则是在矛盾体系中处于从属地位的，对事物发展不起决定性作用。因此，我们就必须抓主要矛盾，不分主次、眉毛胡子一把抓的方法和做法都是错误的；只抓住主要矛盾，忽视非主要矛盾的做法，也是错误的。因此，这两种方法都违背了主要矛盾和次要矛盾的辩证关系。

第二，矛盾的主要方面和次要方面及其方法论的意义。矛盾的主

---

① 毛泽东：《毛泽东选集》，人民出版社 1991 年版，第 320 页。

要方面是说在每一个矛盾中,矛盾双方的地位和作用是不一样的,是有主次之分的,矛盾的主要方面是指在一个矛盾中起主导作用的方面,它决定了一个事物的性质;处于被支配地位不起主导作用的矛盾方面,是矛盾的次要方面。矛盾的主要方面和矛盾的次要方面是对立统一的,甚至是可以相互转化的。因此我们做事情,想问题,就要抓住矛盾的主要方面,就要坚持重点论,反对均衡论,坚持两点论和重点论的统一。

(4)主要论述矛盾的同一性和斗争性及其相互关系(第五章)。

要求人们在分析事物矛盾时,既要看到矛盾的同一性,又要看到矛盾的斗争性,同时还要注意在同一中把握斗争,在斗争中把握同一。

第一,矛盾的同一性和斗争性的具体含义。

同一性是指矛盾双方相互依存、相互贯通,并在一定的条件下相互转化。斗争性是指矛盾双方的互相排斥、互相对立和互相否定。

第二,矛盾的同一性和矛盾的斗争性的辩证关系。

首先,同一性和斗争性是相对和绝对的关系。矛盾的同一性总是有条件的、具体的、暂时的、易逝的,因而是相对的;矛盾的斗争性是无条件的、绝对的。

其次,同一性和斗争性相互联结,不可分割。同一性不能离开斗争性而存在,矛盾的斗争性寓于同一性之中。没有斗争性就没有同一性。

最后,同一性和斗争性相结合,是事物发展的源泉和动力。

《矛盾论》指出:有条件的相对的同一性和无条件的绝对的斗争性相结合,构成了一切事物的矛盾运动。

(5)论述了对抗的斗争形式及认识这种形式的意义(第六章)。

第一,毛泽东在文中指出对抗是矛盾斗争的一种形式,而不是矛盾斗争的一切形式。

第二,他提出了因矛盾的性质不同,矛盾斗争的形式、解决矛盾的方法也不同的思想。

第三,他提出了对抗性矛盾和非对抗性矛盾互相转化的原理。

(6)对全书的总结(第七章)。

指出事物矛盾的法则,即对立统一法则,是自然和社会的根本法则,因而也是思维的根本法则。研究矛盾辩证法主要是为了反对和防止党内存在的教条主义和经验主义,特别是教条主义错误。

总之,《矛盾论》这部著作进一步丰富和发展了马克思主义的唯物辩证法。一是提出了共性个性、绝对相对的道理是事物矛盾问题的精髓的原理。二是全面系统地论述了矛盾特殊性的原理,为马克思主义辩证法增添了新的思想。三是把唯物辩证法的一般原理运用于实际工作,提出了一系列科学的思想方法和工作方法。

四、《实践论》《矛盾论》的当代价值和启示

“两论”的发表距今已有70多年,但“两论”所体现的马克思主义的立场、观点、方法没有过时。“两论”所阐述的马克思主义认识论和辩证法的理论原则,以及由此引申出的一系列重要结论,诸如“实事求是”“一切从实际出发”“没有调查就没有发言权”“具体矛盾具体分析”“分清主要矛盾和次要矛盾”“做好矛盾转化工作”等,不仅是我们党在民主革命和建设时期取得胜利以及社会主义建设时期的思想法宝,也是新时期我们进行改革开放、进行中国特色社会主义建设,实现“两个一百年”奋斗目标所必须遵循的理论原则。

(一)树立实践的立场和观点,坚持“解放思想、实事求是”的思想路线

“实践出真知”是贯穿《实践论》的一条主线,也是中国革命、建设和改革发展的一条主线。我们今天已进入“四个全面”新的历史时期,为什么要全面深化改革?为什么要从严治党、加强党的制度建设?就是因为实践发展的需要,改革由问题倒逼而产生。正如习近平总书记

所说,“解决我国发展面临的一系列突出矛盾和问题,实现经济社会持续健康发展,不断改善人民生活,要求全面深化改革。中国共产党人干革命、搞建设、抓改革,从来都是为了解决中国的现实问题。可以说,改革是由问题倒逼而产生,又在不断解决问题中而深化。”①

毛泽东为我们党确立了实事求是的思想路线。在改革开放的新时期,邓小平强调,坚持实事求是,必须解放思想。

要坚持党的思想路线,必须坚持一切从实际出发,这就要重视调查研究。习近平总书记说,“调查研究是谋事之基、成事之道。没有调查没有发言权,更没有决策权。”②指导改革开放和现代化建设这样一项前无古人的复杂、艰巨的事业,闭门造车不行,刻舟求剑不行,异想天开也不行,必须进行周密系统的调查研究。

要坚持党的思想路线,必须坚持理论与实践的统一。理论与实践的统一,是马克思主义的一个最基本的原则,也是贯穿《实践论》的一条红线。脱离实践的理论,是空洞的理论;脱离理论的实践,是盲目的实践。马克思主义为我们的实践指明了方向,提供了基本原则、基本方法,因而十分重要。但它没有给我们提供解决各种具体问题的具体方案,马克思主义的一般原理必须同本国具体实践相结合,形成符合本国实际的具体理论,把马克思主义中国化。中国特殊的历史文化、特殊的国情、特殊的历史课题和历史命运,决定中国无论搞革命还是搞建设,都只能走自己的道路。

坚持党的思想路线,必须坚持解放思想。解放思想就是在马克思主义指导下打破习惯势力和主观偏见的束缚,研究新情况,解决新问题。我们尊重本本,但绝不搞本本主义;我们尊重别人的经验,但绝不照搬别人的经验;我们尊重自己的经验,但绝不固执己见。

---

① 习近平:《改革是由问题倒逼而产生》,载《新京报》,2013 年 11 月 4 日。

② 中共中央宣传部:《习近平总书记系列重要讲话读本》,学习出版社 2016 年版,第 228—289 页。

（二）重视科学理论的指导作用，坚持和发展马克思主义哲学

毛泽东同志在《实践论》中强调："实践若不以革命理论为指南，就会变成盲目的实践。"①理论上的成熟，是一个政党成熟的标志，同时也是领导干部成熟的标志。当前，我国的改革已经进入攻坚期和深水区，各种矛盾错综复杂，许多问题牵一发而动全身，尤其需要以马克思主义哲学世界观和方法论为指导，加强宏观思考、战略思维，正确处理改革中各种事关全局的重大关系，全面深化改革。离开了科学理论的指导，凭经验办事、拍脑袋决策，就会使实践陷于盲目，甚至付出沉痛的代价。因此，我们必须坚持以中国特色社会主义理论为指导，重视理论学习。

马克思主义也不是一成不变的，马克思主义必定随着时代变化和实践发展而不断发展，社会主义从来都是在开拓中前进的；坚持马克思主义，坚持社会主义，一定要有发展的观点，一定要以我国改革开放和现代化建设的实际问题、以我们正在做的事情为中心，着眼于马克思主义理论的运用，着眼于对实际问题的理论思考，着眼于新的实践和新的发展，始终坚持随着时代变化和实践发展，不断开辟马克思主义的新境界。

（三）坚持矛盾分析的方法，不断提高辩证思维能力

《矛盾论》对马克思主义哲学一个最大的理论贡献就是系统、完整地论述了对立统一规律这一辩证法的实质和核心，今天我们学习《矛盾论》，就应当学会运用矛盾分析法，在对立中把握统一、又在统一中把握对立，反对肯定一切、否定一切、非此即彼的形而上学。观察形势、处理问题、看人议事，都要坚持对立统一的观点和方法，进行矛盾分析，坚持两点论，反对片面性。我们学习习近平总书记的系列重要讲话，从中可以看到，习近平总书记的系列重要讲话处处体现"两点论"的辩证法：在举什么旗、走什么路的问题上，他强调，既不走封闭僵

① 毛泽东：《毛泽东选集》第1卷，人民出版社1991年版，第293页。

化的老路，也不走改旗易帜的邪路，坚定不移走中国特色社会主义道路。在观察形势问题上，他指出，既要看到我国经济发展基本面长期趋好的态势，对我国发展前景充满信心，也要看到国际国内各种不利因素存在的长期性、复杂性、曲折性，不回避矛盾，不掩盖问题。在工作指导上，他提出，要善用"底线思维"，凡事从坏处准备，努力争取最好的结果，做到有备无患，遇事不慌，牢牢把握工作的主动权。

（四）坚持两点论和重点论的统一，不断提高战略思维能力

毛泽东在《矛盾论》中特别分析了矛盾发展不平衡的问题。对于主要矛盾和非主要矛盾、主要的矛盾方面和非主要的矛盾方面的研究，成为革命政党正确地决定其政治上和军事上的战略战术方针的重要方法之一，是一切共产党人在实际工作中都应当注意的。既要抓住重点又要统筹兼顾。没有重点就没有政策，丢掉了重点就是丢掉了全局。所谓重点，即主要矛盾和中心任务，重大矛盾和战略布局，关键的环节和工作的着力点。抓住了重点就可以纲举目张，有效地推动全局发展。但是，强调重点并不是说可以忽略其他，而是说要以重点带动其他，这就要求学会统筹兼顾，学会"弹钢琴"，统筹兼顾各方面工作，统筹兼顾人民内部各方面利益。

我们党历来重视战略思维。习近平总书记说："战略问题是一个政党、一个国家的根本性问题。战略上判断得准确，战略上谋划得科学，战略上赢得主动，党和人民事业就大有希望。"①他反复强调，要"观大势、谋大事""因势而谋、应势而动、顺势而为"，要"胸怀大局、把握大势、着眼大事"。为此，就要正确认识全局与局部的关系、局部与局部的关系、阶段与阶段的关系、重点与一般的关系、系统与环境的关系、目的与手段的关系等，既抓住重点又统筹兼顾，既立足当前又放眼长远，既熟悉国情又了解世界。心胸要非常开阔，眼界要非常开阔，不能只见树木、不见森林，不能急功近利、鼠目寸光。

---

① 张广昭：《治国新战略》，载《人民日报》海外版，2016 年 5 月 24 日。

（五）坚持共性与个性的统一，坚定中国特色社会主义的道路自信、理论自信、制度自信、文化自信

中国特色社会主义是共性与个性、普遍与特殊的统一，社会主义的本质规定是共性，中国特色是个性；社会主义规定着中国特色，中国特色体现着社会主义。中国特色社会主义应具有社会主义的一般特征和规定性，若没有这些一般特征和规定性，无视社会主义的普遍价值，就不是社会主义；社会主义一般特征和规定性，必须与国情、世情、党情、民情结合，否则就走不出符合实际的社会主义建设道路，社会主义就不能落地生根。我们既要承认社会主义的普遍价值，又要凸显社会主义的中国特色。

总之，“两论”的问世已经有 70 多年的历史了，在 70 多年的发展过程中，世界已经发生了巨大的变化，中国也发生了巨大的变化，但是今天我们在这样一种时空的距离中来看“两论”，不仅可以感受到它的思想的光辉，它对中国革命的具体的指导意义，同时也能体会到它所蕴含的深刻的哲理，它依然闪烁着的智慧的光芒。

深入学习“四个全面”重大战略布局

刘颖梅①

2014 年 12 月,习近平总书记在江苏考察工作的时候强调要协调推进全面建成小康社会、全面深化改革、全面推进依法治国、全面从严治党,推动改革开放和社会主义现代化建设迈上新台阶。

在这次讲话中,习近平总书记第一次提出了“四个全面”的思想,深化了对社会主义现代化事业发展规律的认识,具有重要的理论与实践意义。

总书记的讲话具有非常鲜明的问题指向性。在这个意义上,全面把握当前我们在改革中所遇到的问题和挑战,是深入理解总书记讲话精神的前提和基础。

一、“四个全面”战略布局的形成与背景

(一)“四个全面”战略布局提出过程

“四个全面”是在不同场合逐步提出的。2012 年 11 月十八大提出了全面建成小康社会,2013 年 11 月十八届三中全会提出全面深化改革,2014 年 10 月四中全会提出全面推进依法治国,2014 年 10 月 8 日在群众路线教育实践活动总结大会上提出了全面推进从严治党。我们可以把这个过程分为三个阶段。

① 刘颖梅,女,中共邵阳市委党校马列教研部副主任、讲师。

第一阶段从“一个全面”到“两个全面”。2002年十六大提出“一个全面”，即“全面建设惠及十几亿人口的更高水平的小康社会”，2007年十七大“全面建设小康社会”增加了和谐社会建设目标。2012年十八大提出“两个全面”全面建成小康社会和全面深化改革开放；2013年十八届三中全会提出“全面深化改革”。

第二阶段从“两个全面”到“三个全面”。2014年十八届四中全会提出“全面推进依法治国”，把“两个全面”扩展为“三个全面”。

第三阶段从“三个全面”到“四个全面”。2014年12月，习近平总书记在江苏调研考察期间，首次将“四个全面”并提，把“三个全面”扩展为“四个全面”。

2015年2月，习近平总书记在中央党校，首次把“四个全面”定位于党中央的战略布局和战略思想。

习近平总书记指出，“四个全面”是从我国发展现实需要中得出来的，是从人民群众的热切期待中得出来的，也是为推动解决我们面临的突出矛盾和问题提出来的，这深刻揭示了“四个全面”提出的时代背景。

（二）“四个全面”战略布局提出一年来的丰富与发展

一年来，习近平总书记围绕着“四个全面”战略布局阐发了一系列重要思想。2015年9月，中央文献研究室编辑出版了《习近平关于协调推进“四个全面”战略布局论述摘编》，摘录了截至2015年9月3日的287段论述。《摘编》集中反映了习近平总书记关于“四个全面”战略布局的科学内涵。

1.“四个全面”战略布局，既有战略目标，也有战略举措，是两者的有机统一

党的十八大以来，党中央从坚持和发展中国特色社会主义全局出发，提出并形成了全面建成小康社会、全面深化改革、全面依法治国、全面从严治党的战略布局。这个战略布局，既有战略目标，也有战略

举措,每一个“全面”都具有重大战略意义。全面建成小康社会是我们的战略目标,全面深化改革、全面依法治国、全面从严治党是三大战略举措。

2.“四个全面”战略布局,是坚持问题导向的治国理政新方略

“四个全面”战略布局体现了鲜明的问题导向、强烈的问题意识。事业越前进、越发展,新情况新问题就会越多,面临的风险和挑战就会越多,面对的不可预料的事情就会越多。当前,我国发展不平衡、不协调、不可持续问题依然突出,城乡区域发展差距和居民收入分配差距依然较大,有法不依、执法不严、违法不究等问题依然存在,党风廉政建设和反腐败斗争形势依然严峻复杂。“四个全面”战略布局,是我们党勇于承担责任、敢于直面矛盾,不断解决问题、化解挑战的新法宝,使我们的前进方向更加明确,发展布局更加科学,战略举措更加有效。

3.“四个全面”战略布局,是实现中华民族伟大复兴中国梦的理论指导和实践指南

党的十八大以来,党中央从坚持和发展中国特色社会主义全局出发,提出并形成了全面建成小康社会、全面深化改革、全面依法治国、全面从严治党的战略布局,确立了新形势下党和国家各项工作的战略目标和战略举措,为实现“两个一百年”奋斗目标、实现中华民族伟大复兴的中国梦提供了理论指导和实践指南。

4.“十三五”时期,我国发展必须坚持“四个全面”战略布局

党的十八届五中全会强调,“十三五”时期我国发展的指导思想是高举中国特色社会主义伟大旗帜,全面贯彻党的十八大和十八届三中、四中全会精神,以马克思列宁主义、毛泽东思想、邓小平理论、“三个代表”重要思想、科学发展观为指导,深入贯彻习近平总书记系列重要讲话精神,坚持全面建成小康社会、全面深化改革、全面依法治国、全面从严治党的战略布局,坚持发展是第一要务,以提高发展质量和效益为中心,加快形成引领经济发展新常态的体制机制和发展方式,

保持战略定力，坚持稳中求进，统筹推进经济建设、政治建设、文化建设、社会建设、生态文明建设和党的建设，确保如期全面建成小康社会，为实现第二个百年奋斗目标、实现中华民族伟大复兴的中国梦奠定更加坚实的基础。

（三）“四个全面”提出的时代背景

1. 中国国情本质没变

我国仍处于并将长期处于社会主义初级阶段的基本国情没有变，我国是世界最大发展中国家的国际地位没有变。

问题就复杂在，在根本性质没有变的基础上，每一个“没有变”背后的表现形式都在发生变化。在这个“变”和“不变”中，产生了很多新矛盾，产生了很多新问题。如何解决新问题？基于对基本国情的认识，中央提出了“四个全面”。

2. 当代中国有“三个前所未有”

我们前所未有地靠近世界舞台中心，这蕴含着大国崛起的自信；我们前所未有地接近实现中华民族伟大复兴的目标，这蕴含着实现国家富强的承诺；我们前所未有地具有实现这个目标的能力和信心，这蕴含着全面从严治党的决心。

“三个前所未有”带来了新的机遇，但也让我们面临重大挑战。

3. 当代中国处在“三期叠加”时期

十八大以来，中央准确把握经济发展大局，做出了我国经济社会发展基本面长期趋好，但正处在从高速到中高速的增长速度换档期、结构调整阵痛期、前期刺激政策消化期“三期叠加”阶段的重要判断。这也就是经济新常态的特征，我们注重处理好经济社会发展的各类问题，既防范增长速度滑出底线，又理性对待高速增长转向中高速增长的新常态；既强调改善民生工作，又实事求是调整一些过度承诺；既高度关注产能过剩、地方债务、房地产市场、影子银行、群体性事件等风险点，又采取有效措施化解区域性和系统性金融风险，防范局部性问题演变成全局性风险。

发展起来之后的问题,不比之前时少;“四个全面”正是在中国发展起来之后,更加注重发展和治理系统性、整体性、协调性的必然选择。

二、“四个全面”战略布局的时代内涵

(一)深入把握全面建成小康社会的基本内涵

1. 全面建成小康社会的目标与要求

从数据上讲:2020 年,国内生产总值将达到 100 万亿,城乡居民人均收入将达到 68000 元人民币,整体上比 2010 年翻一番。

十八届五中全会的《建议》提出的目标和要求:

一是提出了经济保持中高速增长;二是人民生活水平和质量普遍提高;三是国民素质和社会文明程度显著提高;四是生态环境质量总体改善;五是各方面制度更加成熟定型。

2. 全面建成小康社会的核心

覆盖的人口要全面,要惠及全体人民。要按照人人参与、人人尽力、人人享有的要求,坚守底线、突出重点、完善制度、引导预期,注重机会、公平,着力保障基本民生,要让农村人口,56 个民族和苏区、老区的老百姓都要达到小康水平。

根本在发展:如期实现全面建成小康社会的目标,归根到底还是要靠发展。

(二)系统地认识全面深化改革的主要任务

坚定不移深化改革开放,是以习近平同志为总书记的党中央反复强调的一个重大问题。十八大之后习近平总书记第一次到地方调研考察,就选择了改革开放中得风气之先的广东,足以说明深化改革开放在党中央工作全局中的重要位置。

1. 全面深化改革的现实意义

(1)跨越两大陷阱必须全面深化改革

第一个是跨越中等收入陷阱,需要全面深化改革。

“中等收入陷阱”是指当一个国家的人均收入达到中等水平后,由于不能顺利实现经济发展方式的转变,导致经济增长动力不足,最终出现经济停滞的一种状态。中国恰巧进入人均 GDP3000 美元以上和 10000 美元以下的中等收入国家陷阱发展阶段。一些国家跌入中等收入陷阱的特征是经济徘徊在人均 GDP10000 美元以下,很难突破 10000 美元,同时经济增长回落或停滞、贫富分化、腐败多发、过度城市化、社会公共服务短缺、就业困难、信仰缺失、金融体系脆弱等。中国能否成功越过中等收入陷阱?

习近平总书记多次谈到中等收入陷阱的问题,比如说 2013 年 11 月 2 日也就在十八届三中全会召开之前的十来天,习近平总书记在人民大会堂会见 21 世纪理事会北京会议外方代表时就明确讲,我们对中国经济保持持续健康发展是抱有信心的,中国不会落入所谓中等收入国家陷阱。为什么习近平总书记有这样的信心?我想就是来自于我们全面深化改革。时隔一年,2014 的 11 月 10 日习近平总书记在北京出席亚太经合组织领导人同工商咨询理事会代表对话的时候,再次指出,对中国而言,中等收入陷阱关是肯定要过去的,关键是什么时候迈过去,迈过去以后如何更好地向前发展。为什么如此有信心?我想也是来自于我们全面深化改革。

第二个是跨越“修昔底德陷阱”,需要全面深化改革。

“修昔底德陷阱”,是指一个新崛起的大国必然要挑战现存大国,而现存大国也必然会回应这种威胁,战争变得不可避免。

习近平总书记讲我们是和平崛起,完全可以避免这种陷阱,当然除了构建新型大国关系之外,还要通过深化改革来避免,也就是说我们要从深化改革的角度,让中国的经济增长更加依靠内生性增长,而不是外生性增长，之前我们可能过度依赖外部世界的资源，如果我们强调内生性增长了，对世界的资源依赖性降低了，必然有助于我们跨越修昔底德陷阱。

(2)中国经济社会发展中遇到一系列难题，需要全面深化改革

2013 年 9 月 17 号在中南海召开党外人士座谈会的时候，习近平总书记就讲了说中国共产党人干革命、搞建设、抓改革历来都是为了解决中国的现实问题，可以说改革是由问题倒逼而产生，又在解决问题中不断深化。

第一个难题是经济社会的“高血压”问题。

“高”是指经济发展的高能耗、高污染、高成本；“血”就是指发展中带来的非正常死亡人数太多；“压”就是经济社会发展的压力大，比如资源压力、土地压力、环境压力、空间压力、工作压力。

第二个难题是要突破利益藩篱。

突破利益藩篱是一个很重要的问题。2012 年 12 月在广东考察工作时，习近平总书记第一次提出来我们要勇于突破利益固化的藩篱；2013 年 7 月，习近平总书记在湖北考察工作，再次强调突破利益固化的藩篱，这是全面深化改革过程中需要解决的重要问题，如果不突破利益藩篱，利益被一些利益集团垄断了、控制了，老百姓怎么创业？老百姓创业得不到好的机会，积极性就会受到很大的影响，所以改革一个很重要的任务，就是突破利益藩篱问题。

第三个难题是制度天花板。

例如，有些制度原本是为了激励科研人才更多更好地出成果，但由于制度会带来很多的附加利益，包括收入、住房、交通以及医疗等方面的高收益，于是制度的受益者就会将其长期占有或者终身占有，后来的年轻人就会逐渐被制度堵死发展的空间。又如干部选拔任用中的挂职制度，原本是为了使一些干部能够更多地接触实际、更好地成长，但由于设计不完善，造成一些挂职者成为升职中的“空降兵”，这些

“空降兵”往往能够绕开干部选拔任用中的某些程序与环节，不仅造成选拔程序的虚化，而且会严重伤害那些在本地区、本部门、本单位兢兢业业工作的干部。有些产业政策像玻璃门，设定了一道又一道的门槛、禁区，使中小企业和民营企业很难进入，这就限制了许多人创业创新的权利。

要解决制度天花板的问题，让更多的人有创业的积极性，让更多的人有发展的空间。

第四个是社会流动性问题。

社会流动缓慢化，即在某些方面出现了社会底层的人向上流动的减弱，如果在教育上出现这些问题，在就业上也会出现这些问题，所以我们要通过教育改革，完善就业体系，加快社会流动性，打破社会流动过程中出现的堰塞湖，让社会的流动，尤其是从下往上的流动加速。

第五个难题是要解决特权的问题。

特权是指法律和制度之外的权利。在旧社会，占统治地位的剥削阶级大搞特权，在社会主义社会，由于旧社会遗留下来的影响，仍然存在着某些领导干部搞特权的现象。搞特权也就是搞特殊化。

第六个问题是腐败高发易发的问题。

我们要突出解决这个问题，是全面深化改革必须要做的一项重要工作。我们要通过全面深化改革走出腐败高发易发期，要逐步为建设一个廉洁的中国、一个政治清明的中国，奠定良好的基础。我们有需要跨越的陷阱，有需要现实解决的问题，所以我们全面深化改革的现实意义是非常突出的，这是全面深化改革的主要任务、首要问题。

2. 科学地把握全面深化改革的总目标

党的十八届三中全会讲到了全面深化改革的总目标就是完善和发展中国特色社会主义制度，推进国家治理体系治理能力现代化，这个目标言简意赅又非常的科学。

（三）科学把握全面推进依法治国的战略意义

党的十八届四中全会讲依法治国是坚持和发展中国特色社会主义的本质要求和重要保障，是实现国家治理体系治理能力现代化的必然要求，事关我们党执政兴国，事关人民幸福安康，事关党和国家长治久安。这指明了依法治国的重要现实意义。这三个“事关”其实也事关到我们能不能全面建成小康社会，事关我们能不能实现中国梦，这是非常重要的一个判断，所以我们一定要很好地理解依法治国对于实现全面建成小康社会的重要战略意义。

1. 全面推进依法治国的战略意义

（1）推进依法治国，是完善社会主义市场经济体制的必然要求

完善社会主义市场经济体制要求我们，紧紧围绕市场在配置资源中发挥决定性作用，以深化经济体制改革。那么如何使市场在配置中发挥决定性作用？关键就是要遵循市场经济的一般规律。党的十八届三中全会讲市场决定资源配置是市场经济的一般规律，那么这个一般规律的内容是什么？

第一，大幅度减少政府对资源的直接配置，推动资源配置依据市场规则、市场价格和市场竞争，实现效益最大化、效率最优化。这个一般规律要想真正落地，真正在现实生活中发挥作用，前提是要制定一系列法律体系，真正从法律上来减少政府对资源的直接配置，政府能配置哪些资源，不能配置哪些，在法律上要有清晰界定，要用法律体系来确保把市场经济的一般规律落实到位。如果没有法律体系的健全，没有法律体系的完善，这个一般规律要落实到现实生活中是非常困难的，谁来决定哪些应该由政府配置，哪些不应该由政府配置，是由政府部门自己说了算，还是应该由法律说了算，应该有一个法律的标准。

第二，要建立产权保护的制度体系。我们知道，市场经济要想得到发展很重要的前提就是要有有效的产权保护制度，没有完善的产权保护制度，很多人就不敢创业，或者创业了也担心其产业得不到保护。

随着市场经济体制的完善、法律体系的完善，产权保护制度也越来越完善，抑或说越来越体系化，对于企业的创新、企业的创造都能提供良好的法律基础。

(2)推进依法治国是提高决策科学化的内在要求

我们全面建成小康社会面临很多重大决策，要想不犯颠覆性错误，真正实现决策科学化，就要让决策科学化的机制有法治的保障，也就说让决策机制法治化。如果没有法治化的建设，在决策的过程中就容易出现这样那样的一些问题，就有可能出现一些我们意想不到的决策失误。

比如说决策，尤其是改革决策，有很强的时间变异性，所谓时间变异性就是随着时间的变化，今天的一个科学决策到明天可能就带来很多问题。为了防止变异和减少变异带来的负面影响，就一定要提高改革决策的科学性，这些科学性有很多的要求，依法决策意味着什么？

第一，制定重大决策必须符合已有的法律的基本精神，不能越出法律基本精神，完全超越法律去制定重大决策。

第二，制定重大决策必须具有合法性、合规性的审查程序，制定这个重大决策要通过合规性审查，看有没有违反现行法律精神。

第三，决策实施应当有合理的评估，对不符合法律要求的决策应当及时予以修改，只有进行评估，才能够防止重大决策出现的变异性，如果没有评估，五年以后出现了，解决问题的难度就很大了。

党的十八届四中全会专门对于决策机制的法治化建设提了很多要求，这事关我们党和国家的长治久安，也事关我们能不能顺利地全面建成小康社会。

从根本上讲，执政党的任务就是治国理政，通过总结实践经验，集中群众智慧提出党的治国方略，解决国家工作中全局性、长远性、根本性的问题。法治作为治国理政的基本方式，可以为党和国家事业发展提供根本性、全局性、稳定性的制度保障。不仅可以牢固巩固党的执政地位，而且可以通过完善的制度安排和有效的制度执行，确保党的路线方针政策的延续性，从而确保全国上下始终不渝地为实现中华民族复兴的中国梦而努力奋斗。因此，全面推进依法治国，既要立足于当前我国改革发展过程中的一些矛盾和问题的现实考量，也要立足于长远的战略谋划，这对于巩固党的执政地位，保障国家长治久安至关重要。

从这两个方面来看，全面推进依法治国，对于建成全面小康社会确实具有重要的战略意义，所以我们对此要有深刻的认识。

2. 系统地领会全面推进依法治国的总目标

党的十八届四中全会提出全面推进依法治国总目标是建设中国特色的法制体系，建设社会主义法治国家。这个总目标至少包含以下几个重要思想：

①全面推进依法治国必须要坚持共产党的领导，坚持中国特色社会主义制度。

②贯彻中国特色法治理论。

③建设中国的法治体系。

④建设社会主义法治国家。

三、统筹推进四个全面战略布局

我们不仅要从思想上深刻认识和理解这个战略布局，还要在实践中贯彻落实好这个战略布局。

（一）用马克思主义唯物辩证法深刻认识“四个全面”的内在逻辑关系

唯物辩证法主张用全面、系统、联系的观点看待事物，坚持从整体和全局的角度把握矛盾运动的趋势，既要看到普遍联系的诸多要素，又要看到主要矛盾和矛盾的主要方面，找准化解重大矛盾的突破口，不能眉毛胡子一把抓。

1.“四个全面”是全局性与重点性的统一

既注重总体谋划，又注重牵住“牛鼻子”——2015年2月13日，习近平总书记在主持中央政治局以辩证唯物主义为主题的第20次集体学习时明确提出，协调推进全面建成小康社会、全面深化改革、全面依法治国、全面从严治党，是当前党和国家事业发展中必须解决好的主要矛盾，强调既要注重总体谋划，又要注重牵住“牛鼻子”。

2.继承性与创新性的统一

既在创新中传承，又在传承中创新——“四个全面”的战略思想和战略布局不是凭空产生的。它继承了我们党关于小康社会、关于深化改革、关于依法治国以及从严治党的一系列重大思想，是在我们党几代领导集体探索的经验、把握的规律的基础上整合起来的，是在党的十八大以来新的伟大实践中逐步提出并形成的。从“解决温饱”到“总体小康”，从“建设小康社会”到“全面建成小康社会”，再到党的十八大描绘出“全面小康”的清晰图景，体现了我们党对小康社会认识的不断深化，是几代中国共产党人接力探索的过程。

“四个全面”战略布局第一次将全面建成小康社会，定位为实现中华民族伟大复兴中国梦的关键一步；第一次将全面深化改革的总目标，确定为完善和发展中国特色社会主义制度、推进国家治理体系和治理能力现代化；第一次将全面依法治国，论述为全面深化改革的“姊妹篇”，形成“鸟之两翼、车之双轮”；第一次为全面从严治党标定路径，要求增强从严治党的系统性、预见性、创造性、实效性。

（二）用统筹协调的方法贯彻落实好“四个全面”的战略布局

习近平总书记指出，全面深化改革是一个复杂的系统工程，随着改革不断深入，各个领域、各个环节改革的关联性、互动性明显增强，每一项改革都会对其他改革产生重要影响，每一项改革又都需要其他改革的协同配合。我们要统筹谋划深化改革的各个方面、各个层次、各个要素，深入研究各领域改革的关联性和各项改革举措的融合性，使各项改革举措在政策取向上相互配合、在实施过程中相互促进、在改革成效上相得益彰,发生化学反应,产生共振效果,形成改革合力。

贯彻落实好“四个全面”的战略布局也是如此,要深入研究和科学把握其关联性、融合性,要注重统筹谋划、协同配合,要做到同频共振、形成合力。

习近平总书记在十八届四中全会上强调,全面建成小康社会、全面深化改革,都离不开全面依法治国,同时又要让全面深化改革、全面依法治国如鸟之两翼、车之两轮,共同推动全面建成小康社会的事业滚滚向前。而全面从严治党,则可以使我们党始终做到“打铁还需自身硬”,始终在全面建成小康社会、全面深化改革、全面依法治国中发挥好领导核心作用。显然,只有始终坚持这样的统筹协调推进,才能把“四个全面”贯彻得更加自觉、落实得更加到位。

(三)把协调推进“四个全面”战略布局的贯彻落实同全面推进伟大事业和伟大工程的两个“五位一体”总布局结合起来

在改革开放和社会主义现代化建设历史新时期,我们党形成了中国特色社会主义事业“五位一体”的总体布局,就是中国特色社会主义经济建设、政治建设、文化建设、社会建设、生态文明建设。“四个全面”战略布局与“五位一体”总体布局的关系:四个全面战略布局与这两个“五位一体”总体布局是相互贯通、相互依存、不可分割的,所体现的正是战略布局与总体布局、伟大事业同伟大工程的辩证统一关系。“四个全面”与“五位一体”直接相关,但又不能取代“五位一体”,它是贯穿于“五位一体”中的根本、核心和精髓,是实现“五位一体”的战略部署:“全面建成小康社会”是“五位一体”的实现目标;“全面深化改革”是实现“五位一体”的强大动力;“全面依法治国”是实现“五位一体”的基本方略;“全面从严治党”是实现“五位一体”的政治保证。

在党的十八届五中全会上,习近平同志系统论述了创新、协调、绿色、开放、共享“五大发展理念”。“五大发展理念”关注实现全面建成小康社会这一目标的发展过程的内在要求、科学原则和价值诉求,是对“四个全面”战略布局的路径展开,强调发展的综合性、多维度。“四个全面”回答了当代中国发展的战略目标、战略重点和主要矛盾,强调认识和实践的全面性、完整性。

可以说,“四个全面”是“五大发展理念”的战略统领,“五大发展理念”是“四个全面”的具体实施方针。

习近平总书记提出的“四个全面”战略布局,探索和回答了“什么是民族复兴、怎样实现民族复兴”这样的基本问题,进一步推进了马克思主义中国化,是我们党对人类社会发展规律、中国特色社会主义建设规律和党执政规律认识新的提升,开辟了党治国理政的新境界,丰富和发展了中国特色社会主义理论体系,是马克思主义中国化的最新理论成果。

学好辩证法提高辩证思维能力

肖 凤[①]

辩证唯物主义是中国共产党人的世界观和方法论,我们党要团结带领人民协调推进全面建成小康社会、全面深化改革、全面依法治国、全面从严治党,实现“两个一百年”奋斗目标、实现中华民族伟大复兴的中国梦,必须不断接受马克思主义哲学智慧的滋养,更加自觉地坚持和运用辩证唯物主义世界观和方法论,增强辩证思维、战略思维能力,努力提高解决我国改革发展基本问题的本领。本讲重点学习唯物辩证法,旨在提高领导干部的辩证思维能力。

一、辩证法的含义及唯物辩证法的主要内容

(一)什么是辩证法

辩证法是关于普遍联系和发展的哲学学说。

辩证法是在和形而上学不断斗争中发展的,它经历了三种基本历史形态:古代朴素辩证法——近代唯心辩证法——唯物辩证法。

马克思:“辩证法不崇拜任何东西,按其本质来说,它是批判的和革命的。”[②]

---

① 肖凤,男,中共邵阳市委党校办公室主任,讲师。

② 中共中央马克思恩格斯列宁斯大林著作编译局:《马克思恩格斯选集》第2卷,人民出版社2012年版,第218页。

（二）马克思主义唯物辩证法的主要内容

唯物辩证法有三个重要范畴，即联系、发展、矛盾。普遍联系和永恒发展是唯物辩证法的两个总的特征。联系的根本内容是矛盾，发展的根本动力也是矛盾，唯物辩证法的两个总的特征由矛盾决定，所以矛盾的观点是唯物辩证法的根本观点，是唯物辩证法的实质和核心。唯物辩证法的根本观点是承认矛盾，主张用联系的、发展的、全面的观点看问题。形而上学的根本观点是否认矛盾，用孤立的、静止的、片面的观点看问题

1. 唯物辩证法的联系观

（1）联系是普遍的

所谓联系，就是事物之间以及事物内部诸要素之间的相互影响、相互制约和相互作用。联系是普遍的，世界上一切事物都与周围其他事物有着这样或那样的联系。世界是一个普遍联系的有机整体，孤立的事物是不存在的。我们要用联系的观点看问题，反对用孤立的观点看问题。既要看到事物之间的联系，又要看到事物内部诸要素之间的联系。反对割裂事物之间的联系，用形而上学孤立的观点来认识和处理问题。

（2）联系是客观的

联系是客观的。联系是事物本身所固有的，不以人的意志为转移。我们要从事物固有的联系中把握事物，切忌主观随意。联系的客观性，并不意味着人对事物的联系无能为力，人们可以根据事物固有的联系，改变事物的状态，调整原有的联系，建立新的联系。我们反对否定事物的联系或主观臆造联系，把本来不存在的联系强加给事物。

（3）联系是多样的

世界上的事物千差万别，事物的联系也是多种多样的。这就要求我们注意分析和把握事物存在和发展的各种条件。总之，要一切以时间、地点、条件为转移。反对以一种联系概括事物之间多种多样的不

同联系，否认联系的多样性。

(4)联系是有条件的

事物之间都是有条件地联系着的，无条件的联系是不存在的。任何具体的联系都依赖于一定条件，随着条件的改变，事物之间及事物内部因素之间的联系的性质、方式也要发生变化。一切以时间地点条件为转移，要具体分析事物之间联系的条件性。我们反对忽视联系的条件性，认为任何事物之间都存在着相互联系是错误的。

2. 唯物辩证法的发展观

(1)世界是永恒发展的

世界上一切事物都处在永不停息的变化发展之中，都有其产生、发展和灭亡的历史，发展的实质是事物的前进和上升，是新事物的产生和旧事物的灭亡。我们要用发展的观点去看问题，反对用静止的观点看问题。(即要把事物如实地看成一个变化发展的过程；要弄清事物在其发展过程中所处的阶段和地位；要有创新精神，促进新事物的成长。)我们应反对认为事物是一成不变的静止观点(反对形而上学地用静止的观点看问题)，破除思想僵化、因循守旧、墨守成规、抱残守缺和安于现状的旧观念。

(2)事物发展是内外因的辩证统一

矛盾是事物发展的动力，事物的内部矛盾是事物发展的第一位原因，而外部原因是事物发展的第二位原因。事物的发展是内外因共同起作用的结果。内因是事物发展的根据，外因是事物发展的条件，外因通过内因起作用。这就要求我们在观察事物、分析问题时，既要看到内因，又要看到外因，坚持把内外因结合起来。

(3)事物发展是前进性与曲折性相统一

事物发展的方向是前进的、上升的，事物前进的道路是曲折的、迂回的，这是一切事物发展的总趋势。我们既要看到前途是光明的，对未来充满信心，积极鼓励、热情支持和悉心保护新事物的成长，又要做好充分的思想准备，不断克服前进道路上的各种困难，勇敢地接受挫折与考验，在曲折的道路上问鼎事业的辉煌。我们既要反对把事物看成是一帆风顺的盲目乐观主义，又要反对看不到光明前途的悲观失望思想。

(4)事物发展是量变和质变的辩证统一

事物的发展总是从量变开始，量变是质变的必要准备，质变是量变的必然结果，质变又为新的量变开辟道路，使事物在新质的基础上开始新的量变。事物的发展就是这样由量变到质变，又在新质的基础上开始新的量变，如此循环，不断前进。我们要重视量的积累，从一点一滴的小事做起，脚踏实地、埋头苦干；要抓住时机，趋利避害，优化结构，促成质变；要坚持适度原则、掌握火候。反对忽视量的积累，急于求成，盲目乱干；反对忽视质的飞跃，条件具备时优柔寡断，畏缩不前。

3. 唯物辩证法的矛盾观

(1)对立统一规律

事物内部的对立和统一关系叫作矛盾。矛盾双方相互依存，并在一定条件下相互转化；矛盾是客观的，事物固有的，不以人的意志为转移；矛盾存在于一切事物中，并贯穿于每一事物发展过程的始终，即事事有矛盾，时时有矛盾。我们要坚持“一分为二”、全面的观点看问题，坚持“两点论”“两分法”，反对“一点论”的形而上学片面观点。要承认矛盾，分析矛盾，勇于揭露矛盾，不回避矛盾，逃避问题，积极寻找正确的方法解决矛盾。

(2)矛盾的特殊性

矛盾的特殊性，是指矛盾着的事物及其每一个侧面各有其特点。它主要有三种情形：一是不同事物有不同的矛盾，这些不同的矛盾构成了一事物区别于其他事物的特殊本质；二是同一事物在发展的不同过程和不同阶段上有不同的矛盾，这些不同的矛盾形成了事物发展的不同过程和不同阶段；三是同一事物的不同矛盾、同一矛盾的两个不同方面也各有其特殊性。我们要做到具体问题具体分析。(即在矛盾普遍性原理的指导下,具体分析矛盾的特殊性,并找出解决矛盾的正确方法)。要反对对具体事物不作具体分析,千篇一律地用一种方法解决不同事物的矛盾,反对把理论当成不变的教条,生搬硬套。

(3)矛盾的普遍性和特殊性是辩证统一的

矛盾的普遍性和特殊性的关系,也就是矛盾的共性和个性、一般和个别的关系。它们是相互联结的,普遍性寓于特殊性之中,并通过特殊性表现出来,特殊性也离不开普遍性;二者又不是凝固不变的,在不同的场合可以相互转化。要求我们要在矛盾普遍性原理的指导下,具体分析矛盾的特殊性,不断实现矛盾的普遍性与特殊性、共性和个性的具体的历史的统一。坚持主观联系客观、理论(政策)联系实际。(补充:这一原理是马列主义普遍原理同中国具体实际相结合的哲学基础,也是建设中国特色社会主义的理论依据。坚持这一原理有助于我们正确认识事物,掌握"由特殊到普遍,再由普遍到特殊"的认识秩序;有助于学会"解剖麻雀、抓好典型,一般号召与个别指导相结合,从群众中来、到群众中去"等科学的工作方法。)

(4)主要矛盾和次要矛盾是辩证统一的

主次矛盾互相依赖、互相联系,主要矛盾处于支配地位、起决定作用,次要矛盾也会影响主要矛盾的发展和解决,主次矛盾在一定条件下相互转化。我们要善于抓住重点,集中主要力量解决主要矛盾、抓工作的关键和中心,也要统筹兼顾,恰当地处理次要矛盾,不能忽视次要矛盾的解决,恰当地转移工作重点。

(5)矛盾的主要方面和次要方面是辩证统一的

矛盾的主次方面相互排斥又相互依赖,矛盾的主要方面处于支配地位,起主导作用,规定着事物的性质(事物的性质是由主要矛盾的主要方面决定的),矛盾的次要方面对事物的性质也有影响。在一定条件下,二者相互转化。我们看问题要着重把握矛盾的主要方面,抓住主流;但又不忽视矛盾的次要方面,即支流。

二、领导干部学好辩证法,提高辩证思维能力的必要性和紧迫性

(一)学好辩证法,是领导干部个人坚定信念、认清道路、改进方法的重要法宝

恩格斯把辩证法称作无产阶级认识和改造世界的“最好的劳动工具和最锐利和武器”。毛泽东说:全世界共产主义者比资产阶级高明的地方,就在于他们懂得事物的生存和发展的规律,他们懂得辩证法,他们看得远些。一般的教科书是这样概括的:坚定信念,认清道路,改进方法。我认为:

1. 校正三观,即世界观、人生观、价值观。学习理论的目的是要实现两个转化,一是理论转化为能力,二是理论转化为品德。有的人能力强,但品德不好。有理想信念,人的生活才有意义。一个人的理想是否远大高尚,信念是否科学,直接影响其人生意义和价值。马克思主义辩证法学好了,就能把握社会发展的规律和逻辑,坚定对马克思主义的信仰和对共产主义的信念;马克思主义辩证法认为,人生的价值在于个人对社会的贡献与社会对个人的尊重二者的统一。结合实际深刻地领会这一点,将影响、决定我们的人生态度和行为。在市场经济条件下,利己主义和享乐主义盛行一时,不少人迷茫困惑甚至羡慕盲从。这不是在获得自由,而是在“逃避自由”;不是尝试新生活,而是套上新枷锁,实质上是一种新的精神空虚。在这种情况下,马克思主义辩证法无疑是解毒剂,只有拿起这个武器才能打破错误思想的枷锁。人生问题是不能靠昙花一现的时髦理论来解决的,只有靠能经受实践检验的理论才能解决,这就是建立在辩证唯物主义和历史唯物主义世界观基础上的人生观理论。

2. 训练思维,包括形象思维和抽象思维,有感性思维和理性思维。这里着重是抽象思维和理性思维。现在提倡的动态思维方式、关

系思维方式、双赢思维方式、全球化思维方式、非线性思维方式(多层次、多方面、多角度)等就是我们今天学习的辩证的思维方式。恩格斯说,一个民族要想站在科学的最高峰,就一刻也不能没有理论思维。人类社会生活是充满理性的,社会的运行是靠理性的规则维系并推动的,决定人生命运的主要力量是靠理性。当然,其他科学也可以训练理性思维,但辩证法是直接在整个社会生活中运用理性思维的学科,其他学科则直接研究自然界或社会生活的一部分、一方面。从思维方式方面说,学习马克思主义辩证法实质上是心智训练,是运用理性思维分析和解决社会人生问题的特殊训练,这是其他学科所不能代替的。

3. 认识自我。辩证法具有极强的反思能力,这是认识自我的基础。只有认识自我,才能经营自我,才能发展自我,才能超越自我,才能实现自我的真正价值。一个不具有反思能力的人是不能正确认识自己的,也就难以做到在工作中发挥自己的专长,为社会作贡献。辩证法要追根究底地探索事情的本质,尤其是对问题所隐含的前提与基础进行质疑。这种训练与学习作为一种思维方式,运用到对自我的认识中,能使我们认识自己的天赋与特长、任务与使命、途径与方法、理想与目标,从而有效地在集体中塑造自我、充分地在社会实践中实现自我。知人者智,自知者明,自胜者强,胜人者力。

4. 保持健康,包括生理健康、心理健康。这里主要是指心理健康。人生在世,难免有许多挫折和不幸、烦恼和忧愁(不如意事常八九,能与人言无二三)。现代社会要求人面对挫折与不幸具有达观的态度和极强的心理平衡能力,面对困苦、危险保持冷静沉着的态度,有超越狭隘、洞察人生的广阔视野。律己何妨真面目,待人总要大肚皮。终日解其颐,笑世事纷纭,曾无了局,经年坦乃腹,看胸怀洒落,却是上乘。学习马克思主义辩证法无疑能帮助我们解决这些人生问题,使我们的心灵得到洗礼,能站得更高,看得更远,始终保持健康向上的心理状态。

5. 提高质量,包括工作质量、学习质量、生活质量。有了辩证法,工作就会有原则性、系统性、预见性、创造性,就不会迷失;有了辩证法,学习就会有规律性、自觉性、积极性、主动性,就不会迷惑;有了辩证法,生活就会有目标性、前瞻性、审美性、高尚性,就不会迷茫。生活质量的提高固然依赖于各种物质条件和精神条件的综合作用,但更依赖于对生活本身的认识与理解能力、感受与体验能力。这种能力的核心因素就是辩证法。黑格尔说,一个民族如果没有辩证法,就好比一座教堂没有神一样。同样,人生有没有意义与价值,生活质量如何,关键就是其人生辩证法如何。辩证法是人们生活质量的灵魂,在一定条件下它能改变并决定人生的整个面貌。这是学习马克思主义辩证法的最大效用。

(二)学好辩证法,是提升共产党整体执政能力的客观需要

党的十八大以来,以习近平同志为核心的党中央高举中国特色社会主义伟大旗帜,以一往无前的开拓精神、攻坚克难的顽强斗志、为民务实的改革措施,带领全党全国人民开展了一系列具有许多新的历史特点的伟大斗争。习近平总书记以强烈的忧患意识、战略意识和担当意识,提出要用马克思主义哲学教育、武装全党,要求全党坚持和运用辩证思维、提高辩证思维能力。这些要求富有远见卓识,具有必要性和紧迫性。

1. 坚持辩证思维,提高辩证思维能力,是我们正确判断国内外形势,驾驭复杂局面的需要。当今世界多种社会制度并存竞争,国际形势错综复杂,不确定因素变幻莫测。国内改革发展稳定的任务极为繁重,深层次矛盾相互纠缠掣肘,党和国家处于复杂的环境之中。在这种情况下,要正确判断形势,科学评估我们面临的机遇与挑战,进而确立应对复杂局面的思路与对策,就必须深刻地把握现象与本质、主流与支流、全局与局部、理想目标与现实手段等辩证关系。这正是辩证思维的基本要求。

2. 坚持辩证思维，提高辩证思维能力，是全面深化改革，实现“中国梦”的需要。全面深化改革的总目标由“完善和发展中国特色社会主义制度”与“推进国家治理体系和治理能力现代化”这两句话构成，第一句话是基本政治前提，第二句是实践路径保证，两句话不可偏废，它们之间存在着相互联系、相得益彰的辩证关系。而全面深化改革是实现“中国梦”的必由之路，是实现“中国梦”这一历史进程的有机组成部分。因此，全面深化改革与实现“中国梦”不可能是价值中立的，而是有方向、有原则、有底线的。很显然，要做出这些理解，绝不能离开辩证思维。

3. 坚持辩证思维，提高辩证思维能力，是有效提高领导干部哲学素养和领导能力，建设高素质干部队伍的需要。坚持和发展中国特色社会主义，需要一大批高素质的领导干部。干部的素质是多方面的，其中最具基础性意义的素质是领导干部的马克思主义理论素养，尤其是马克思主义哲学素养。如果领导干部不具备深厚的马克思主义哲学功底，就不能运用辩证思维方法来观大局、谋大事，就有可能在重大问题或关键环节上迷失方向。可见，提高领导干部的辩证思维能力十分重要。在现实生活中，我们一些领导干部的辩证思维能力还有所欠缺。比如，在对于形势的判断上，有的以偏概全，陷于过度乐观或过分悲观的片面情绪中；有的把现象误认为本质，缺乏政治敏锐性和洞察力。在对于全局工作的安排上，有的只注重抓经济建设，而忽视政治、文化、社会、生态文明建设与经济建设的协调发展；有的片面强调改革困难性、复杂性、艰巨性而动摇改革的信念与勇气，有的则因为对改革的困难程度估计不足而不能科学谋划改革的部署与进程。所有这些片面性，都是缺乏辩证思维能力或辩证思维能力不强的具体表现。因此，提高领导干部的辩证思维能力，无论从哪个角度看，不仅是必要的，而且是刻不容缓的。

（三）学好辩证法，是改变领导干部辩证思维能力现状的现实需要

当前领导干部在辩证思维能力上存在明显不足。从总体上看，我国各级领导干部的辩证思维能力是适应的，但从更高的标准和要求来看，还存在以下几点问题：

1. 谋划工作以偏概全，缺乏“五位一体”的辩证思维。党的十八大提出了经济、政治、文化、社会、生态“五位一体”的总体布局，把握“五位一体”总布局，必须深刻认识“五位一体”是一个有机、联系的整体，不可偏颇。但是在现实中，有的领导干部在谋划工作时，对五大建设的丰富内涵及辩证关系把握不准，凭个人好恶和经验习惯抓谋划、作决策，专注一点不及其余。有的领导干部只研究工作动力机制，不考虑利益平衡机制，以至于“狼烟四起”，后人难以收拾。也有的领导干部眼睛专注于“平衡术”，不敢求创新，不敢去突破，以至于“占位多年，山河依旧”。归根到底，都是没有认识到不同方面的工作是相互联系、相互渗透的，把“五位一体”的全局割裂开来了。

2. 推进落实顾此失彼，缺乏点面结合的辩证思维。决策正确了，关键在于落实。抓工作落实，是由认识世界到改造世界的过程，无疑需要克服主观的诸多障碍，需要点面结合的辩证思维。在实际工作中，有的领导干部虽然也知道抓工作应该抓全面，可自觉不自觉就变成了只抓特色、只抓强项，搞“单打一”“一招鲜”，热衷于抓盘景、出显绩，对打基础、谋长远的事不闻不问。反过来，也有的领导干部在抓工作时零敲碎打，东一榔头西一棒槌，成天忙得不亦乐乎，但就是不出活。有的推进工作不讲成本、不计后果，追求大干快上，一鸣惊人，看上去“成绩”很大，实际上后患无穷。这里面，既有过于看重“点”上突破的问题，又有过于看重“面”上铺开的问题，缺乏“点”与“面”的结合，这就是缺少了辩证的考量。

3. 面对困难简单对待，缺乏综合统筹的辩证思维。唯物辩证法告诉我们：矛盾无处不在，矛盾无时不有。今天的中国，正处在社会转

型期、利益调整期、矛盾凸显期，情况千变万化，形势纷繁复杂。可以说，任何地方、任何层级的领导干部每天都会遇到大大小小的困难和问题。现实中，有的领导干部由于对矛盾成因、对立双方的特点及变化趋势缺乏辩证分析研判，因而见事不早、处事不当，结果是留下隐患。有的领导干部对困难问题认识不足、简单对待，总想用统一代替对立，结果是错过了解决矛盾的最佳时机，最后反而导致矛盾激化。有的领导干部习惯于用对立的思维和办法去解决问题，就对立论对立，结果使本来可以调和的矛盾不可调和，反而日益激化，造成难以收拾的局面。

三、领导干部提高辩证思维能力的基本内涵及方法

（一）领导干部辩证思维能力的基本内涵

辩证思维和辩证思维能力既有区别又有联系。辩证思维就是指主体在认识世界、改造世界的实践中所运用的一种科学思想方法，这种思维方法的哲学理论基础是马克思主义的唯物辩证法。由于唯物辩证法是关于自然、社会和人类思维最一般规律的科学，因此辩证思维的思想方法具有抽象性和普遍性，它不因主体的改变而改变。辩证思维能力是主体在运用辩证思维方法发现、分析、认识、解决实际问题的全过程中体现出来的本领和素养，它与主体对于辩证思维方法以及与之相结合的客观实际情况的掌握理解程度有关，具有主体差异性。不同个体或不同群体之间的辩证思维能力有高有低、有强有弱，一般说来这种高低、强弱之分是以实践成效的大小区别出来的。实际生活中，辩证思维与辩证思维能力又不能截然分开，因为主体在运用辩证思维方法的同时，其辩证思维能力便蕴含其中，这同时也是提升主体辩证思维能力的根本路径。两者都离不开主体的能动性，它们统一于唯物辩证法。我们就是在上述理解的基础上，既有所区别而又有所联系地使用辩证思维和辩证思维能力这两个范畴的。具体地说，所谓辩

证思维能力,就是承认矛盾、分析矛盾、解决矛盾,善于抓住关键、找准重点、洞察事物发展规律的能力。它主要有以下5个方面的含义:

1. 坚持辩证法的客观性、普遍性基础,把握矛盾无处不在、无时不有的普遍性。矛盾是客观存在的,世界充满着矛盾,没有矛盾就没有世界,这些都是人们熟知的辩证法原理。运用到我们的实际工作中,就是要以积极的态度正视矛盾、正视问题,树立强烈的问题意识,以问题来倒逼我们的工作、推进和深化改革。

2. 坚持辩证法的全面性、系统性要求,把握矛盾双方的对立统一关系。对立统一是唯物辩证法的实质和核心。我们在分析矛盾的过程中,最根本的就是要注重事物的内在矛盾,注重矛盾双方既对立又统一、既相互制约又相互联系的辩证关系。联系到我们正在进行的实践,就是要全面地而不是片面地、系统地而不是零散地分析、把握客观存在着的矛盾,坚持辩证法的“两点论”“全面论”,防止和克服形而上学的片面性、极端化倾向。

3. 坚持辩证法的联系性、条件性特征,把握矛盾的特殊性,特别是要把握主要矛盾和矛盾的主要方面。任何一个具体的事物,其内在矛盾都处于与其他事物的具体的联系之中,这种具体的联系就是事物所处的条件,由此构成矛盾的特殊形态即矛盾的特殊性。由于矛盾对立双方的地位和作用不是等量齐观的,因而要特别抓住主要矛盾和矛盾的主要方面,以推动矛盾的发展与解决。结合我们的现实生活,就是要坚持辩证法“两点论”中的“重点论”,抓住事物的关键和工作的重点,以点带面,推动工作。

4. 坚持辩证法的批判性和革命性本质,把握解决矛盾的恰当的具体方式。矛盾的解决是矛盾发展的必然趋势,新事物代替旧事物都是通过矛盾的转化和解决而实现的。但辩证法的批判性不是虚无主义的全盘否定,而是“扬弃”。这反映在我们的社会生活中,就是要坚持辩证法关于“一切以时间、地点、条件为转移”“具体问题具体分析”

的科学态度,以一种既克服又保留或者既共处又制约的方式,即以一种有利于事物发展的恰如其分的方式来解决矛盾,反对要么肯定一切要么否定一切的极端主义偏向。

5. 遵循认识与实践之间的辩证关系,透过现象看本质,把握事物发展的客观规律。事物发展都是有规律的,人们只有认识规律并自觉地运用规律,才能取得预期的实践效果。而认识、运用规律都离不开"实践—认识—再实践—再认识,循环往复,以至无穷"的辩证运动过程。这就要求我们确立"实践第一"的意识,在实践与认识的相互作用中探索、认识事物发展规律。具体到正在进行的全面深化改革的伟大实践,我们就要在干中学,在改革中学会改革。如果说"摸着石头过河"是在改革中学会改革的形象表述,那么今天我们所说的"顶层设计"则是在改革中学会改革的具体形式和鲜活诠释。归纳起来,运用辩证思维方法,提高辩证思维能力,最主要的就是熟练掌握马克思主义唯物辩证法,坚持用矛盾对立统一的原理观察事物、分析问题;善于抓住主要矛盾和矛盾的主要方面,做到抓重点、带全局,统筹协调,以点带面地开展工作;注重在承认、正视矛盾的前提下着力把握矛盾的特殊性,为化解矛盾、解决矛盾寻求合适的方式;始终坚持客观的、全面的、系统的、历史的、发展的、联系的观点,保持清醒头脑与政治上的成熟,防止从一个极端走向另一个极端。

(二)提高领导干部辩证思维能力必须运用的基本方法

蔑视辩证法必然要受惩罚,对辩证唯物主义一窍不通,就会犯错误。从这个意义上说,改革时代的"本领恐慌",首先就是"哲学的贫困"。一个国家要屹立于世界民族之林,理应重视培养全民族的辩证思维。掌握辩证思维方法、提高辩证思维能力,为我们在中国特色社会主义实践中坚持正确方向、坚定必胜信念、扫清思想迷雾、战胜急流险滩,提供了强大的方法论保证。

1. 宏观思路

一是要用对立统一的方法把握“两难”问题。

对立统一是唯物辩证法的根本法则，也是我们解决“两难”问题的有效方法。马克思主义哲学认为，当事物处在相对静止的量变阶段时，事物内部的矛盾性往往不那么明显；而当事物处在激烈变动的质变阶段时，事物内部的矛盾性及其特质就特别突出地表现出来。改革开放的伟大实践一再证明这一论断的真理性。30 多年前，当我们打破计划经济体制走向市场经济时，产生了许多新的矛盾。恰如邓小平同志所言，发展起来以后的问题不比不发展时少。今天，当我们在改革开放成果的基础上，实行全面深化改革的时候，又产生了不同于以往的新矛盾。我国进一步的发展面临着一系列突出的矛盾和挑战，必须要坚持两点论，一分为二地看问题。

党的十八届三中全会指出，全面深化改革的重点仍然是经济体制改革，核心是处理好政府和市场的关系。历史表明，这是社会结构转型的核心内容，是走向现代化的国家普遍要解决的重大问题。政府和市场是对立统一的。习近平总书记指出，深化改革既要发挥市场的决定性作用，又要发挥好政府的作用，使“两只手”厘清各自的领域和功能：在经济社会的协调上，市场更多地调节经济，政府则强化社会管理和公共服务的职能；在经济运行上，市场调节具体的经济活动，政府则制定游戏规则，进行宏观调控；在公平和效率上，市场更多地激活效率，政府更多地关注公平等。这些论述深刻阐述了政府和市场在资源配置中的不同作用和辩证关系。

在全面深化改革中，我们面对的公平与效率的关系是现代化进程中面临的又一个两难选题。有的国家片面强调公平，实施“高福利”政策，影响了效率；有的国家片面强调效率，任由差距拉大，导致了社会动荡。我们目前也进入了一个关键时期，经济体制深刻变革，社会结构深刻变动，利益格局深刻调整，思想观念深刻变化，不同的地方、阶层,不同的领域、方面,有着不同的利益和价值追求。无视利益的差异性,压抑对自身利益的追求,就不能激发社会创造财富的积极性,降低整个社会的效率。相反,一味地任由差距拉大,只强调效率,忽视公平的机会和过程,导致不公平的环境,贫富差距过大,就会导致社会的动荡,最终也会影响效率。面对这样的两难选项,面对不同的需求,要分析出哪些是"求同"的,哪些是可以"存异"的,把最大"公约数"找出来,最大限度地把党内外一切可以团结的力量广泛团结起来,把国内外一切可以调动的积极因素充分调动起来,汇成推进改革开放的强大力量。以市场提供效率,以政府保证公平,以总体受益为原则,使大多数人成为改革成果的受益者,促进社会财富的增值,实现社会的健康持续发展。

人与自然、经济与环境的关系,也是现代化过程中必须要面对的两难选项。相当多的国家走的是"先污染后治理"的道路,人和环境都付出了惨重代价;有的国家特别是一些自然环境优越的国家,发展绿色工业,缩小产业链,选定产业点,如文化、旅游、贸易等,保住了"绿水青山"。我国在经济高速发展的阶段,有的地区一度盲目追求 GDP,片面发展,在获得"金山银山"的同时,失去了绿水青山。金山银山与绿水青山之间是有矛盾的,但又是辩证统一的。在实践中,这"两座山"之间的关系经过了三个阶段:第一个阶段是用绿水青山去换金山银山,不考虑或者很少考虑环境的承载能力。第二个阶段是既要金山银山,但也要保住绿水青山,这时候经济发展与资源匮乏、环境恶化之间的矛盾开始凸显,人们意识到环境是我们生存发展的根本,只有留得青山在,才能有柴烧。第三个阶段是认识到绿水青山可以源源不断地带来金山银山,绿水青山本身就是金山银山,种的常青树就是摇钱树,生态优势变成经济优势,形成了一种浑然一体、和谐统一的关系。这一阶段是一种更高的境界,体现了科学发展观的要求,体现了发展循环经济、建设资源节约型和环境友好型社会的理念。按照这样的辩证法解决经济发展与环境保护之间的矛盾,就会加快完成生态文明制度建设的各项任务,促进我国经济发展、生态文明、人民健康目标的早日实现。

二是要用发展的观点诠释中国特色社会主义特征。

唯物辩证法认为,事物是运动、发展和变化的,运动是有规律的,发展是由低级向高级、由简单到复杂的运动,是波浪式前进和螺旋式上升,是由量变到质变的过程,表现为连续性和间断性、前进性和曲折性的统一。

怎样认识社会主义,如何建设社会主义,一直是共产党人的一个重点课题。如何向世界说明中国特色社会主义,怎样展示我们的立场、观点和目标,一直是我们党的一项重要工作。党的十八大以来,习近平总书记运用唯物辩证法,研究中国历史文化,分析"国际共运",把握党史国史,澄清了一些重大思想理论是非问题,理直气壮地向世界说明了中国自己选择道路的合理性。

习近平总书记在布鲁日欧洲学院演讲时说,观察和认识中国,历史和现实都要看,物质和精神都要看。中华民族5000多年文化史,中国人民近代以来170多年斗争史,中国共产党90多年奋斗史,中华人民共和国60多年发展史,改革开放30多年探索史,这些历史一脉相承,不可割裂。脱离了中国的历史,脱离了中国的文化,脱离了中国人的精神世界,脱离了当代中国的深刻变革,是难以正确认识中国的。中国独特的文化传统、独特的历史命运、独特的国情,注定了中国必然要走适合自己特点的发展道路。习近平总书记从中国大历史的高度,从物质和精神多个层面,精辟论证了中国特色社会主义的特征,揭示了中国特色、中国道路的深厚历史依据、文化内涵和精神实质,真实表达了历史发展的辩证法。

社会主义500年的曲折历程,学术界在研究,我们党也在思索。习近平总书记在新进中央委员会的委员、候补委员学习贯彻党的十八大精神研讨班上，梳理了社会主义思想和运动发展的六个阶段，阐述了从空想社会主义思想家批判资本主义的罪恶，到马克思、恩格斯创立科学社会主义的过程；从列宁领导建立第一个无产阶级政权，到斯大林苏联模式形成、最终走向僵化和解体的过程；从我们党对社会主义的探索和实践，到做出进行改革开放的历史性的决策、开创和发展中国特色社会主义的过程。通过这些论述，说明社会主义是由低级到高级、由简单到复杂的探索过程，展示了科学社会主义由思想到行动、由革命到建设、由学习到创新的前进性，也展示了它在不同阶段遇到的问题和挫折。理解这个过程的前进性和曲折性的统一，可使我们无论遇到什么情况，都不会动摇我们的理想信念，都不会动摇我们走中国特色社会主义道路的坚强决心。

改革开放后，我们取得了举世瞩目的伟大成就，但是，如何看待改革开放前后 30 年的关系，成为一个争议颇多的问题。习近平总书记站在历史的高度，运用唯物辩证法，深刻全面地阐述了新中国成立后两个历史阶段的关系，说明社会主义在中国的成功，是马克思主义科学性的证明，是中国共产党人把马克思主义与中国实际相结合的成果。习近平总书记从历史观的高度，把前后 30 年称为“独立探索 30 年”和“改革开放 30 年”，实事求是地分析了两个阶段的连续性和间断性，并没有因为探索阶段的错误和挫折而否认其探索的价值。相反，正是因为它的积极成果，为改革开放新时期提供了宝贵经验、理论准备和物质基础，从而论证了中国特色社会主义探索发展的整体性，说明我们是在发展马克思主义的过程中继承了马克思主义，用无可辩驳的伟大成果，回答了如何在一个经济文化落后的国家建立和发展社会主义这样一个历史性课题。这说明，继承不是照抄“本本”、照搬“模式”，而是根据中国国情，实事求是，解放思想，既符合社会进步的发展逻辑，又符合马克思主义发展的理论逻辑。

三是要用普遍联系的观点指导系统性改革。

唯物辩证法认为,事物是普遍联系的,联系的形式多种多样。相互联系的事物,依据一定的条件构成相对独立的系统,系统具有整体性、结构性、层次性和开放性等特征。把握事物的普遍联系就是要认识联系的客观性和多样性,就是要把事物、对象看作一个系统,运用整体性思维、系统性思维来分析问题、解决问题。

我们的改革开放也是一个系统工程,必须坚持全面改革,必须在各项改革协同配合中推进。把握改革的系统性,首先要牢牢把握改革的方向这个最根本问题。方向决定道路,道路决定命运。我们的改革开放是有方向、有立场、有原则的。有的人把改革开放定义为向西方政治制度的方向改,这是偷换概念,曲解我们的改革。我们的方向是不断推动社会主义制度的自我完善和发展,而不是对社会主义制度的改弦更张,我们既不走封闭僵化的老路,也不走改旗易帜的邪路。苏联的教训,从反面说明习近平总书记反复强调改革的方向性是多么重要、多么正确。

把握好改革的系统性,不仅需要战略方向的正确性,也需要战术上的合理性。在这个层面,习近平总书记提出了很多论断,闪耀着辩证法的光辉。关于推进改革的主体,提出要处理好解放思想与实事求是的关系,胆子要大与步子要稳的关系;关于推动改革的方法,提出要处理好整体推进和重点突破的关系,顶层设计与摸着石头过河的关系;关于制定改革政策,提出要注意不同层面政策的性质,宏观政策要稳定,微观政策要放活,社会政策要托底;关于机构改革,提出要处理好大和小、收和放、政府和社会、管理和服务的关系;关于对改革创新效果的评价,提出要坚持全局和局部相配套,治标与治本相结合,渐进与突破相促进等。这些论述科学地揭示了客观事物之间的辩证关系,反映了改革的整体性和辩证性,使我们党对于改革的指导建立在牢固的唯物辩证法基石之上。

2. 微观举措

辩证思维能力既反映了领导干部的理论素养,也反映了领导干部的人格魅力,也可以说是德才在思维方法、工作方法上的具体表现。为此,提高辩证思维能力,既要在德的方面下功夫,也要在才的方面努力。具体应正确处理好四个关系:

一是敢于担当与善于担当的关系。担当是党员干部必备的基本素质。这就要求领导干部有对全局和局部的辩证考虑,要善于发现问题,分析矛盾,解决问题。只有把敢于担当与善于担当结合起来,才能做到既坚持原则、较真碰硬,又能克难攻坚、善作善成。

二是高调做事与低调做人的关系。高调做事,要求坚决破除“无过即为功”“一团和气”的习气,雷厉风行,敢做善为;低调做人,就是踏踏实实、埋头苦干,摒弃个人主义、享乐主义。对领导干部来说,低调做人与高调做事二者缺一不可。如果不知道如何做人,即使再有才华,也可能迷失方向、走错道路。如果不知道如何做事,那就是在其位不谋其政。

三是政令畅通与联系实际的关系。没有规矩,不成方圆。确保政令畅通是巩固党执政地位的关键问题。要严格执行党的纪律和规定,坚决同以习近平同志为核心的党中央保持高度一致,确保中央政令畅通。同时,因地制宜,求真务实,不唯书唯上,既要保证上级党委政府政令畅通,又能立足实际创造性地开展工作。

四是显绩与潜绩的关系。显绩与潜绩都是政绩,两者是对立统一、相辅相成的。“潜”是“显”的基础,“显”是“潜”的结果。但在实际工作中,一方面,重视做抓基础利长远的事,应有功成不必在我的定力;另一方面,善作善成,干一件成一件,积小胜为大胜,不断创造出新的业绩以取信于民。

我党 90 多年的奋斗历史,共和国 60 多年的风雨历程,改革开放 30 多年的发展奇迹,诠释了“照辩证法办事”的历史伟力。“磨刀不误砍柴工”,改革任务越是繁重,越需要我们用好辩证思维这个法宝。毫无疑问,随着领导干部辩证思维能力的不断提高,各级党组织贯彻落实党的理论路线方针政策的能力必将越来越强,党的领导水平和执政能力也必将越来越高,实现中华民族伟大复兴的中国梦必将早日实现。

经济体制改革的核心问题是处理好政府与市场的关系

——学习十八届三中全会《决定》的体会

李小坚①

党的十八届三中全会通过的《中共中央关于全面深化改革若干重大问题的决定》指出，"经济体制改革是全面深化改革的重点，核心问题是处理好政府和市场的关系，使市场在资源配置中起决定性作用和更好发挥政府作用。"②政府与市场的关系问题，决定着经济体制的基本走向和经济运行质量。进一步探索中国特色社会主义的政府与市场关系，对于深化经济体制改革具有非常重要的意义。

一、政府与市场的关系是近现代国家共同面临的课题

从历史视角来看，只要有市场经济，就会遇到政府与市场关系的问题。这一问题是市场经济发展中最基本、最重要的问题，也是最难处理和最有争议的问题。马克思主义经典作家通过对政治与经济的实践考察，指出政治与经济存在着紧密的互动关系，经济基础决定上层建筑，上层建筑反作用于经济基础。政府属于上层建筑，具有相对独立性，对经济基础有一种能动作用。当经济与生产发展到一定程

---

① 李小坚，男，中共邵阳市委党校常务副校长。

② 《中共中央关于全面深化改革若干重大问题的决定》，载《人民日报》，2013 年 11 月 15 日。

度,经济基础的变革累积到一定力量时,势必要求上层建筑进行变革,以适应发展了的经济基础。市场作为调节人类经济活动的一只无形的手,通过市场规律作用于经济活动。实际上,在人类的经济活动中,政府与市场的关系演进是一个连续的、动态的、互动的过程。这一过程既反映了政府与市场对经济活动作用大小的博弈关系,也体现了自近现代以来在经济发展过程中政策偏好的不同选择。从近现代世界经济发展的历史看,在处理政府与市场的关系问题上大致有三大学术流派和政策取向。

(一)亚当·斯密的经济自由主义理论和自由资本主义的发展政策

18 世纪中叶,英国的古典经济学家亚当·斯密在他的《国富论》中提出了经济自由主义的理论,这种理论适应 18 世纪资本主义经济发展的时代要求,那个时期是自由资本主义上升时期,属于完全自由市场经济阶段。亚当·斯密继承并发展了前人的思想,在理论上充分论证了经济自由主义思想的基本原则——自由放任,并据此原则建立了古典政治经济学的完整体系,从而成为古典经济学之父。

按照亚当·斯密的观点,自由经济发展由三个要素构成,即自私的动机、私有的企业和竞争的市场,而经济的完全自由是国民财富增加的最佳途径。在他看来,社会由个人构成,社会财富也由个人财富构成。人不能离开社会而独立存在,人与人之间互相依赖,个人的要求也必然达成协调。虽然每个人的利己要求看上去是彼此冲突的,但是实际上却是彼此协调促进的。这就是上帝的"看不见的手",或者说,是人类在漫长岁月里自发形成的一种和谐的秩序。他主张政府不要直接干预经济,而应采取放任的经济政策,政府只需提供国防、警察和某些公共物品就已足够。因此,这一时期的政府扮演了"守夜人"的角色,而市场则处在完全自由竞争的状态,成为主导资源配置、引导微观经济主体朝着有利于社会的方向发展的主要力量。

亚当·斯密提出的经济自由主义理论奠定了资本主义自由经济体系的基石，直接统治西方经济学长达150年之久，并一直深深影响到现在。英国、美国、法国、德国等西方资本主义国家在他的理论指导下，采取了自由资本主义的政策，促进了资本主义国家长达150年的快速发展，促进了资本主义社会生产力的竞相迸发，实现了社会财富源泉的涌流。

(二)凯恩斯主义和罗斯福新政

1929年，资本主义国家爆发了危及全球的空前严重的经济危机，资本主义制度陷入前所未有的艰难境地。一些资本主义国家为了走出困境，寻找资本主义存在、发展的出路，一反自由竞争时代政府对经济生活自由放任的传统做法，纷纷利用国家政权的力量，强制性地对生产关系和经济体制的某些环节进行改革与调整，使之适应新的生产力发展的需要。在这种背景下，凯恩斯主义应运而生。凯恩斯是英国人，是现代西方经济学最有影响的经济学家，他创立了宏观经济学理论体系，论证了国家直接干预经济的必要性，倡导政府通过财政政策和货币政策对经济运行进行调节，以弥补市场失灵。凯恩斯主义为西方资本主义国家应对经济危机开出了一剂灵丹妙药。

1933年美国总统罗斯福在惊涛骇浪般的经济危机中走马上任，形势迫使罗斯福一反传统的自由放任，实行了一系列旨在加强政府干预的新政，其核心就是救济、复兴和改革。新政以增加政府对经济直接或间接干预的方式，大大缓解了大萧条所带来的经济危机与社会矛盾，其基本内容是整顿和重建紊乱的金融机构和制度，通过扩张的财政政策，由政府直接兴办公共工程，增加就业机会，刺激人民群众的购买力；通过国家权力机构用奖励和津贴的办法，甚至包括缩减耕地面积等，缓解农业生产的萧条；对于农民和小农户，减少他们因抵押贷款过期仍无法偿还而遭受的部分财产损失。

新政在维护资本主义制度的前提下，通过对资本主义生产关系的局部调整,加强了国家对经济的干预。通过政府行政力量,将集中起来的社会财富,向社会底层人员分散,从而使经济逐渐恢复平衡,促进经济恢复。罗斯福新政是凯恩斯理论的成功实践,促使了世界范围内国家垄断资本主义的发展,形成了西方经济学新的流派,开启了西方经济学发展的一个新的时代。

(三)苏联社会主义理论和斯大林模式

十月革命成功以后,针对如何打破西方资本主义国家的封锁和包围,如何建设社会主义国家,苏联进行了积极的探索,从政策取向上经历了从战时共产主义到新经济政策,再到高度集中的计划经济模式的演变过程。

列宁领导的苏维埃实施了战时共产主义政策,采取了以余粮收集制、实物配给制、劳动义务制、企业国有化等为主要特征的一系列非常措施。1921 年俄共在第十次代表大会上通过决议,停止了战时共产主义政策,实行了新经济政策。新经济政策决定废止余粮收集制实行粮食税;允许本国和外国的资本家经营中小企业和国家暂时无力兴办的企业;在无产阶级国家的领导与监督下,利用市场和商品货币关系来扩大生产。新经济政策的实施是苏维埃国家发展历程中的重大转折,表明了列宁和布尔什维克党放弃用战时共产主义政策直接过渡到社会主义的设想和实践。可惜的是,新经济政策还没来得及很好的实施,列宁就与世长辞了。

1925 年,在苏共十四次全国代表会议上,斯大林提出苏联一国可以建成社会主义的理论。认为苏联处在资本主义包围之中,为了不成为资本主义世界的经济附庸,必须建立自己独立完整的社会主义经济体系。他们分析了苏联的工业化同资本主义国家的工业化不同,认为苏联已建立无产阶级专政政权,完全可以依靠政权力量加快经济发展,走出一条与资本主义国家工业化不同的道路,把许多客观经济发展规律视为资本主义范畴的东西予以否定,主张用行政命令、指令性计划的办法快速发展经济。在具体政策上采取用计划保证优先发展重工业,用行政办法扩大内部的资金积累。1936 年苏联新宪法的制定,宣告了第一个社会主义国家的建成,标志着斯大林创建的经济政治体制的形成,即高度的计划经济模式。其特点是建成了一个以国家为核心、高度集中的行政命令体制。它实行工商企业的国有化和集体农庄的准国有化,限制商品货币关系,否定价值规律和市场机制的作用。这种高度的计划经济模式不仅推动了苏联经济的高速发展,而且深深地影响了此后走上社会主义道路的国家。

纵观以上三种学术流派和政策取向,可以看出,西方资本主义经济与苏联社会主义经济是两种不同经济制度下的产物。他们在处理政府(计划)与市场关系问题上,由于历史背景不同、出发点不同、发挥政府(计划)和市场作用的着力点不同,把原本属于共同性的、规律性的东西看成社会制度对立和意识形态对立的东西。政府和市场的关系原本就是相互作用、相互补充的关系,在他们那里变成了相互对立、相互排斥的关系。政府和市场都是经济调节的手段。亚当·斯密的经济自由主义理论也好,凯恩斯主义也好,苏联社会主义理论也好,在不同的历史时期,都对经济的发展起到了巨大的促进作用,同时也都暴露了各自的缺陷,对经济也造成了负面的影响。历史经验表明,只用市场一只手或者只用政府一只手都会造成经济发展的不协调,在政府和市场的选择中没有一个固定模式,无论哪一个国家都没有所谓的离开政府干预的完全竞争。无非是有的国家政府干预多一点,有的干预少一点;有的干预程度深一点,有的干预程度浅一点。因此,如何正确处理政府与市场的关系成了近现代国家共同面临的问题。

二、我国处理政府与市场的关系在认识和实践上的发展是曲折的,也是与时俱进的

新中国成立 60 年多年来,我国在处理政府与市场的关系上大致

经历了三个阶段：

第一阶段：1949—1978 年，借鉴苏联模式，实行高度集中的计划经济体制阶段

新中国成立后，我们实现了社会主义的三大改造，走上了社会主义道路。但对于如何建设社会主义，我们还没有经验，思想上、理论上的准备还不足。开始只能学习苏联模式，建立一种高度集中的计划经济体制。但是，随着经济建设的不断发展和经济规模的扩大，随着生产社会化程度的提高和科学技术在经济生活中的作用明显增强，高度集中的计划经济体制的缺陷和弊端日益暴露。毛泽东和中央的其他领导同志在不同程度上有所察觉和认识。毛泽东在 1956 年初就明确提出，要以苏联经验为借鉴，走出一条中国自己的社会主义建设道路，并开始尝试突破苏联的社会主义经济体制模式。他提出中国工业化道路问题、正确处理人民内部矛盾、论十大关系、双百方针等一系列关于社会主义建设的理论观点。这些理论观点和其他中央领导同志的正确意见，集中体现在党的八大路线上。党的八大提出，生产资料私有制的社会主义改造基本完成以后，国内的主要矛盾是人民日益增长的物质文化需求同落后的生产力之间的矛盾。解决这个矛盾的办法是发展社会生产力，实行大规模的经济建设。提出了“三个主体，三个补充”的新的经济体制构想，即国家经营和集体经营是工商业的主体，一定数量的个体经营是补充；在生产领域，计划生产是工农业生产的主体，按照市场变化而进行的自由生产是补充；在流通领域，国家掌握的市场是主体，自由市场是补充。随着三大社会主义改造的完成和八大路线的确定，我国计划经济体制逐渐建成。1956—1966 年进入了全面建设社会主义时期，这一期间对计划与市场的关系进行了积极而又艰难的探索，对市场的作用有了积极的认识，比如，刘少奇提出“用经济办法管理经济”，在工业中采取托拉斯管理模式；陈云提倡开放部分高价商品的政策等一系列经济改革措施，取得了明显成效。

第二阶段:1978—1992 年,市场化改革的探索阶段

1978 年党的十一届三中全会的胜利召开,恢复了党的实事求是的思想路线,实现了党的工作重心的转移,提出以经济建设为中心、实行改革开放的政策。改革开放以农村改革为重点,推行了家庭联产承包责任制,实施了农产品调价、发展多种经营和集市贸易等措施。农村改革取得巨大成绩,既解决了全国人民吃饭的大问题,又积累了农村经济体制改革的经验,起到了开一代先河的作用。然后的改革向城市推进,十二届三中全会做出了《关于经济体制改革的决定》。以搞活国有企业为中心环节的企业改革正式启动,改革的任务开始是对国企放权让利,推行“利改税”,实行厂长经理负责制与经济责任制等。然后推行了国有企业承包制、工人劳动合同制,到最后明确了国有企业改革的方向是建立现代企业制度。同时,财政、税收、金融、外贸、外汇、计划、投资、价格、教育、科技等方面的配套改革相继取得重大突破,整顿和规范市场经济秩序工作取得阶段性成果。扩大开放取得积极成果,开放了沿海 14 个港口城市,开辟了 4 个经济开放区,批准海南建省并成为经济特区。

随着改革开放的实践深入,党对计划与市场关系的认识也逐步加深。党的十二大提出“计划经济为主,市场调节为辅”,十二届三中全会提出“有计划的商品经济”,党的十三大提出了“国家调控市场,市场引导企业”,十三届五中全会提出“计划经济与市场调节相结合”。特别是邓小平的南方谈话,是对计划与市场关系认识上的飞跃。他指出:“计划多一点还是市场多一点,不是社会主义与资本主义的本质区别。计划经济不等于社会主义,资本主义也有计划;市场经济不等于资本主义,社会主义也有市场。计划和市场都是经济手段。”[①]在这里邓小平把计划与市场看成发展经济的两种手段,解决了长期困扰人民的姓资姓社的问题,是解放思想的一个重大突破。江泽民同志 1992

① 《邓小平文选》,人民出版社 1993 年版,第 373 页。

年6月9日在中央党校发表重要讲话，提出要深刻领会和全面落实邓小平南方谈话精神，在讲到经济体制改革的目标问题时，他表明了自己的看法，提出，"我个人的看法，比较倾向于使用'社会主义市场经济体制'这个提法"①。党的十四大明确提出了建立社会主义市场经济体制的目标，提出市场在资源配置中起基础性作用的论断。

第三阶段：1992—2013 年，市场化改革的突破阶段

党的十四大提出市场作用的定位之后，围绕建立社会主义市场经济体制的框架，实施了一系列改革。推动国有企业改制，建立社会保障制度，推动银行业的商业化、市场化改革，初步建立生产要素市场体系。党的十五大把公有制为主体、多种所有制经济共同发展作为我国社会主义初级阶段的一项基本经济制度，提出公有制实现形式可以而且应当多样化，股份制是现代企业的一种资本组织形式，非公有制经济是社会主义市场经济的重要组成部分，要把按劳分配和按生产要素分配结合起来，允许和鼓励资本、技术等生产要素参与收益分配。这是经济体制改革理论的又一次重要突破。经过十五年的艰难谈判，2001 年我国正式加入世界贸易组织，成为改革开放进程中具有历史意义的一件大事，标志着我国的对外开放进入了一个新的阶段。党的十六大提出"在更大程度上发挥市场在资源配置中的基础性作用"，同时删去了"在国家宏观调控下"的定语。党的十七大提出"从制度上更好发挥市场在资源配置中的基础性作用"。党的十八大进一步提出"更大程度更广范围发挥市场在资源配置中的基础性作用"。党的十八大谈到关于经济体制的核心问题是"处理好政府与市场的关系"。这一论述既是对我国经济体制改革 30 多年来的成功举措和工作经验的认真总结，也是与党的十四大所明确的建设社会主义市场经济体制就是要发挥"市场是配置资源的基础性手段"的理论命题相呼应。从党的十四大到十八大，集中强调改革取向是增强市场作用。所有这些

① 《十三大以来重要文件选编(下)》，人民出版社 1993 年版，第 2068 页。

重要的论断为十八届三中全会《决定》中提出“使市场在资源配置中起决定性作用”在理论和实践上做了准备。

回顾60多年来我们在处理政府与市场关系问题上所经过的曲折过程,这曲折中有经验、有教训、有收获、有失误,符合人类认识发展的规律,即实践、认识、再实践、再认识的规律。正如习近平总书记指出的:“中国共产党人干革命、搞建设、抓改革,从来都是为了解决中国的现实问题。可以说,改革是由问题倒逼而产生的,又在不断解决问题中而深化。同时,在认识世界和改造世界的过程中,旧的问题解决了,新的问题又会产生,制度总是需要不断完善,因而改革既不可能一蹴而就,也不可能一劳永逸。”①

三、“使市场在资源配置中起决定性作用”在处理政府与市场关系中有重大理论意义和实践意义

十八届三中全会的《决定》提出了“使市场在资源配置中起决定性作用”,由原来的基础性作用变为决定性作用,虽然只有两字之差,但内涵丰富,是一个重大的理论突破。“使市场在资源配置中起决定性作用”其实质就是价值规律、供求规律和竞争规律在资源配置中起决定性作用,具有重大的理论意义和实践意义。

(一)“使市场在资源配置中起决定性作用”的理论意义

1. 这一规律为发挥市场主体作用开辟了道路

市场在资源配置中起决定性作用这一经济规律,明确地回答了政府与市场关系这个经济体制改革的核心问题,界定了政府和市场的职能,从而引导了企业的主体由原来的找政府变成找市场。这一理论抓住了社会主义市场经济体制的本质特征——用尽可能少的资源投入生产尽可能多的产品。过去强调市场在资源配置中起“基础性作用”,在国家宏观调控下发挥市场配置资源作用,但都不能最大限度地提高

① 习近平:《习近平谈治国理政》,外文出版社2014年版,第40页。

市场效率。此次两字之变，抓住了我国经济体制改革最深层次的问题，意味着在配置资源问题上，其他力量如政府，可以影响和引导资源配置，但决定者只能是市场。这一理论的重大突破将有利于进一步解放思想，有利于进一步解放和发展生产力，有利于进一步解放和增强社会活力。

2. 这一规律为政府转变职能指明了方向

习近平总书记指出："进一步处理好政府和市场关系，实际上就是要处理好在资源配置中市场起决定性作用还是政府起决定性作用这个问题。"①这就抓住了问题的本质。既然十八届三中全会已经明确市场在资源配置中起决定性作用，那么政府就要从原来对资源配置起决定性作用中转换出来。这里既有一个角色转换的问题，也有一个职能转变的问题。发展社会主义市场经济，既要发挥市场作用，也要发挥政府作用，但市场作用和政府作用的职能是不同的。全会决定对更好发挥政府作用提出了明确要求，强调科学的宏观调控、有效的政府治理，是发挥社会主义市场经济体制优势的内在要求。全会决定对健全宏观调控体系、全面正确履行政府职能、优化政府组织结构进行了部署，强调政府的职责和作用主要是保持宏观经济稳定，加强和优化公共服务，保障公平竞争，加强市场监管，维护市场秩序，推动可持续发展，促进共同富裕，弥补市场失灵。这是"使市场在资源配置中起决定性作用"这一规律对政府职能转换的必然要求，为政府职能的转变指明了方向。

3. 这一规律为资源配置更有效率、更加公平、更加可持续找到了一条有效途径

经济发展就是要提高资源尤其是稀缺资源的配置效率，以尽可能少的资源投入生产尽可能多的产品、获得尽可能大的效益。实践证

① 本书编写组：《党的十八届三中全会〈决定〉学习辅导百问》，学习出版社 2013 年版，第 45—46 页。

明,市场配置资源是最有效率的形式。排除政府对资源配置的直接干预和过多干预,更加有利于发挥市场竞争规律作用,使这种竞争更加公平、更加平等。引导资源配置趋向更加公平、更有效率、更可持续发展的领域,实现优胜劣汰。另一方面,政府加大公共服务的力度、加强政府市场监管、完善分配制度,以促进社会公平正义,增进人民福祉,实现可持续发展。这既是改革的价值取向,又是改革的最终目标。因此,我们必须不失时机地加大改革力度,在思想上更加尊重市场决定资源配置这一市场经济的一般规律,在行动上大幅度减少政府对资源的直接配置,推动资源配置依据市场规则、市场价格、市场竞争,切实转变经济发展方式,努力实现资源配置效率最优化、效益最大化和发展的可持续性。

(二)“使市场在资源配置中起决定性作用”的实践意义

理论是行动的指南,理论上的突破必然会带来实践上的创新,“使市场在资源配置中起决定性作用”的实践意义在于:

1. 有利于最大限度地激发各类市场主体创业、创新活力

现在束缚市场主体创业、创新活力的体制障碍,主要是对民营企业的不公平待遇,阻碍民间投资的“玻璃门”“弹簧门”仍然存在;竞争性经济领域的投资审批,既不利于市场机制发挥优胜劣汰的功能,也造成对民营资本的“挤出”效应;一些领域存在明显或变相的行政性垄断,妨碍公平竞争,公用事业和社会事业领域存在准入壁垒,导致大量民间资本不得不拥挤在竞争性经济领域,加剧了一些行业的产能过剩。科技体制中政府与市场定位不清,妨碍企业成为技术创新主体。政府一方面对企业技术创新过度干预,拔苗助长,不利于激发企业内生动力;另一方面在为创新营造良好环境方面又作为不够,对知识产权保护不力,人才评价机制不够合理。要使市场在资源配置中起决定性作用,归根到底是要进一步解放对生产力发展的所有束缚,让一切劳动、知识、技术、管理、资本的活力竞相迸发,让一切创造社会财富的

源泉充分涌流，让发展成果更多更公平地惠及全体人民。

2. 有利于加快我国经济转型升级

目前我国经济结构不合理，粗放型经济发展方式转变迟缓，不少行业产能过剩，究其原因，同政府对经济干预过多和干预不当、妨碍市场起决定性作用有很大关系。价格机制没有反映供求关系，财税体制不够合理，党政干部政绩考核过于看重 GDP 增长率，助长地方追求速度型经济增长，加剧了重复建设和产能过剩，也扭曲了要素价格，干扰了市场机制作用，误导了资源配置。要使市场在资源配置中起决定性作用，就要深化相关改革，从而加快转变经济发展方式，推动经济更有效率、更加公平、更可持续发展。

3. 有利于构建开放型经济新体制

对外开放是促进改革的重要动力和活力源泉。我国和其他新兴市场经济体是经济全球化和贸易投资自由化的直接受益者。国际金融危机以来，世界经济深度调整，各个领域包括贸易投资规则的竞争更趋激烈。主要发达国家正在推动新一轮贸易投资自由化谈判，涵盖环境保护、竞争中立、政府采购、电子商务、劳工标准等所谓“21 世纪新议题”，具有领域广、标准高、影响大等特点。正在开展的中美投资协议谈判，焦点问题是要求我国改变现行的外商投资逐案审批制和产业指导目录方式，实行准入前国民待遇和负面清单管理方式。这些既涉及市场准入，又涉及体制改革，要求我们加快改革投资管理模式和制度创新，建立统一、公平、透明的投资准入体制，使微观主体获得更大的自主投资权限，使政府部门从项目审批向反垄断和安全审查等宏观管理职能转变。从对外开放范围看，我国与世界主要经济体的差距，主要在服务业领域的开放度。据世界银行研究，我国服务业开放水平在 103 个参与排名的国家中仅列第 77 位。服务业是我国经济的短板，也是今后我国经济发展的重要潜力所在。推进金融、教育、文化、医疗等服务业领域的有序开放，放开相关领域投资准入限制，这有利于引入竞争，加快我国服务业发展。总之，只有使市场在资源配置中起决定性作用，才能适应新一轮国际贸易投资自由化形势的要求，构建开放型经济新体制，推动我国更高质量、更高水平的对外开放，在广度和深度上进一步融入经济全球化。

4. 有利于建设高效廉洁的法治政府和服务型政府

现在政府治理与市场功能的边界不够清晰，政府越位与缺位并存。一方面将过多时间和精力用在审批项目、招商引资等直接干预微观经济事务上，导致政府在市场监管、社会管理、公共服务等方面的缺位；另一方面政府对社会事务包揽过多，没有充分发挥社会力量参与社会管理和提供公共服务的作用，不仅影响社会管理效率和公共服务供给，也导致政府成为这些方面矛盾的焦点。因此，凡是市场和企业能解决的，放给市场和企业；凡是社会中介组织能承担的职能，交给社会中介组织。这不仅有利于政府真正转变职能，把重点转到加强市场监管、增强公共服务和维护社会公平正义上来，而且有利于铲除滋生公职人员受贿、权钱交易等腐败现象的土壤和根源。制度上的缺陷和权力的寻租成为了腐败的温床。使市场在资源配置中起决定性作用，大幅度减少政府对资源的直接配置，是抑制和消除腐败现象的治本之策。

四、"全面正确履行政府职能"是处理好政府与市场关系的核心环节

关于全面正确履行政府职能，十八届三中全会的《决定》有多段的论述。"科学的宏观调控，有效的政府治理，是发挥社会主义市场经济体制优势的内在要求。"[①]"健全以国家发展战略和规划为导向、以财

① 本书编写组：《党的十八届三中全会〈决定〉学习辅导百问》，学习出版社、党建读物出版社2013年版，第10页。

政政策和货币政策为主要手段的宏观调控体系。”[①]“深化投资体制改革,确定企业投资的主体地位。”[②]“进一步简政放权,深化行政审批制度改革,最大限度减少中央政府对微观事务的管理,市场机制能有效调节的经济活动,一律取消审批,对保留的行政审批事项要规范管理、提高效率;直接面向基层、量大面广、由地方管理更方便有效的经济社会事项,一律下放地方和基层管理。”[③]“政府要加强发展战略、规划、政策、标准等制定和实施,加强市场活动监管,加强各类公共服务提供。加强中央政府宏观调控职责和能力,加强地方政府公共服务、市场监管、社会管理、环境保护等职责。”[④]“优化政府机构设置、职能设置、工作流程、完善决策权、执行权、监督权既相互制约又相互协调的行政运行机制。”[⑤]上述这些论断都是在“使市场在资源配置中起决定性作用”这一规律的前提下,对政府全面正确履行政府职能的界定。概括起来就是五个字,即退、简、放、转、立。

第一个字是“退”,就是政府退出对资源的直接配置,退出对企业的直接干预。

政府退出对资源的直接配置,就是从原来的直接决定资源配置的位置上退出来,让渡给市场去起决定性的作用。政府主要通过制订政策和法律等资源运作规则,对各种社会资源配置的流向、结构和退出等进行合理引导,以形成有效的资源配置秩序。在运作方式上,政府要退出对资源的直接经营管理,而转变为政府集中购买公共产品和服

① 本书编写组:《党的十八届三中全会〈决定〉学习辅导百问》,学习出版社、党建读物出版社2013年版,第10页。
② 本书编写组:《党的十八届三中全会〈决定〉学习辅导百问》,学习出版社、党建读物出版社2013年版,第11页。
③ 本书编写组:《党的十八届三中全会〈决定〉学习辅导百问》,学习出版社、党建读物出版社2013年版,第11页。
④ 本书编写组:《党的十八届三中全会〈决定〉学习辅导百问》,学习出版社、党建读物出版社2013年版,第11页。
⑤ 本书编写组:《党的十八届三中全会〈决定〉学习辅导百问》,学习出版社、党建读物出版社2013年版,第12页。

务。即由原来的政府直接生产或经营公共产品与服务，转变为政府通过市场化的委托代理或者市场采购、市场招标投标等方法，购买公共产品和服务，从而大大提高政府资源配置效率和效益。

政府退出对企业的直接干预，就是政府不得直接干预企业的经营，企业经营主要依靠市场主体的自主行为实施。一方面政府要退出企业领域，让企业成为市场的主体；另一方面政府必须要加强建立对企业经济活动的监管，主要是规范企业的长远利益和可持续发展，创造企业发展的法制环境，建立安全生产、产品质量、预防腐败等机制和制度。

第二个字是"简"，就是简化行政审批制度，精简机构。

十八届三中全会《决定》把减少行政审批作为政府职能转变的突破口，提出了两个"凡是"，两个"一律"要求，即"凡是市场机制可以有效调节的事项以及社会组织可以替代的事项；凡是公民法人在法律范围内能够自主决定的事项，都不应设立行政许可和行政审批。""市场机制能有效调节的经济活动，一律取消审批；直接面向基层、量大面广、由地方管理更方便更有效的经济社会事项，一律下放地方和基层管理。"行政审批就是一种行政权力，虽然有些行政审批是一种法律程序，但哪一个部门、哪一个人行使这个职能，他就掌握了这个权力，他就可能有个人的好恶，就可能有个人的主观臆断，同意或不同意就决定能办或不能办。要办一个企业，要上一个项目都要行政审批，少则一二十个大印章，多则数十个大印章。每一个印章都需要时间，每一个印章就是一个卡，这样既影响了办事效率，又可能存在权力腐败。所以，党中央、国务院把减少行政审批作为政府职能转变的突破口，抓住了问题的症结，顺应民心。今年以来国务院减少了 300 多项行政审批事项，收到了很好的效果。随着改革的深入，将会取消更多的行政审批手续，有利于经济的高效有序发展。

精简机构就是优化政府机构设置、职能配置、工作流程、完善决策权、执行权、监督权既相互制约又相互协调的行政运行机制。统筹党政群机构改革,理顺部门职责关系,积极稳妥实施大部门制。优化行政区划设置,有条件的地方探索推进省直接管理县(市)体制改革。严格控制机构编制,严格按规定职数配备领导干部,减少机构数量和领导职数,严格控制财政供养人员总量,推进机构编制管理科学化、规范化、法制化。

第三个字是“放”,就是指放权,政府向市场放权,政府向社会放权,中央向地方放权。

政府向市场放权,是在更大程度和更广范围内发挥市场在资源配置中的决定性作用,推进政府经济管理方式由管微观、管审批、管短期向管宏观、管监管、管中长期转变,把社会资本的潜力和活力激发出来。特别是在资源配置方面,政府要最大限度地避免用行政手段配置各类资源。这就要求从体制机制上理顺政府与市场的关系,用政府权力的减法换取市场和社会活力的加法,激发市场和社会主体的创造活力,增强经济发展的内生动力。

政府向社会放权,就是要更好地发挥社会力量在管理社会事务、反映利益诉求、协调利益矛盾中的作用,建立社会和谐稳定的长效机制,实现政府与社会的有效沟通,使利益表达与诉求成为社会管理创新的重要公共产品。政府向社会放权,就要向社会公益组织放权,让全社会的力量都来参与提供公共服务;给社区更大的自治权,把社区打造为基层公共服务和社会管理的重要平台。

中央向地方放权,就是要进一步明确中央政府和地方政府职责划分,建立事权和支出责任相适应的制度,适度加强中央事权和支出责任,加强地方政府公共服务、市场监管、社会管理、环境保护等职责。充分调动中央和地方两个积极性,中央政策要尽可能不搞“一刀切”,让地方有施展的空间;地方要强化全国一盘棋的理念,维护中央权威。

第四个字是“转”,就是指转变思想观念,转变政府职能,转变管理方式。

转变思想观念。当前,我国发展进入新阶段,改革进入攻坚期和深水区。很多的改革已经聚焦到政府职能的本身,很多的难题都摆在政府的面前,政府要有壮士割腕的精神,以强烈的历史使命感,集中智慧,调动一切积极因素,敢于啃硬骨头,敢于涉险滩,冲破思想观念的束缚,突破利益固化的藩篱,打好政府职能转换的攻坚战。

转变政府职能。一方面需要最大程度地减少政府对微观事务的管理职能,从不该管、管不了、管不好的领域中退出来,让市场真正发挥配置资源的决定性作用,从而有效提升市场效率;另一方面也需要政府发挥对经济活动的引导和规范作用,强化政府在战略规划制定、市场监管和公共服务方面的职能,弥补市场本身的不足和缺陷,为市场经济健康发展创造良好环境。《决定》明确提出,“政府要加强发展战略、规划、政策、标准等制定和实施,加强市场活动监管,加强各类公共服务提供。”①

转变管理方式。就是政府要从管微观向管宏观转变,从主导资源配置向引导资源配置转变,从直接管理经济社会向法治政府和服务型政府转变。进一步改善和加强宏观管理,通过强化发展规划制定、经济发展趋势研判、制度机制设计、全局性事项统筹管理、体制改革统筹协调等职能来实现对经济社会的管理。加强宏观调控目标和政策手段机制化建设,科学确定调控目标和政策取向,丰富创新调控手段,健全调控政策制定和决策机制,形成合力的宏观调控政策框架,增强调控的科学性、预见性,强化调控措施的权威性、有效性,促进经济社会平稳健康发展。

第五个字是“立”,就是指建立健全法律法规,建立健全机制体制。

建立健全法律法规。根据十八届三中全会的精神,对现有的法律

① 本书编写组:《党的十八届三中全会〈决定〉学习辅导百问》,学习出版社、党建读物出版社2013年版,第11页。

法规进行清理，符合十八届三中全会精神的予以保留，不符合的要根据十八届三中全会精神进行修改和完善。加快制定和完善全国性经济社会管理方面的政策，条件成熟时，通过人大把这些政策上升为法律。特别要加快宏观调控、对外贸易、社会管理、公共服务等方面的立法速度，建立起适应社会主义市场经济管理体制要求的法律体系。把政府的行政纳入宪法和法律的轨道，提高政府治理的法制化水平。

建立健全机制体制。根据十八届三中全会的精神，对现有的机制体制进行清理，符合十八届三中全会精神的予以保留，不符合的要根据十八届三中全会精神进行修改和完善。加强事关长远的机制体制整体设计，完善基础性制度建设。合理界定政府部门的职能分工，进一步明确和强化责任，完善政府职责体系；合理划分各级政府事权的基础上，理顺上级部门、垂直管理机构与下级政府及其部门的职责关系；按照决策权、执行权、监督权既相互制约又相互协调的要求，优化政府部门权力结构，明确不同部门的权力性质、地位及其相互关系，建设职能科学、结构优化、廉洁高效、人民满意的服务型政府。

在全面履行政府职能层面，既要做好政府职能的减法，即“退、简、放”，同时要做好政府的加法，即“转、立”。其中“退、简、放”是改革的突破口和出发点，而“转、立”则是改革的目的和落脚点。这五个环节要同步进行，相互衔接，如果在进行“退、简、放”的同时，没有“转、立”的跟上，就会出现政府职能运行的空档，从而影响改革的效果和社会的稳定。我们相信有党中央的正确领导，通过政府自身的改革，一个法治政府、服务型政府和人民满意的政府一定能够建立起来。

认清西方政治民主制度本质，坚持走中国特色社会主义民主政治道路

杨　佳①

民主，是人类共有的政治文明成果，也是当今时代最时髦光鲜的政治概念。但是在当前，西方国家尤其是美国，为向全世界推广兜售其民主理论和民主制度，在“普世价值”“西方民主制度”“投票选举程序”“普适制度”之间划等号，诱导人们以西方标准检视、否定本国民主理论及实践。而反对西方标准的民主就被认为是“反民主”，不同于西方主流民主理论就被认为是“异端邪说”，不实行西式的民主制度就被认为是“独裁专制”。

在此背景下，民主问题已成为中西方意识形态斗争的前沿阵地，成为西方西化、分化、弱化、丑化中国的重要武器。准确认识西方民主政治制度的历史、演变及其本质，有利于我们清除西方在“战线”上布下的“陷阱”，打赢民主话语权争夺战，从而进一步坚定我们走中国特色社会主义民主政治的道路自信。

一、资产阶级政治民主制度的形成与发展演变

（一）资产阶级政治民主制度形成的背景

1. 古希腊时期初现西方政治民主雏形

政治民主，从本义上来说是一种国家的统治形式和方法。这种形

---

① 杨佳，女，中共邵阳市委党校管理教研部研究生。

式和方法，早在古希腊时代就已存在。据有关古希腊历史著作的记载，古代雅典人民经过长期斗争和多次改革，直到公元前5世纪才逐渐建立起民主制的城邦国家。但是，在当时这种政治民主制度是非常粗糙的、残缺不全的。首先，占人口绝大多数的广大劳动者——奴隶未被当作人来对待，而是“会说话的工具”，他们根本不能享受任何权利。其次，女人和外邦人虽属自由人，但也不能参加民主政治生活。实际上，只有少数希腊男性自由人才享有公民权，才能参与民主政治活动。另外，这种政体形式很容易被野心家篡夺，蜕变为僭主统治。

2.“中世纪”神学政治观统治社会思想

从5世纪到15世纪文艺复兴时期的1000年间，被史学家称为“中世纪”。这一时期，基督教成为重要的政治力量，在思想意识形态领域中，基督教神学一直是西欧封建社会中占统治地位的思想。

神学思想核心即上帝创造了一切、是高于一切的信条。教会凌驾于皇权之上，凡是不服从教会和罗马教皇的君主就是“暴君”，限制和废黜“暴君”的权力属于教会。实际上，当时的人民是处在双重统治之下。

3. 宗教改革运动与文艺复兴运动

到了公元15、16世纪，随着资本主义生产方式的形成和壮大，资产阶级为了保护自己的利益，提出了建立民主政治的要求，西方政治民主制度才逐渐发展成为完整的政治体制。15世纪欧洲爆发了两场影响整个人类社会发展的运动：宗教改革运动和文艺复兴运动。

宗教改革运动最大的贡献是结束了基督教教会十几个世纪在欧洲政治、经济和文化等各领域的垄断地位，为基督教的民族化和民族国家的诞生开辟了道路。文艺复兴运动最重要的贡献是打破了上帝对社会国家的统治和干预，“从人的眼光来观察社会国家问题”，为国家产生于人类社会的契约和人生而具有不可剥夺的权利两个政治观念的形成创造了条件。

4. 资本主义商品经济的发展壮大

随着资本主义商品经济的发展,资产阶级逐渐壮大成为当时经济上占统治地位的阶级,能够领导社会的各个阶级开展反对封建贵族统治的斗争。

在以上的大背景之下,由于各个民族国家的地理环境、历史情况、经济水平、阶级布局、社会结构、文化基因等条件不同,各国资产阶级在建立民主政权的道路上采取了不同的路径。

(二)资产阶级政治民主制度的形成没有统一模式

1. 英国君主立宪制的建立

西方第一个建立资产阶级民主制度的国家是英国。在英国建立政治民主制度的过程中,有几个大事件:

(1)《大宪章》的签署

在英国爆发资产阶级革命之前,英国建立起了最典型的中央集权的王权统治,这一方面有力地限制了封建割据势力,但另一方面又大大增加了社会各种势力与王权直接发生冲突的可能性。12 世纪末 13 世纪初,英国国王的内外政策激起社会的普遍不满和反对。1212 年春,诸侯在骑士与市民的支持下发起了反对国王的战争,并于 1215 年 6 月 15 日强迫国王签署了《大宪章》。

13 世纪《大宪章》的签订使英国贵族在与国王的斗争中获得了限制君权的宪法性权力,封建贵族的政治独立和经济利益得到了保障。大宪章是西欧封建社会中的第一个限制王权的宪法性文件,它开创了英国乃至西方依法限制王权(行政权)的传统。从这一时期开始,英国议会逐渐成为贵族与国王分庭抗礼的场所。

(2)1640 年资产阶级革命与 1688 年光荣革命

1640 年英国爆发资产阶级革命,国王查理一世被处死。经过一段共和时期、克伦威尔独裁和短暂的君主复辟,封建旧贵族与资产阶级化的新贵族达成妥协,通过 1688 年光荣革命,英国资产阶级才以保留

“虚位”君主、议会掌握立法实权的形式，建立起了君主立宪制。

从根源上来看，为什么英国经历资产阶级革命之后建立起的是君主立宪制，这种看似还保留封建性质的政体，是因为当时英国的各个不同阶层的政治要求是有区别的，他们斗争的主要内容是反对封建国王的任意征税和宗教政策，主要目的是要限制而不是消灭王权，这种不彻底性和保守性是建立君主立宪制的根源。

2. 美国总统共和制的建立

(1)独立战争与《独立宣言》

继英国建立资本主义国家一百多年之后，其北美殖民地提出了独立的要求。英国从 17 世纪初在北美的弗吉尼亚建立第一个殖民点起，在一个多世纪的时间中，到美国独立战争前，已在北美大陆建立了 13 个殖民地。且这 13 个殖民地在经济发展上大体分为三种类型。北部工商业深受英国殖民地经济政策的损害，中部和南部的经济利益和英国有着较多联系。因此这些不同的联系决定了不同阶级的人对英国统治者的不同态度。

到 18 世纪北美工商业资产阶级、大农场主、种植园主等原英国移民的力量日益强大，英国政府的殖民政策阻碍了殖民地的经济发展，武装镇压的高压政策使民族矛盾更加激化。1775 年独立战争爆发，1776 年大陆会议通过了《独立宣言》，经过长期的革命斗争，美国人民在资产阶级领导下赢得胜利，建立了美利坚合众国。

(2)制宪会议与联邦宪法

革命之后，在建立一个什么样的政府、如何组织政府的问题上，人们结合美国实际，吸纳和借鉴欧洲大陆现成理论，设计自己的建国方案，以大地主阶级和大资产阶级为代表的保守派与以工商业资产阶级和中小地主阶级为代表的激进派，分别提出建立君主立宪制和民主共和制的不同主张。当时的保守派最杰出的代表是汉密尔顿，他主张按照母国英国的榜样，在美国建立一个以富人和特权者为基础，与英国政治传统相承的君主立宪制国家。民主派的典型代表即托马斯·杰斐逊,1791 年,他与麦迪逊等人组建了共和党(1794 年改名为民主共和党),主张在美国建立民主共和制。1786 年经过激烈讨论,制宪会议制定了联邦宪法,该宪法按照资产阶级的要求建立了总统制的合众国。

3. 法国议会共和制的建立

(1)启蒙运动

18 世纪法国继英国、美国之后爆发了资产阶级革命。与英国不同,法国的封建等级制是非常严格的,人被分成三个等级,第一等级是僧侣,第二等级是贵族,第三等级是包括资产阶级、小资产阶级以及工农大众在内的广大劳动者阶层。

17 到 18 世纪,随着资产阶级经济力量的壮大,法国发生了启蒙运动。这场运动是一场振聋发聩的思想解放运动,它的思想渊源是近代的自然科学和理性主义,它启迪人们用科学批判神学,用人权反对神权,用民主代替专制。启蒙运动为大革命的发生奠定了思想与理论基础。

(2)大革命的爆发

1789 年,由于财政困难,路易十六企图通过召开三级会议,向第三等级征收新税,使国王与第三等级之间的矛盾激化。在资产阶级的号召和领导下,巴黎人民攻占巴士底狱,这标志着法国大革命的开始,随后在制宪会议上通过了《人权和公民权宣言》。由于第三等级的构成复杂,各个阶层之间既有相同的利益,也存在着不同的政治要求,这使得大革命爆发之后,法国立宪经历了多次失败与尝试。直到 1958 年的法兰西第五共和国,法国才真正建立起相对稳定的资本主义民主国家。

(三)资产阶级政治民主制度随时代而演变

1. 限制政府权力阶段

政府最好远离自己,“管得最少的政府是最好的政府”、政府是

“必需的恶”就是当时的流行词。因此,许多资本主义国家政治民主制度在建立之初,都以扩大立法权、削弱行政权为主,他们认为政府太过强大会危害个人自由。

2. 大力扩充政府职能阶段

到了19世纪中期以后,各种社会问题凸显,矛盾增多,这时资产阶级已由被统治阶级变为统治阶级,在由选举产生的议会中掌握了立法权,使本阶级的意志上升为国家意志,国家就成为维护资产阶级利益、实现资产阶级统治权的工具。

因此,一些主要的资本主义国家对其政治民主制度进行了调整,一方面建立庞大的官僚制度、扩大政府职能,巩固其政治统治,另一方面,提出加强国家对社会的管理和控制。研究政府职能的行政学、管理学随之兴起。

3. 资产阶级自由民主改革阶段

资产阶级自由民主改革促使个人获得解放,生产力得到极大发展,社会实现了快速进步。然而,资本主义的发展也使资产阶级内部以及资产阶级与无产阶级之间的矛盾更加激化,资本主义生产方式的弊端也开始暴露,资本主义国家的财富总体上都被资产阶级所掠夺。这就表明其一开始所宣扬的民主只不过是资产阶级掌握政治统治权的民主,自由是资产阶级掠取财富的自由,平等也只是掩盖资产阶级与无产阶级不平等基础上的平等,因此,资产阶级所强调的人权也只是少数人享有的权利,资产阶级政治民主制度是维护少数资产阶级利益的工具,更是维护资产阶级统治权的重要保证。

二、资产阶级政治民主制度的本质与当前存在问题

(一)资产阶级政治民主制度维护资产阶级统治的本质

民主作为一种统治方法是社会上层建筑的组成部分,它适应一定的经济基础并为其服务。资产阶级革命时期提出建立民主制度要求,

就是要建立一个为资本主义经济服务的政治工具。资产阶级政治学家们也就是根据这个目的为其出谋献策,设计出一整套政治制度,而这些政治制度正是其本质的最真实反映。

1. 两院制的代议制

代议制就是人们通过选举选出代表,由代表通过议会参与、决定和管理国家重大事务。从本质上来看,代议制的根本问题是“谁代表和代表谁”。资产阶级在掌握政权之初,为了维护自身利益,对选举和被选举代表的资格设立了财产、种族、性别等多种限制。英国“无代议士不纳税”是资产阶级革命时期的根本政治要求,这本身就说明英国议会只有有产的纳税人才能参加选举和担任代表,在议会中维护资产阶级利益。而美国联邦宪法规定,公民只有具备一定的财产资格才能选举和担任两院的议员,在议会中代表资产阶级表达政治要求。

随着社会的发展,选举权的范围逐渐扩大。特别是在美国,南北战争之后,黑人奴隶获得解放;20 世纪,妇女的思想日益解放,开展了争取女权的斗争;工人在觉醒之后,不再采取捣毁机器的形式来表达自身的不满和要求,而是作为一个阶级联合起来通过罢工和革命等手段争取民主权利。尽管西方国家的妇女、少数民族(包括美国的黑人)和工人都先后获得选举和被选举权,但这并没有改变西方资本主义国家民主制度的本质。只要这种社会制度不改变,任何人担任议会代表实际上都只能是为资本主义效力。

2. 两党制

资产阶级组织政权,进行统治的另一个关键是它的政党制度。两党制作为资本主义政治民主制度的典型,从本质上说依然是为了维护资产阶级统治而建立的。英国和美国的两党制是两种不同的典范。

英国的两党原来是自由党和保守党,后来发展演变为工党和保守党之间争夺占有议会多数,掌握内阁统治权。英国作为一个君主制国家,君主是虚位的,实权掌握在议会手中,内阁是英国政府的最高决策机构,由赢得议会多数席位的政党来组阁,其党魁成为内阁首相,主持内阁工作,这样占议会多数席位的政党就掌握了整个国家的统治权。同时,在议会中赢得少数席位的在野党则组织"影子内阁",经常攻击多数党的政策方针,随时准备成为执政党。

美国是总统制合众国,总统实际上掌握着美国最高的行政统治权力,因此,共和党和民主党,除争夺议会席位以外,主要围绕每四年一次的选举争得总统职位,从而获得国家最高权力。美国总统和参众两院议员选举的突出特点在于其"为了金钱和依靠金钱"的"金钱政治"。无论是总统选举还是国会选举,候选人必须获得足够的捐款才能得到政党的支持。这些选举所花费的金钱绝大多数都来自各大垄断集团的捐赠。另外,美国院外议员的活动也获得了各种资金支持,这使得总统和议员在决定国家政治走向、制定各种政策时,首先要考虑垄断集团的利益。

事实证明,在英美国家,虽然两个党派经过选举轮流执政,但不论哪个党派上台,都是代表资产阶级利益的,其矛盾也是资产阶级内部的矛盾。尽管在两党之外,还存在许多其他政党,如英国有社会自由民主党、社会民主党、英国共产党等,但这些党派都没有权利也没有足够的力量控制议员或总统选举,只能作为两党制的补充而存在。

3. 三权分立、互相制衡原则

三权分立、互相制衡原则是资产阶级所设定的划分立法、行政、司法机关权能的原则。这个原则的提出反映了资产阶级革命与封建专制王权的妥协性。这个原则之所以被资产阶级采纳,是因为三个机构的相互制约和监督,正可以保证各种法案都能经过反复考量,以保证确能维护资产阶级的利益。

从西方资产阶级典型的民主政治制度的具体分析,我们不难发现无论是它的两院制的代议制、两党制、三权分立与互相制衡原则,虽然都在某些程度与某些方面为资产阶级的发展壮大与组织政权提供了强有力的支持,但只要这种社会制度不改变,就无法动摇其维护资产阶级统治的本质。

历史表明,资本主义国家建立之后,资产阶级民主政治制度是应时而生、适时而变的。它适应社会发展的要求,促进了社会生产力的发展,推动了人类社会的进步,得到资产阶级的颂扬和讴歌。但是,对其以人民的名义提出反映资产阶级利益的要求这一最根本的问题却从来没有人触动过。

正是由于这种本质上的缺陷,随着西方社会的发展,不可避免地产生了诸多问题。当前,特别是自国际金融危机以来,许多有识之士频频"炮轰"西方民主政治制度的各种弊病,开始普遍丧失对西方民主政治制度的信心,转而高度关注和广泛赞誉中国民主政治制度。

(二)西方政治民主制度当前存在的问题

1. 西方政治民主制度"光环"渐失

(1)西方国家对西方民主制度失去信心

国际金融危机以来,世界开始普遍对西方民主政治制度丧失信心。这场危机在无意中成了对世界各国社会制度优胜劣败的检验石。在危机爆发之初,许多西方学者都认为,美国和西方将率先复苏,依靠国际市场的中国随后才能好转。然而,事情的发展却是中国不仅第一个复苏,而且还拉动世界各国走出危机,如果说在 2007 年,中国对世界经济增长的贡献率为 19.2%,那么,到了 2009 年,中国对世界经济增长的贡献率已经达到50%。美国的金融发生了大崩溃,他们不能控制市场的无节制,为此而付出了沉重的代价,而中国的平均增速却有9%,甚至 10%。国际金融危机的性质和美国政府的对策既使西方人对西式的自由民主制丧失了自信,也破坏了世界公众对于自诩具有普世意义的西方民主唯一合法性的认识,使人们认识到只要符合一国的文化和历史,非西方的政治治理模式同样是可以获得成功的。

(2)被输出民主制度国家发展陷入困境

对世界的其他部分来说,西方自由民主制度同样风光不再。实际上,所有照抄照搬西方民主制度的第三世界国家基本上都没有获得成功。移植西方民主所带来的,绝不是他们原先期盼的经济发展、政治稳定和社会进步,而只能是政党林立、政局动荡、社会分裂和经济倒退:俄罗斯在苏联解体后照搬西方民主,结果陷入了经济衰退、政局混乱、内外交困的境地,只是让戈尔巴乔夫获得西方颁发的一枚"和平奖";中亚地区的"颜色革命"所带来的,是那里经济社会的巨大倒退;而在非洲,移植的西方民主的多党制引发了非洲部族之间的相互仇杀、生灵涂炭。直至今天的欧洲难民潮涌现。

这些失败的案例都说明:美国的输出民主战略,从历史事实看,是站不住脚的;从理论上看,是错误的;从政治上看,则是与维护世界和平、促进共同发展的时代潮流背道而驰的。

2. 西方政治民主制度当前问题频现

西方政治民主体制经过数百年的发展,拥有过自己的黄金岁月。它是如何一步步走向失灵,落入今天这样的困境?这个问题的系统思考还有待深化。不过,种种弊端却是明摆着的。

(1)金钱政治

《经济学人》文章指出,金钱获得了美国历史上前所未有的政治影响力。"金钱政治"的标志性事件是2010年美国联邦最高法院的裁决:对公司和团体支持竞选的捐款不设上限。据统计,2004年,美国总统选举的总开支超过了10亿美元,比2000年增长了56%;个人、政党和其他组织独立花费了1.92亿美元以上,而2000年是1470万美元。最近的一次总统大选是2016年,总共花费了超过60亿美元,成为美国政治历史上最昂贵的大选。

(2)失灵政体

失灵政体主要表现为西方国家治理能力普遍大幅下滑:冰岛政府

治理无方导致了国家破产；希腊和意大利的政府治理极其混乱，导致了现在的深层次危机；比利时经历了500多天无中央政府的局面；欧盟内部解决实际问题的效率极低；日本像走马灯一样地换政府，十年九相；美国如此庞大的金融体系弊病丛生，但金融危机到了爆发前夕，政府毫无察觉，结果给美国和世界带来了灾难，美国的综合国力也随之直线下降。

(3)债务经济

至于债务危机，今天几乎多数的西方国家经济都成了寅吃卯粮的债务依赖型，即通过借新债还旧债的方法来解决经济和财政问题。从政治角度来看，西方民主制度下的政客为了拉选票都竞相讨好选民，开出各种各样的直接和间接的福利支票而耗尽国库。南欧国家的债务危机就是这样形成的，美国居高不下的债务危机某种意义上也是这样形成的。

三、坚持中国特色社会主义民主政治制度

(一)中国特色社会主义民主政治制度的建立符合中国国情

古今中外的历史表明：任何一个国家的政治制度都不是凭空产生的，更不是由某些人的主观意志决定的。政治制度是社会历史发展的产物，与一个国家的经济、社会、文化条件以及在发展中面临的主要问题和任务相关。一句话，一个国家选择什么样的政治发展道路归根结底是由这个国家的国情决定的。

西方的民主政治制度是在反封建专制的斗争中产生和发展起来的，它较之专制制度无疑是一个历史的进步；它对西方世界乃至全世界的文明进步也做出了巨大的贡献。但是这一制度是在特殊的历史环境中产生和发展，不可避免地带有时代的局限性。因此，中国只有发展社会主义民主政治制度，才能适应人类社会向前发展的形势需要。

当代中国之所以走上今天这样一条由共产党领导、人民当家作主和依法治国相统一的民主政治发展道路,是近现代以来中国历史条件和国情的必然选择。

中国的国情如何?可以从四个层面加以把握:

第一,中国是经济落后的国家。新中国成立之初,是世界上最贫困的国家之一。

第二,中国是后发展国家。当中国刚刚独立建国的时候,世界上已经出现了一个已实现工业化和正在实现现代化的资本主义世界。中国作为一个大国、一个社会主义国家必须追赶世界,必须成为一个繁荣强盛的国家才能自立于世界民族之林。历史环境决定了中国的现代化没有老路可循,中国必须走出一条创新之路。

第三,中国是社会主义国家。走社会主义道路是中国人民的历史选择,只有社会主义能够救中国,能够发展中国。中国坚持走自己选择的历史道路,就意味着要面对资本主义国家的压力与遏制,世界并不太平,西方大国从未放弃西化、分化中国的图谋。

第四,中国是资源与发展不均衡的国家。中国共产党根据马克思列宁主义和毛泽东思想关于社会主义国家政权建设的理论,在领导中国革命的过程中,通过认真总结我国民主革命中群众创造的经验以及密切考察我国的国情,创造性地建立了适合我国国情并具有中国特色的政治民主制度。其中根本的政治制度就是人民代表大会制度、中国共产党领导的多党合作和政治协商制度、民主集中制以及后来的协商民主形式。

这些民主政治制度是在我国长期的革命过程中产生和发展起来的,它经历了人民革命的各个阶段,有着长久的革命传统,显示了顽强的生命力,并且经历了各个革命阶段的考验,具有不间断发展的历史,因而更富于经验的宝贵性和较大的优越性。

（二）中国特色社会主义民主在本质上超越了资产阶级民主

党的十八大强调全党要坚定“道路自信、理论自信、制度自信”。坚持制度自信有一个前提，那就是制度本质是好的，具有优越性，并经过实践的检验，行之有效，人们有理由为之自信。

中国共产党在领导中国人民实现民族复兴伟大梦想的历史进程中，把马克思主义基本原理与中国具体实际相结合，建立了人民当家作主的社会主义国家政权，开创了中国特色社会主义政治发展道路，形成了中国特色社会主义政治制度。中国特色社会主义民主尽管还需要一个很长的发展和完善过程，但它在本质上已经超越了资产阶级民主，是一种比资产阶级民主更高的社会主义民主政治。这种优越性与超越主要表现在以下几个方面：

1. 人民代表大会制度是对三权分立制度的超越

西方国家实行三权分立。三权分立制度设计的初衷，是权力的相互制约、监督和平衡。但结果却是国家权力被割裂，相互掣肘，权力运行阻力重重，效率低下，政府的内外政策难以顺利推行。政府与议会经常相互“顶牛”，甚至导致政府工作“停摆”。

马克思恩格斯早就指出三权分立的弊端。他们认为，三权分立相互掣肘、相互扯皮，影响效率，议会既不代表人民利益，也不解决实际问题。

中国国家权力中的立法权、行政权和司法权，以及行使这些权力的人大、政府、司法机关，不是分立，而是高度一致和统一的，统一于人民代表大会。中国民主制度，是以人民当家作主为基础的、以全国人民代表大会为最高权力机构的一元化结构。

人民通过代表大会行使的国家权力是统一的，而不是被分割为相互独立的三种权力。人民的意志能够得到最直接、完整、真实的表达，不会被西方国家那种三权分立的权力结构迷惑、左右和歪曲。其优势还体现在，它不存在三权分立所造成的各机构间的相互掣肘、相互推诿、相互扯皮,以及权力运行的高成本低效率,从根本上降低了权力运行的资金和时间成本,提高了工作效率。这种制度既鲜明地体现了我们国家的一切权力归人民的社会主义性质,又把权力的分工与统一有机地结合起来,克服了西方资产阶级民主片面强调分权所带来的统一性不足的问题。邓小平同志曾多次强调人民代表大会制度在这方面的优越性,强调要保持这个优势,保证社会主义的优越性。

2. 共产党领导与人民当家做主辩证统一

中国特色社会主义政治民主制度的另一个优越性体现在,共产党的领导与人民当家做主辩证统一。民主的本质和核心是人民当家做主。也就是说,国家权力属于人民,人民拥有并行使国家权力。

中国民主制度体现了民主的本质,即人民当家作主,人民是国家与社会的主人。中国的宪法明确规定"中华人民共和国的一切权力属于人民"。首先,共产党制定正确的路线、方针、政策,为国家和人民群众指明前进的方向。其次,共产党向国家机关推荐领导干部人选。党管干部,是中国干部制度的突出特点和优势。此外,共产党通过国家权力机关,即人民代表大会,实施对国家和社会的领导。

应当说,有了共产党的领导,人民群众能够更好地行使国家权力,宪法和法律得到了更好地制定和遵守,这正是中国特色社会主义民主超越资产阶级民主的重要表现。

但是一些人却要开历史倒车,宣扬在中国搞西方所谓的宪政民主,他们刻意地把党的领导与人民当家作主对立起来,要害就是要取消共产党的领导。一旦共产党的领导被取消,人民当家作主就失去根本保证,中国民主政治的社会主义性质乃至整个国家的社会主义性质就会改变,苏东剧变的惨痛教训已经为我们提供了前车之鉴,绝不可掉以轻心。

3. 人民代表大会制度与政治协商制度有机结合

在西方国家,人们通常把选举制度、代议制度和政党制度作为当代民主的三个支柱,议会是立法机构,掌握着国家立法大权、重要人事审议权和政府预算权。但代议制民主和政党政治关系的扭曲,使议会实际上为政党所掌控,被政党政治所割裂。议会民主实质上成为两党或多党的博弈。掌控议会决定权的是议会大党特别是多数党。议会名义上是代议制机构,但实际上选民中的独立候选人,以及小党、小的政治团体的代表都很难进入。

中国的历史和现实决定,只有人民代表大会制度还是不够的,而共产党领导的多党合作和政治协商制度恰恰适应了这一社会需要。

共产党领导的多党合作和政治协商制度,是中国特色社会主义民主制度的重要组成部分,它与人民代表大会制度相互结合,相辅相成,相得益彰。如果说,人民代表大会制度代表了全体人民的共同利益和意愿,那么共产党领导的多党合作与政治协商制度,则使各民主党派所联系的群体利益和意愿,得到更加广泛、具体的反映。

4. 各级领导班子坚持民主集中制

从一定意义说,民主也是一种决策机制,体现在民智汇集,下情上传,以及集体决策的全过程中。西方国家虽然自认为其民主制度是最好的,但是各级领导机构内部却缺乏集体决策、民主决策机制。西方国家强调首长负责制,决策中也是以长官意志为转移,这无疑是西方民主制度的局限。中国的党、政及其他国家机关都实行集体领导,坚持民主集中制。民主集中制具体体现在以下几个方面:

第一,民主选举产生各级领导班子。第二,实行集体领导与个人分工负责相结合的制度。领导班子实行集体领导制。第三,广泛发扬民主,充分进行讨论。第四,重要问题必须经过票决。第五,民主集中制保证了各级领导班子集体决策、民主决策、科学决策,保证了党和国家,以及各级党组织、各级政府能够制定正确的方针政策,也能自我调整方针政策、克服缺点错误。

5. 和谐的政党关系取代竞争的政党关系

社会主义同资本主义的一个根本区别,是资本主义社会存在阶级矛盾和阶级斗争,政党竞争是阶级矛盾和统治阶级内部矛盾的集中表现。中国和谐的政党关系克服了西方国家竞争型政党制度的缺陷,在政党关系上实现了统一性与多样性的有机统一,是一种合作共赢的政党制度。这种政党制度首先承认各个政党是独立自主的,地位是完全平等的,它们彼此同心合作,共同为建设中国特色社会主义而奋斗。

(三)坚定走中国特色社会主义政治民主道路

中国特色社会主义民主政治,就其根本政治制度和基本政治制度而言,是比资本主义民主优越的社会主义民主,是适合我国基本国情和得到人民群众拥护的民主,对于中国特色社会主义政治发展道路我们充满了信心。但从总体来说,还处在形成和发展的过程中,形成成熟的和完善的社会主义政治民主体系,充分显示出社会主义民主的优越性,还需要一个很长的历史过程,因此继续坚定走中国特色社会主义政治民主道路还需我们从以下几个方面努力,实现全面超越:

1. 大力发展社会主义经济和文化,奠定物质基础和思想条件

民主政治建设是需要一定的思想文化条件的。我国原来是一个半殖民地半封建社会,没有经过资产阶级民主充分发展阶段,封建专制主义有着根深蒂固的影响,人们缺乏民主生活的素养和习惯,教育水平和文化水平也相对较低,这些都会严重制约和影响我国社会主义民主的发展。这就要求我们以社会主义核心价值体系为统领,大力推进社会主义思想文化建设,努力提高人们的思想文化水平,为我国社会主义民主政治创造良好的思想文化条件。

2. 推进政治体制改革,发展与完善中国特色政治民主制度

改革开放后,我国在建立社会主义市场经济的过程中,对这些问题进行了相应的政治体制改革,情况比过去已经有了很大改变。但我国的体制改革毕竟只有 30 多年的时间,政治体制改革仍然任重道远,

需要我们长期不懈地努力奋斗，才有可能不仅在根本政治制度和基本政治制度上超越西方资产阶级民主，而且在具体的政治体制和运行机制上超越西方资产阶级民主。主要可从以下三方面推进：

首先，要创新政治体制，探索符合中国特色社会主义的具体政治制度。进行政治制度创新要继续坚持四项基本原则，明确政治体制改革的性质和目标，解放思想，实事求是。一方面，可以借鉴吸收其他国家的优秀政治文明成果，另一方面，要立足中国国情，探索有利于发扬社会主义民主的具体政治制度。

其次，要坚持党的领导、人民当家作主与依法治国三者的有机统一。一方面，党要锐意推进改革，将顶层设计与群众路线相结合。十八届三中全会关于深化改革的决定中指出将建立全面深化改革领导小组，加强对改革的顶层设计。另一方面，一定要深入实际进行调查，坚持我们党一直遵循的从群众中来到群众中去的工作方法，将党的顶层设计与群众路线有机结合起来。同时，还要坚持依法治国方针，推进民主法治建设，推进民主制度化、规范化、法制化。

再次，坚持渐进式、有领导、分步骤地稳步推进政治体制改革。政治体制改革是改革的重要组成部分，是促进民主政治的根本性措施。我们应该清楚地认识到，我国政治体制改革一方面是积极回应经济体制改革的结果，另一方面也应看到我们的政治体制改革有着不同于经济体制改革的特殊性。不能急于求成，要在继承我国30多年来的政治体制改革循序渐进与破立结合成果的基础上进行。

3. 借鉴人类文明创造的有益成果，不在国际比较中否定自我

我国的政治体制改革和民主政治建设，必须立足于我国的基本国情，走中国特色社会主义的政治发展道路，绝不能机械照搬其他国家的民主政治模式。我们应当借鉴和吸收资产阶级民主中一切对我们有用的东西，善于运用人类的政治文明成果包括资本主义政治文明成果，来建设和发展中国特色社会主义民主政治。

对资本主义国家的政治制度应当采取具体分析的态度。西方资产阶级的基本政治制度,如两党或多党轮流执政、三权分立、议会制等,这些都是与西方资本主义生产关系相适应的,是反映资产阶级民主政治的阶级本质的东西,绝不能把这些制度移植到中国来。但是资本主义国家政治体制中那些对我国有参考价值的东西,我们应当批判地学习借鉴。这并非简单拿过来就行了,而是要结合我国的具体实际进行研究和创新,使之为我所用。我们应有清醒认识,对西方国家"唱衰"中国的险恶用心保持高度警惕。要不断增强我国的国际话语权和文化影响力,更好地向世界传播中国声音,促进国际社会对我国的了解,充分展示我国民主进步、文明开放的国家形象,营造有利的国际舆论环境,努力改变"西强我弱"的国际舆论态势。

分配制度的改革与反腐倡廉的制度建设

邹　鑫①

大家看到这个题目,应该都会有疑问,分配制度和反腐倡廉有怎样的联系？腐败,归根到底还是涉及"钱"的问题。以权谋钱,以权谋权,再来谋钱。腐败,总是离不开金钱。分配制度与腐败,明着好像没有很大的关系,但是暗地里却是反腐倡廉的重要组成部分。2013 年 2 月,国务院同发展改革委、财政部、人力资源社会保障部颁布《关于深化收入分配制度改革的若干意见》,其实也是从分配制度的角度,对反腐倡廉提出了要求。

本堂课总共分为三个部分:第一个部分,我将为大家分析我国公务员当前的收入分配情况。第二个部分,我将与大家共同探讨,我国收入分配制度改革的具体内容。第三个部分,也是本堂课的重点,我将与大家讲一下分配制度的改革与反腐倡廉的制度建设。

一、我国收入分配情况

(一)我国公务员收入分配的历史背景

新中国成立以前,中国共产党领导下的军队、党政机关、群众团体的大部分人员以及企业的部分职员实行供给制,当时实行供给制的人群少则几万人,多则几百万人,影响非常广泛。新中国成立后,公务员

① 邹鑫,女,中共邵阳市委党校经济教研部研究生。

和企事业依旧延续革命战争时期的供给制的工资制度，直到1950年开始逐步发展到包干制。

供给制是战争年代及新中国成立初期享受的一种生活待遇，主要内容是伙食按规定享受小灶、中灶、大灶；服装、棉被等生活用品由公家发放；领取极少的普通津贴费。包干制是从供给制发展过来的，它是将个人生活费折合成工资发给个人，包干使用，自由支配。包干制为工资制度的建立创造了基础条件。

新中国成立初期各种经济成分收入分配制度还是维持在原有的体制和制度上，是为了保障政权的平稳过渡和经济的发展。从这个角度看，工资制度一方面作为一种政策因素受国家政权的影响，另外一方面作为一种经济因素受经济发展的制约。

从新中国成立至今，我国公务员工资经历了几次大的改革，现在就让我们就这几次改革具体分析一下我国公务员工资的发展历程。

1. 第一次工资制度改革（1951—1956年）

1951年新中国成立之初保留的混乱不合理的工资状态已经开始影响生产的恢复和发展，当年全国财政收入已经上亿，比上年有了成倍增长，在这种背景下开始了我国第一次工资改革。新中国第一次工资改革是在计划经济体制下，依照按劳分配的原则实施的。

第一个全国性的工资改革是在1955年，国内经济形势继续好转，新一轮工资改革也应运出台。国家决定先行在国家机关及所属事业单位废除工资分值制度，改行货币工资制，从而拉开全国工资改革的序幕。

1956年，依据各地的自然条件、物价和生活费用水平、交通以及工资状况，并适当照顾重点发展地区和生活条件艰苦地区，将全国分为11类工资区。规定以一类地区为基准，每高一类，工资标准增加3%（如浙江属二类地区、安徽属三类地区、北京属六类地区、上海属八类地区、广东属十类地区、青海属十一类地区等）。工资区类别越高，工资标准越高。

1956 年的工资改革是第一次全国性的工资改革。这次工资改革标志着我国完整地建立了符合社会主义计划经济体制的公务员和企事业收入分配制度。

2. 第二次工资制度改革(1977—1985 年)

1985 年,我国第二次工资改革全面启动,公务员和事业单位职工工资也开始与个人的工作职责和劳动业绩挂钩。

公务员实行以职务工资为主要内容的结构工资制,分为基础工资、职务工资、工龄津贴和奖励工资四部分。基础工资大体按本人基本生活所需费用计算。职务工资按照职务确定,随职务变动。工龄工资每年增加 0. 5 元,工作年限不超过 40 年。奖励工资奖励做出贡献的工作人员。并且,第二次工资改革规定每年根据国民经济计划完成情况,安排工资增长指标,建立公务员和事业工资的正常晋级增资制度,开始建立分级管理的工资体制,中央只管省级以上公务员和重点事业,其他下放给省级管理。

1985 年结构工资制改革是继 1956 年后的公务员和事业工资的第二次大的改革。工资制度作为收入分配制度重要表现形式,不仅需要与当时的社会经济发展状况相适应,而且要与公务员的工作任务和需要,以及组织结构、人员结构等干部人事制度变革密切相关。这次工资改革主要解决责任轻重、贡献大小、职务和报酬的关系,主要解决工资的保障和激励作用,以及清理工资政策,简化工资标准。

3. 第三次工资制度改革(1993 年)

1993 年的工资改革将公务员和事业单位人员工资开始脱钩,公务员工资制度改革秉承按劳分配的原则。公务员工资水平与国有企业相当人员的平均工资水平大体持平,根据国民经济的发展和生活费用价格指数的变动,有计划地调整工资标准,使公务员的实际工资水平不断提高。

公务员实行职级工资制，按照职务、级别、工龄和实际贡献等确定工资标准，由职务工资、级别工资、基础工资和工龄工资四部分组成。其中，职务和级别是工资的主体。

职务工资按职级高低确定工资体现按劳分配。职级工资制的重要特点是设立级别工资，级别工资的职能是体现工作人员的资历和能力，体现同一职位层次的工作人员因工作年限、资历和能力各不相同工资的差别，贯彻按劳分配原则。职务工资、级别工资和工龄工资则根据国民经济发展和相当企业人员工资水平的增长而调整。

4. 第四次工资制度改革(2006 年)

2006 年年颁布实施的《中华人民共和国公务员法》将公务员工资制度以法律的形式固定下来，规定了公务员实行国家统一的职务与级别相结合的工资制度。

公务员工资包括基本工资、津贴、补贴和奖金。津贴包括地区附加津贴、艰苦边远地区津贴、岗位津贴等。补贴包括住房、医疗等补贴、补助。公务员在定期考核中被确定为优秀、称职的，按照国家规定享受年终奖金。

从我国公务员和企事业收入分配体制变迁可以发现，到 2006 年我国已经进行了四次大的工资改革，但是每次改革后，只解决了一部分收入分配的问题，又产生了新的问题。这说明工资改革非常复杂，收入分配中的问题难以通过一次改革就能解决。

中央出台的“十三五规划意见”对我国的工资制度也提出了全新的要求：“健全科学的工资水平决定机制、正常增长机制、支付保障机制，推行企业工资集体协商制度。完善最低工资增长机制，完善市场评价要素贡献并按贡献分配的机制，完善适应机关事业单位特点的工资制度。”①其中，要完善适应机关事业单位特点的工资制度，也就是

① 《中共中央关于制定国民经济和社会发展第十三五个五年规划的建议》，人民出版社 2015 年版，第 122 页。

说，新一轮的公务员工资改革在中央政府未来五年的计划之中。

“十三五规划意见”中也提出“缩小收入差距，规范收入分配秩序，保护合法收入，规范隐性收入，遏制以权力、行政垄断等非市场因素获取收入，取缔非法收入”。这也是在收入层面上对反腐败提出的要求。

（二）我国公务员分配制度的现状

1. 基本工资比重偏低

2006 年的公务员法建立职务与级别相结合的工资制度，在公务员工资结构中，基本工资约占工资总额的 20%—40%，津贴补贴约占 55%—75%，奖金约占 5%。可见，基本工资所占比例较低。

进一步而言，我们知道，公务员基本工资与奖金较为固定，问题主要集中于津贴补贴。这是因为，国家出于各地发展实情不同和保持工资弹性的考虑，允许各地发放津贴补贴，尤其是改革性津贴补贴和奖励性津贴补贴。但由于津贴补贴发放缺乏统一的标准，由此引发了一系列问题。比如津贴补贴所占比重高，补贴力度大，津贴补贴名目繁多，管理混乱。

2. 工资水平偏低与经济发展和物价上涨不协调

公务员作为一种职业，而公务员工资作为支付给公务员个人的劳动报酬，应按照一定的劳动经济规律，发挥基本保障和激励功能。在众多职业排名中，公务员工资水平处于中等偏下的位置。从《中国人力资源和社会保障年鉴》数据上看，从 2012 年开始，我国公务员工资首次低于国有企业平均工资；虽高于全国企业平均工资，但差距比 5 年前明显缩小。

工资水平偏低在基层公务员队伍中体现得尤为明显。我们知道，基层公务员的工作和生活条件较为艰苦，工作量较大，具体负责党和政府各项政策的贯彻落实。

简单地按照学历、任职年限得出的套改年限计算工资，职务工资和级别工资没有真正体现岗位职责和贡献大小，不能全面反映基层公务员的劳动付出与回报比率，使基层公务员的价值体现不足。

3. 纵向职务主导使级别工资难以发挥应有的激励作用

在理想状态下一名基层公务员从办事员晋升到副科级干部，需要8年，从副科级晋升到正科级需要3年，从正科级晋升到副处级需要7年，之后的晋升，显然更难。

目前，我国有超过90%的公务员属于科员及其以下职务，60%的公务员在县级以下政府机关工作。大量的基层公务员职务不高但承担任务较多，其工资与同层次职务较高的公务员工资水平相差较大。

1993年、2006年公务员工资制度改革都尝试加大级别工资的比重，其中，1993年职务工资约占基本工资的40%，级别工资约占35%，但由于各地津补贴均按职务发放，降低了级别工资的激励作用。2006年进一步加大级别工资的比重，级别工资约占基本工资的60%，但津贴补贴仍按职务发放，级别工资的作用仍然没有充分发挥出来。

4. 横向财力主导使地区间工资水平差距拉大

公务员工资结构不合理，尤其是津补贴所占比例偏高且发放不规范，直接导致了公务员工资横向上地区之间的差距。有学者通过实证分析，得出目前地方经济发展、地方财力与地方公务员津补贴呈正相关关系。这是因为，物价水平、劳动力价格、财政支付能力等在不同经济发展程度的地方水平各异，公务员的劳动报酬也应具有一定的差异。

一般而言，影响公务员津补贴水平的因素包括内、外两方面。其中内部影响因素主要包括公务员工作绩效、职务高低、学历、工龄等，外部影响因素主要包括经济发展水平、地方财力、物价水平、社会平均工资等。其中，地方财力是造成各地公务员津补贴差距较大的直接原因。经济发达地区由于拥有更多的财政资源，各类名目津补贴偏高，而偏远贫困地区公务员津补贴水平较低。地方财力差异拉大了津补贴正常的差距,使地区间公务员工资缺乏应有的公平性。

二、收入分配制度改革

2013年2月,国务院同意发展改革委、财政部、人力资源社会保障部《关于深化收入分配制度改革的若干意见》颁布,一共分为7个部分,共35条意见。其中,明确涉及公务员收入分配问题的就有四条。

第一部分,意见阐明了我们当前深化收入分配制度改革的必要性。也就是,为什么我们要深化收入改革。

这一部分,首先肯定了我国在收入改革方面取得的成就。

改革开放以来,我国收入分配制度改革逐步推进,破除了传统计划经济体制下平均主义的分配方式,在坚持以按劳分配为主体的基础上,允许和鼓励资本、技术、管理等要素按贡献参与分配,不断加大收入分配调节力度。经过30多年的探索与实践,以按劳分配为主体、多种分配方式并存的分配制度基本确立,以税收、社会保障、转移支付为主要手段的再分配调节框架初步形成,有力地推动了社会主义市场经济体制的建立,极大地促进了国民经济快速发展,城乡居民人均实际收入平均每十年翻一番,家庭财产稳定增加,人民生活水平显著提高。实践证明,我国收入分配制度是与基本国情、发展阶段总体相适应的。

特别是党的十六大以来,按照科学发展观和构建社会主义和谐社会的要求,充分发挥再分配调节功能,加大了对保障和改善民生的投入,彻底取消农业税,大幅增加涉农补贴,全面实施免费义务教育,加快建立社会保障体系,深入推进医药卫生体制改革,大力加强保障性住房建设,城乡最低生活保障标准和扶贫标准大幅提升,企业退休人员基本养老金水平持续提高,近年来农村居民收入增速快于城镇居民,城乡收入差距缩小态势开始显现,居民收入占国民收入比重有所提高,收入分配制度改革取得新的进展。

但是,我国收入分配领域仍存在一些亟待解决的突出问题,主要是城乡区域发展差距和居民收入分配差距依然较大,收入分配秩序不规范,隐性收入、非法收入问题比较突出等。这些问题的产生,既与我国基本国情、发展阶段密切相关,具有一定的客观必然性和阶段性特征,也与收入分配及相关领域的体制改革不到位、政策不落实等直接相关。

而这些收入分配秩序不规范、非法收入问题比较突出等方面,也恰恰是腐败的温床。

我国仍处于并将长期处于社会主义初级阶段,是世界上人口最多的发展中国家,区域之间发展条件差异大,工业化、信息化、城镇化和农业现代化还在深入发展。我们要充分认识到,当前收入分配领域出现的问题是发展中的矛盾、前进中的问题,必须通过促进发展、深化改革来逐步加以解决。解决这些工程,涉及方方面面利益调整,不可能一蹴而就,必须从我国基本国情和发展阶段出发,立足当前、着眼长远,克难攻坚、有序推进。

第二部分,意见明确提出了本次深化收入改革的总体要求和主要目标。

1. 总体要求

意见要全面贯彻落实党的十八大精神,以邓小平理论、"三个代表"重要思想、科学发展观为指导,立足基本国情,坚持以经济建设为中心,在发展中调整收入分配结构,着力创造公开公平公正的体制环境。

要坚持按劳分配为主体、多种分配方式并存,坚持初次分配和再分配调节并重,继续完善劳动、资本、技术、管理等要素按贡献参与分配的初次分配机制,加快健全以税收、社会保障、转移支付为主要手段的再分配调节机制,以增加城乡居民收入、缩小收入分配差距、规范收入分配秩序为重点,努力实现居民收入增长和经济发展同步,劳动报酬增长和劳动生产率提高同步,逐步形成合理有序的收入分配格局,促进经济持续健康发展和社会和谐稳定。

2. 主要目标

城乡居民收入实现倍增。到2020年实现城乡居民人均实际收入比2010年翻一番,力争中低收入者收入增长更快一些,人民生活水平全面提高。

收入分配差距逐步缩小。城乡、区域和居民之间收入差距较大的问题得到有效缓解,扶贫对象大幅减少,中等收入群体持续扩大,“橄榄型”分配结构逐步形成。

收入分配秩序明显改善。合法收入得到有力保护,过高收入得到合理调节,隐性收入得到有效规范,非法收入予以坚决取缔。

收入分配格局趋于合理。居民收入在国民收入分配中的比重、劳动报酬在初次分配中的比重逐步提高,社会保障和就业等民生支出占财政支出比重明显提升。

其中,我们可以看到,总目标的第三点明确提出:合法收入得到有力保护,非法收入予以坚决取缔。

这就明确规定了,我们的工资体系中,对于合法收入要坚决保护,而对于灰色收入、非法收入给予了明令禁止。也就是说,从收入分配角度对于腐败的问题上,提出了明确的要求。

第三部分,继续完善初次分配机制。

在初次分配机制的改革中,中央对公务员的工资体系再次提出了要求。

第七条中,意见明确指出要完善机关事业单位工资制度。意见提出建立公务员和企业相当人员工资水平调查比较制度,完善科学合理的职务与职级并行制度,适当提高基层公务员工资水平;调整优化工资结构,降低津贴补贴所占比例,提高基本工资占比;提高艰苦边远地区津贴标准,抓紧研究地区附加津贴实施方案。结合分类推进事业单位改革,建立健全符合事业单位特点、体现岗位绩效和分级分类管理的工资分配制度。

我们现在来逐句解读这条意见。

1. 完善机关事业单位工资制度。建立公务员和企业相关人员工资水平调查比较制度

众所周知,新西兰的清廉指数一直居于世界前列,但是,新西兰的公务员工资并不高,大约是等同于市场上企业员工的平均工资水平。公务员说到底,其实是一种职业,所以在公务员工资的制定上,要遵从市场规律,根据市场的变化,进行及时的调整。

2. 完善科学合理的职务与职级并行制度,适当提高基层公务员工资水平

2015 年 4 月,中共中央办公厅国务院办公厅印发《关于县以下机关建立公务员职务与职级并行制度的意见》的通知。

职务与职级名为并行,实为分离,职务与职级应该是相对独立、相对分离的。职务是公务员的职位要素,职级是职位要素与品位要素的统一。职务反映职级,职级对应一定的职务。从功能上来看,二者的区别在于,职务的设置给公务员带来权力以及责任义务的承担,职级的设置给公务员带来物质利益以及职业尊严的满足。

公务员待遇一般分为政治待遇、工作待遇、经济待遇三种类型。政治待遇主要包括参加会议、看文件等;工作待遇主要包括办公条件、交通补助和职务消费等;经济待遇主要包括工资、住房、医疗、养老金等。一般认为,政治待遇与工作待遇由职务来决定是具有合理性的,但是,经济待遇也由职务决定则不具有合理性。

政治待遇与工作待遇的分配,体现的是责权利对等的原则。公务员所承担的责任越重,相应的拥有的权力和利益就应该越大。经济待遇的分配,则应该体现按劳分配的原则。公务员的工作能力越强、工作时间越长、工作业绩越突出,相应获得的经济报酬就应该越多。如果仅仅是因为属于同一职务层级,就享受相同的工资待遇,则明显不

合理。

职级功能弱化导致职务晋升成为公务员最大的激励，职务晋升也成为公务员职业发展的唯一阶梯。据山东省济南市委组织部近年组织的一项调查显示，近81%的被调查者认为职务晋升是对公务员最有效的激励，其中领导职务的晋升比非领导职务的晋升更具吸引力。这给当前公务员管理带来很多问题，比如，公务员谋求职务不是为了承担责任，而仅是为了获取权力。再比如，公务员不晋升职务就无法提高待遇，但职务毕竟有限，靠职务晋升提高待遇对绝大多数公务员来说是不现实的，也是不公平的。

因此，推行职务与职级的并行，实质是适度分离职务与职级过于紧密的联系，使职级真正成为公务员的一条独立的职业发展阶梯。那些不能晋升职务的公务员，也可以通过晋升职级获得合理的待遇和尊严。当然，作为职位的共同构成要素，二者的分离是适度分离，相对独立。

3. 调整优化工资结构，降低津贴补贴所占比例，提高基本工资占比，提高艰苦边远地区津贴标准，抓紧研究地区附加津贴实施方案

2015 年 3 月，两会期间，国务院将 2014 年中央和地方预算执行情况与 2015 年中央和地方预算草案报告提交两会代表、委员审议。在预算中，有一个版块是值得我们注意的，也就是公务员加薪；今年两会再次提出了“要完善工资制度”，进一步加大基本工资所占比重，完善工资结构。

尽管这一轮的公务员工资改革，主要聚焦在基本工资调整上，但需要指出的是，基本工资调整绝不是单纯涨工资，它只是公务员工资改革的第一步，即调整工资结构，提高基本工资比重。

结合分类推进事业单位改革，建立健全符合事业单位特点、体现岗位绩效和分级分类管理的工资分配制度。

此前，新一轮事业单位改革启动是在 2011 年，标志性的政策性文

件是国务院颁布的《分类推进事业单位改革实施指导意见》。按照国务院的部署,2015年要完成事业单位分类改革,到2020年,则要形成新的事业单位管理体制和运行机制。

整个事业单位改革的一个重要部分是建立工资正常机制,现在人社部等方面在完成事业单位分类改革的同时,已经开始着手推进对事业单位人员的工资改革。预计在明后两年,人社部将制定并出台专门针对事业单位工资改革的政策性文件。

2014年7月1日《事业单位人事管理条例》的实施,并不意味着已经开始给事业单位人员涨工资,现在事业单位涨工资已经有了法规保障,只是涨工资的时间要等到更具体的政策出台之后。

第四部分,加快健全再分配调节机制。

在这一节,第十六条意见中,也对公务员再分配制度进行了规定:

完善基本养老保险制度。分类推进事业单位养老保险制度改革,研究推进公务员养老保险制度改革。

我们知道,2015年1月14日国务院发布了《机关事业单位工作人员养老保险制度改革的决定》。这个决定适用于按照《公务员法》管理的单位、参照《公务员法》管理的机关(单位)、事业单位及其编制内的工作人员。

其中,第三部分规定,实行社会统筹与个人账户相结合的基本养老保险制度。基本养老保险费由单位和个人共同负担。单位缴纳基本养老保险费(以下简称单位缴费)的比例为本单位工资总额的20%,个人缴纳基本养老保险费(以下简称个人缴费)的比例为本人缴费工资的8%,由单位代扣。按本人缴费工资8%的数额建立基本养老保险个人账户,全部由个人缴费形成。个人工资超过当地上年度在岗职工平均工资300%以上的部分,不计入个人缴费工资基数;低于当地上年度在岗职工平均工资60%的,按当地在岗职工平均工资的60%计算个人缴费工资基数。

这标志着,近4000万机关事业单位人员彻底告别"免缴费"时代。

其实养老保险这一块,是网民对公务员高福利的主要抨击点之一。公务员的现期报酬(货币性工资)和延期报酬(养老福利等)之间比例关系与社会是相反的:大部分企业职工是工作时的货币工资水平相对较高,而在退休后得到的货币性收入(主要是养老金)相对较低,而公务员的工资性报酬确实现期低、未来高。

实行并轨制之后,一是实现了机关事业与企业职工社会养老保险制度的衔接和统一,机关事业单位新聘人员养老保险与企业职工完全统一,缴费和退休后的养老金计发办法、调整办法与企业职工完全一致,破除了长期被社会诟病的"双轨制",实现了养老的社会公平;二是畅通了机关事业与企业的交流渠道,新聘人员的社会养老保险可以转移和接续,职业年金便于清算和携带,打开了机关事业与企业之间长期存在的交流"瓶颈",有利于人才的合理流动;三是与企业年金相对应,建立职业年金作为补充养老保险,保障"新人"合理的退休养老待遇;四是职业年金与公职人员在机关事业单位的服务年限和工作表现、奖惩情况挂钩,适应公职人员职业特点,有利于促进公职人员廉洁从政。

现在我们来看一下这几部法律的制定时间线路:2013年2月颁布《关于深化收入分配制度的若干意见》拉开了我国公务员工资第五次改革的大幕;2014年7月颁布《事业单位人事管理条例》为事业单位工作人员的工资调整提供了法律保障;2015年1月颁布《机关事业单位工作人员养老保险制度改革的决定》彻底结束了养老保险双轨制的时代;2015年4月颁布《关于县以下机关建立公务员职务与职级并行制度的意见》在职务之外为基层公务员提供了另外一个晋升渠道。我们可以看到,整个改革过程环环相扣,为我国公务员分配制度改革提供了法律基础和保障。

三、分配制度的改革与反腐倡廉的制度建设

我们上面讲了这么多，其实说到底，中央也都是想通过分配制度的改革来解决当下公务员工资低、工资结构不合理的情况，以此来对反腐倡廉的制度建设起到铺垫和促进的作用。

这份深化收入分配制度改革中，对反腐建设提出了哪些意见？

（一）完善立法

在深入收入分配制度改革意见的第六部分，第二十六条意见就对收入分配制度的立法工作提出了要求：

加快收入分配相关领域立法。研究出台社会救助、慈善事业、扶贫开发、企业工资支付保障、集体协商、国有资本经营预算、财政转移支付管理等方面的法律法规，及时修订完善土地管理、矿产资源管理、税收征管、房产税等方面的法律法规。建立健全财产登记制度，完善财产法律保护制度，保障公民合法财产权益。

立法滞后仍是目前制约我国反腐倡廉建设的主要问题之一。在十一届三中全会以前，我国采取的多为运动式反腐，虽然在当时的特殊情况下收到了一些成效，但却不能从根本上解决问题。十一届三中全会后，在总结过去反腐败斗争经验和教训的基础上，我国重新确定了反腐的法制发展方向，并制定了一系列法律法规制度。但与世界上一些清廉国家相比，我国的反腐法律法规建设工作仍有不小差距。所以要尽快完善我国的反腐立法体系：一是尽快制定反腐败法；二是完善配套法规；三是加强地方性法规建设；四是与国际反腐败公约相衔接。

（二）建立监督机制

意见的二十八、二十九、三十条，对机关事业单位和领导干部的收入分配监督提出了明确要求：

1. 规范工资收入。意见第二十八条明确指出：清理规范工资外

收入。严格规范党政机关各种津贴补贴和奖金发放行为,抓紧出台规范改革性补贴的实施意见。加强事业单位创收管理,规范科研课题和研发项目经费管理使用,严格公务招待费审批和核算等制度规定。严格控制国有及国有控股企业高管人员职务消费,规范车辆配备和使用、业务招待、考察培训等职务消费项目和标准,职务消费接受职工民主监督,相关账目要公开透明。

自十八大后,国务院出台了一系列关于禁止发放津补贴的规定。还有四风建设和八项规定其实也是对工资外福利的一种限制。那么,现在问题来了:在有这么多规定、作风建设相当严格的情况下,什么福利是可以拿的,什么福利又是不可以拿的呢?

反腐败自然不能取消干部职工的正常福利待遇,这一点必须明确,然而,面对"正常福利",恐怕理解和操作起来都有困难,一些单位会将"正常福利"扩大化,违反规定发放福利,又有些单位怕"正常福利"会引起上级部门的"误会",多一事不如少一事,干脆就不发放了。

如何保障干部职工正常福利待遇?其一,将元旦春节能发放的"正常福利"固定化,规定标准,可以从数量和价格上进行规定;其二,发放公开化。哪个单位在这个元旦春节发放了哪些"正常福利"向社会公开,接受社会监督;其三,对于不发放"正常福利"或是泛发福利行为均要进行追究。如此,才能切实保障干部职工的"正常福利"。

2. 规范领导干部收入。意见的第二十九条就指出:加强领导干部收入管理。全面落实《关于领导干部报告个人有关事项的规定》,严格执行各级领导干部如实报告收入、房产、投资、配偶子女从业等情况的规定,对隐报瞒报、弄虚作假等行为,通过抽查、核查,及时纠正,严肃处理。继续规范领导干部离职、辞职或退(离)休后的个人从业行为,严格按照有关程序、条件和要求办理兼职任职审批事项。

在我国,领导干部财产申报制度早在1987年就已经被提出;1994年,第八届全国人大常委会将《财产申报法》正式列入了立法规划;

1995 年 4 月 20 日，中共中央办公厅、国务院办公厅联合发布了《关于党政机关县(处)以上领导干部收入申报的规定》;2006 年 8 月 29 日，中共中央召开政治局会议，研究党员领导干部个人有关事项的规定；2010 年 7 月 11 日，中共中央办公厅、国务院办公厅印发了《关于领导干部报告个人有关事项的规定》。

虽然，截至目前，我国领导干部财产申报公示制度的探索已走过了 27 年，但依然处于试水状态，一个统一、完备、系统性的制度建设尚未形成。

从各国立法实践看，公务员财产公示是“由上而下”推行的，先从高级公务员开始。这是因为高级公务员掌握着更大的权力，一旦腐败，给公共利益造成的损失也更大。俗话讲“正人先正己”“上梁不正下梁歪”，财产公示从高级公务员开始，领导以身作则，自然便于把这项制度贯彻下去。首先对领导干部实施财产申报公示制度，一方面可以体现党和国家推行官员财产申报公示制度的决心，另一方面又可以起到模范带头作用，以实际行动扼杀那些不愿意进行财产申报公示官员的侥幸和观望心理。也只有对领导干部施行财产申报和公示，才能得到事半功倍的效果。

由于各种隐性收入的大量存在，核查官员全部财产和收入难度还较大。在这里，我们可以选择一个突破口，也就是公开房产信息。房产需实名登记，已能够实现全国联网，查清领导干部及其配偶子女名下有多少房产，从技术层面来说不成问题，实施起来相对容易。另外，房产价值高，官员率先实行房产公开，很容易查实其购房款是否属于合法收入。因此，可以将房产公开作为突破口。

如果官员的房产与其正常收入不相称，也就露出了腐败的马脚。房产信息是官员财产的核心信息之一，媒体曝光的房叔、房婶的落马，足以说明将房产公开作为官员财产公开的一个突破口，从技术手段和实际操作上看都是没有问题的。

官员财产申报公示制度由点及面，从试验示范到总结推广，从基层探索到上层认可，从局部开展到全面推行，都需要一定的时间和过程，其完全建立尚任重而道远。但是我们党推行反腐倡廉的决心从没有动摇过，增强对党员干部监督约束的力度从没有减弱过，官员财产申报公示制度也一定会发挥其应有的作用。

3. 规范单位非税收入：意见第三十条指出，要严格规范非税收入。按照正税清费的原则，继续推进费改税，进一步清理整顿各种行政事业性收费和政府性基金，坚决取消不合法、不合理的收费和基金项目，收费项目适当降低收费标准。建立健全政府非税收入收缴管理制度。

“以民之所望为施政所向。”这是李克强总理多次强调的政府施政理念。两年多以来，国务院简政放权、让利于民的力度不断加大。

2014 年，财政部发布《关于取消、停征和免征一批行政事业性收费的通知》，自 2015 年 1 月 1 日起，取消或暂停征收 12 项中央级设立的行政事业性收费。各省（区、市）要全面清理省级设立的行政事业性收费项目，取消重复设置、收费养人以及违背市场经济基本原则的不合理收费。并且，自 2015 年 1 月 1 日起，对小微企业免征 42 项中央级设立的行政事业性收费。

（三）加强打击力度

意见第三十一条指出：要加大打击和取缔非法收入。围绕国企改制、土地出让、矿产开发、工程建设等重点领域，强化监督管理，堵住获取非法收入的漏洞。严厉打击走私贩私、偷税逃税、内幕交易、操纵股市、制假售假、骗贷骗汇等经济犯罪活动。严厉查处权钱交易、行贿受贿行为，深入治理商业贿赂，加强反洗钱工作和资本外逃监控。

近几年，对于反腐，国家已经把从严治党提升到了一个前所未有的高度，老虎苍蝇一起打，反腐成绩斐然。

我们对待腐败一定要采取零容忍的态度，依法严厉打击和惩处，用法律将腐败官员绳之以法。

02

党性修养篇导读

习近平总书记在全国党校工作会议上强调，党性教育是共产党人修身养性的必修课。各级党校要把党性教育作为教学的主要内容，深入开展理想信念教育、党的宗旨教育，把党章和党规党纪学习教育作为党性教育的重要内容。党校党性教育单元要加大力度、增加分量，安排足够时间，形成党性教育课程体系，有效改进党性教育方式方法，提高党性教育实效。

党性是一个政党所固有的本质属性，是党的性质、目标、宗旨、作风、纪律等各方面要素的综合反映。政党的本质属性在党员个体思想和行为上的体现，就是党员的党性。党员个体党性强弱与其价值追求和行为取向符合全党价值追求和奋斗目标的程度成正相关，即党员的党性越强，党内思想和行为越是统一，党内自我管理的成本越低，党内能量的自我损耗就越少，党的生命力、凝聚力和战斗力就会越强。因此，共产党员的党性越强，越有利于我们党的事业健康发展。

党员个体的党性不是自发产生的，而是经过一定途径和手段，通过自觉、自愿的努力，这种经过自觉自愿的努力把整个党的内在本质属性内化为党员个体自身素质的过程，就是党性修养。具体来说，就是把党的价值追求内化为党员个体的人生价值追求的过程，使党员个人的思想和行为不断接近和符合党的宗旨和目标要求的过程。党性修养的实质是共产党员本质的自我完善和实现的过程，是成为合格共产党员并保持共产党员本色的必由之路。

“党性修养篇”共精选收录主体班党性修养专题10个：延安时期党的光辉历程及当代价值、中华优秀传统文化与社会主义核心价值观、中华优秀传统文化与干部修养、加强干部官德建设倡导务实清廉作风、践行“三严三实”锤炼过硬作风、做党的“四有”好干部、学习贯彻党章严守党的纪律、作风建设永远在路上、适应作风新常态培育为政新心态、正家风是领导干部的必修课，这些精选的专题，在内容上涵盖了理论修养、政治修养、思想道德修养、组织纪律修养和作风修养等，内容相对完整，是党员干部加强个人党性修养系统化的精神食粮。

延安时期党的光辉历程及当代价值

戴开成①

延安和陕甘宁边区,曾经是中共中央的所在地,曾经是中国人民解放斗争的总后方。延安以"中国革命圣地"而闻名于世。陈毅同志曾经写了一首诗:"百年积弱叹华夏,八载干戈仗延安,试问九州谁做主,万众瞩目清凉山。"意思是说近百年来中国积贫积弱,饱受西方列强欺辱,许多有志之士也未能扭转局势,抗日战争由中国共产党在延安运筹帷幄,发挥了重要的领导作用;在未来的日子里,谁又能领导中国人民过上美好的生活呢? 那就是千百万人民看好的延安。

在中国共产党历史上,曾有两个扭转乾坤的"黄金时期",那就是延安时期与改革开放新时期。延安时期指的就是党中央在延安的13年,从1935年10月19日党中央到达吴起镇,到1948年3月23日毛泽东、周恩来、任弼时等在吴堡县川口东渡黄河,一共是14个年头,12年5个月零4天。改革开放时期就是从1978年党的十一届三中全会召开到现在38年时间。

可见,延安时期对中国共产党的成长和发展起到决定性作用。可以说,没有延安时期就没有改革开放时期。延安时期,是我们党由弱变强、转败为胜的13年;是毛泽东思想日益成熟、丰富发展的13年;是延安精神孕育形成、发扬光大的13年。深入学习这段历史,对于加

① 戴开成,男,中共邵阳市委党校马列教研部讲师。

强党的执政能力建设和先进性建设,对于不断开创中国特色社会主义事业新局面,对于当前开展群众路线教育实践活动和三严三实活动具有重大的理论意义和现实指导意义。

一、"一张报纸"定乾坤

第五次反"围剿"失败之后,1934 年 10 月,中共中央和中央红军从江西的瑞金出发进行战略大转移,蒋介石命令白崇禧和何键构筑了湘江防线,特别是在全县、灌阳、兴安一带构筑了铁三角,布防周密,显出一副大决战之势,那为什么红军又能够渡过湘江呢?突然间铁三角留下防务空白,这里面充满着传奇色彩和势力的相互平衡,历史往往是一个解谜的过程,白崇禧在贵系高级军官曾表示,老蒋恨我比恨朱、毛更甚,如果把湘江完全堵住,红军过不了湘江,必然掉头南下进入广西,中央军在解决红军的同时把我们贵系也就解决了,所以,不如留着朱、毛,我们战略回旋余地还大些。而蒋介石认为,在中国的历史上,流寇不会影响国家政权,只有军阀割据才对中央集权构成威胁,因此,他打的如意算盘是:"追到广西,解决白崇禧;追到贵州,解决王家烈;追到云南,解决龙云。"结果,铁三角的防务空白,让红军抓住最后两天的时间渡过湘江,但是损失很惨重,由长征出发时的 8.6 万余人锐减到 3 万余人,3 万余人往哪里走?当时中国革命处于被"左"倾教条主义者断送的危急关头,有人主张往湘鄂赣根据地转移,有人主张往敌人势力薄弱的贵州转移?先后召开了通道转兵会议和黎平会议,为遵义会议的召开打下了良好的基础。1935 年 1 月召开的遵义会议,结束了"左"倾教条主义错误在党中央的统治地位,解决了党内面临的最迫切的组织问题和军事问题,确立了毛泽东在中共中央和红军的领导地位,从而挽救了党、挽救了红军、挽救了中国革命。

遵义会议后,中央红军在新的中央领导和指挥下,运用灵活机动的作战方式,以运动战为主,各个击破,以少胜多,变被动为主动,四渡赤水，南渡乌江，佯攻贵阳，分兵黔东，诱出滇军，巧渡金沙江，摆脱了国民党几十万军队的围堵拦截，取得了战略转移中具有决定意义的胜利。1935年6月，中央军和红四方面军在四川懋功会师，继续坚持北上的战略方针，同张国焘分裂党和红军的错误进行了坚决斗争，爬雪山、过草地，攻破天险腊子口，越过岷山后，于9月18日到达甘肃岷县以南的哈达铺。在这里进行休整，毛泽东非常喜欢看报纸，他的警卫员找到了一张《大公报》，从上面得知西北红军和根据地仍然存在的喜讯，当天晚上，中共中央召开团级以上会议，毛泽东提出要到陕北去，理由如下：

从根据地情况看：陕甘革命根据地是全国仅存的一块完整的革命根据地。大革命失败后，中共陕西省委继续在陕甘地区开展斗争，唐澍、谢子长、刘志丹、吕佑乾相继领导了清涧起义、渭华起义、旬邑起义。这些起义虽然先后失败，但是把原来零散的革命根据地连成一块，在革命处于低潮的情况下，陕西党组织以武装革命反抗武装的反革命，表现了党和人民英勇无畏的气概，打击了敌人，锻炼了干部，为刘志丹、谢子长以后创建陕甘边、陕北革命根据地打下了坚实的基础，在中国革命史上写下了光辉的一页。

从地理环境来看，两山中间一道川，两川中间一座山，翻过山来又是川，转过川来又是山。陕西关中平原以北地区，到处是高山大岭，沟壑纵横，连绵千里，易守难攻，谁也进不来。

从历史发展规律看：延安是秦后历朝之边陲军事重镇，素有“秦地之锁钥，塞北之咽喉”之称。“孤城晚眺四茫茫，白骨青邻旧战场”，浓缩了这个边陲重镇的漫漫历史。秦朝的蒙恬、扶苏曾率大军30万镇守这里，修长城。汉武帝也曾从这里击退过匈奴的入侵。汉名将李广、卫青抗击匈奴时曾几次经过延安。宋代著名狄青、杨文广和沈括等曾先后驻节延安，民族英雄韩世忠也曾征战于延安。北方历来是中国的政治、军事中心，得北方者得天下，北方战胜南方，这是中国5000年的历史规律，这是铁的规律。

9月27日,中共中央政治局在通渭县榜罗召开常委会议,决定把党中央的落脚点放在陕北,但是,国民党的四个骑兵团穷追不舍,中央决定进行一次“切尾巴战役”,彭德怀领导陕甘支队第一、二纵队在吴起镇附近击溃尾追的国民党东北骑兵和马鸿斌的骑兵团2000余人,取得了“切尾巴”战斗的胜利,毛泽东欣喜之际,给彭德怀写了一首六言诗:“山高路远坑深,大军纵横驰奔,谁敢横刀立马?唯我彭大将军。”当时,陕甘根据地正在进行肃反,一大批革命同志被关押,200多人被错杀。党中央到达陕北后,救出了刘志丹、习仲勋等革命同志,纠正了陕甘根据地的肃反错误。

中共中央和中央红军到达吴起镇,标志着二万五千里长征结束,长征是历史纪录上的第一次,长征是宣言书,长征是宣传队,长征是播种机。长征是以我们胜利、敌人失败的结果而告终。

二、抗日救国得民心

(一)瓦窑堡会议制定了抗日民族统一战线

中共中央达到陕北后,中国革命形势发生了深刻变化。一方面,日本侵略中国的野心扩大,开始显示出要占领整个中国的野心,不断制造事变,通过制造华北事变,基本上控制了整个华北。另一方面,中国各个阶级发生了深刻变化,救亡图存思想成为主流。1935年8月1日中共驻共产国际代表团草拟了《八一宣言》,10月1日正式发表在法国出版的《救国报》上,传到国内后,在社会各阶层中引起强烈反响,有力地推动了全国抗日救亡运动的高涨。党中央于1935年12月17日至25日在瓦窑堡召开了政治局扩大会议,着重讨论了全国政治形势和党的策略路线、军事战略等问题,通过了张闻天起草的《中央关于目前政治形势与党的任务决议》,确定党的策略路线是发动、团结与组织全中国全民族一切革命力量去反对当前主要的敌人——日本帝国主义与蒋介石。瓦窑堡会议系统地解决了政治路线和政治策略问题,建立了抗日民族统一战线的策略方针，克服了“左”倾关门主义错误，使党牢牢掌握了政治上的主动权。瓦窑堡会议表明，中国共产党善于总结革命成败的经验教训，从中国的实际出发，创造性地运用马克思主义来指导中国革命运动。

（二）推动西北抗日大联合的实现

瓦窑堡会议后，为了扩大抗日武装和革命根据地，实现直接对日作战，党中央决定红一方面军以“中国人民抗日先锋军”的名义进行东征。在毛泽东和彭德怀的指挥下，1936 年 2 月 17 日，中华苏维埃共和国中央政府发表了《东征宣言》，在督促东征渡河准备工作的时候，遇上了大雪，毛泽东写下了《沁园春 · 雪》。抗日先锋军于 1936 年 2 月 20 日突破阎锡山部队的黄河防线，在 75 天的连续作战中，转战 30 多个县，歼敌 1. 3 万多人，扩大红军 8000 多人。在遭到蒋介石、阎锡山的重兵阻拦下，为了避免内战，保存抗日力量，并促进抗日民族统一战线的开展，党中央于 5 月初决定红军撤回陕北，结束东征。

红军回师陕北后，党中央又决定组成西方野战军，向陕、甘、宁三省边界国民党军事力量薄弱的地区进行西征。1936 年 6 月底，党中央机关从瓦窑堡移驻保安县。红军西征军从 5 月下旬至 7 月底开辟了纵横 400 余里的新根据地，使陕甘根据地扩大为陕甘宁根据地。从 8 月开始，“西方野战军”在巩固新区的同时，继续向西发展，迎接红二、四方面军。

在领导红军进行东征和西征，迎接红二、四方面军的同时，党中央大力开展了对张学良、杨虎城的统一战线工作。

张学良的东北军在“九一八”事变后被蒋介石调到西北“围剿”红军。东北军在“剿共”战争中遭受重大损失，屡屡失败，有着打回东北老家的强烈抗日愿望。张学良本人在思想上也有动摇，其父亲张作霖被日本人炸死，杀父之仇，不共戴天。中共中央派出周恩来、李克农开展东北军的统战工作，将大批在作战中俘虏的东北军官兵释放。党和红军领导人发表了《红军为愿意同东北军联合抗日致东北军全体将士书》,1936 年 4 月 9 日,周恩来代表中共中央到东北军驻地肤施(即延安),同张学良举行秘密会谈。张学良接受中国共产党关于停止内战、共同抗日的政治主张,并提出争取蒋介石抗日的意见。双方还商定了红军与东北军互不侵犯、互派代表等事项。这次重要会谈后,中共中央正式向东北军派驻代表,在西安开展统战工作。

杨虎城及其率领的第十七路军,从大革命时期以来,基本上同中国共产党保持着联系,并且有着强烈的抗日热情。为了尽快争取与杨虎城合作抗日,党在争取与张学良联合抗日的同时,进一步加强了对杨虎城的工作。从 1935 年 12 月到 1936 年夏,中共中央、中共北方局、中共驻共产国际代表团先后派代表到杨虎城处商谈联合抗日问题。经过多次谈判,与杨虎城达成互不侵犯、取消经济封锁、建立军事联络、红军代表驻西安开展工作、联合抗日等协议。从此,中国共产党同第十七路军建立了比较牢固的关系。

(三)促成西安事变和平解决,实行全面抗战

1936 年 12 月 12 日凌晨 4 时左右,张学良、杨虎城为了逼蒋抗日,发动了兵变,简称为"西安事变"。西安事变的发生,在国内引起强烈反响,在国民党内部,以何应钦为首的青年将领要求"血洗"西安,以表达对蒋介石的忠诚。与此同时,以蒋介石夫人宋美龄为首的宋氏家族坚持认为西安事变应以政治方式和平解决,希望通过谈判来使蒋介石获释。在我党内部也发生了强烈的分歧,部分人认为蒋介石沾满共产党的血,要求"交付国人裁判",希望借此机会除去蒋介石。但以周恩来为代表的一批中央领导人更理性地分析了当时的形势。一方面,蒋介石虽然被扣,但他仍有众多的效忠部队,而且国内舆论拥护蒋介石的还不少。一旦蒋介石被杀,势必引发中国内战。这既会给日本以可乘之机,同时,如果在陕甘地区爆发内战也将使红军卷入,削减红军实力。因此,中共抛弃与蒋介石的矛盾,主张"和平解决",是从抗战大局

和自身两个方面考虑的。

12 月 22 日,宋美龄、宋子文等人抵达西安,与蒋介石会面。经过两天谈判蒋介石认可了张杨提出的六项主张,承诺停止内战,释放政治犯,联合各界力量共同抗日。至此,双方谈判告一段落,“放蒋”也已成定局。

西安事变的和平解决,是各方势力相互制衡、相互妥协的结果。这个结果符合全国人民的意愿和根本利益,也是历史的必然。从此,10 年内战的局面基本结束,国内和平初步实现。在抗日的前提下,国共两党实行第二次合作已成为不可抗拒的大势。

1937 年 7 月 7 日深夜,卢沟桥事变爆发,标志着中华民族全面抗战的开始。第二天中国共产党通电全国,号召“团结一切力量,共同抗日”,7 月 17 日,蒋介石发表了庐山谈话“如果战端一开,那就是地无分南北,人无分老幼,无论何人,皆有守土抗战之责,皆抱定牺牲一切之决心……”,9 月 22 日,国民党公布了共产党提交的《国共合作宣言》,标志着国共第二次合作正式形成。

三、民主执政树典范

延安时期,在中国共产党的领导下,陕甘宁边区是全国最进步的地方,是广大青年最向往的地方,形成了十没有的景象:“一没有贪官污吏,二没有土豪劣绅,三没有赌博,四没有娼妓,五没有小老婆,六没有叫花子,七没有结党营私之徒,八没有萎靡不振之气,九没有人吃摩擦饭,十没有人发国难财。”这里勤政、廉洁、高效“只见公仆不见官”的实践,为新中国的成立和发展积累了丰富的经验,是新中国的雏形。主要体现在以下三个方面:

(一)民主选举,接受人民群众监督

民主是一个政府执政合法性的重要体现,是人民群众的基本权利,1937 年 5 月—1946 年 3 月,陕甘宁边区政府制定了选举条例,实行普选和直选相结合,这段时期,边区进行了三次选举。从选举的方式上看:凡是年满18岁的公民,不论性别、宗教、民族、财产、文化程度都有选举和被选举的权利,人民群众采取投豆豆、画圈圈、点香的办法进行选举,这种选举方式培养了人民群众当家做主的民主意识,行使了自己的民主权利。从选举的过程来看:三次选举参加的人数一次比一次多。1937年第1次普选时选民投票率达70%;1941年第2次普选时选民投票率为80%;1945年第3次普选时投票率为90%;民主政治普遍推行。参选人要向群众发表竞选演说,政府要向群众报告工作,政府的工作要接受民众的审查与批评,实行差额选举,让人民有选择的权利。从选举的结果来看:在人员分配上符合"三三制"原则,即非党的左派进步分子占1/3,应规定为共产党员占1/3,不左不右的中间派占1/3。第二届边区政权18名政府文员中,民主人士有12名;在9名边区常驻参议员中,民主人士有6名。据中共中央西北局统计,到1944年,非党人士从乡长、乡文书到科长、县长、边区政府厅长、副主席和边区各级参议会议长、副议长及常驻议员等,共有3592名,一大批开明人士参加到政权中来。

(二)开展大生产运动,全心全意为人民服务

三大主力红军会师后,根据地人民群众的负担明显加重。1938年3月—1939年12月,日本对边区进行了23次大规模的进攻。1939年冬—1940年春,国民党对边区实行残酷的经济封锁,发动了第一次反共高潮。为了减轻农民负担,扭转这种被动局面,中国共产党推行大生产运动。1941年3月,三五九旅遵照毛主席"一把镢头一支枪,生产保卫党中央"的指示,在王震的指挥下,开始分批从绥德警备区开赴南泥湾,开始了"背枪上战场,荷锄到田庄"的垦荒屯田大生产。在这场大生产运动中,一大批无产阶级革命家参与进来,如毛泽东、张闻天、王稼祥、陈云、李富春等中央领导被评为特等劳动英雄;周恩来、任弼时在1943年秋季举行的枣园机关纺线比赛中,被评为"纺线能手"。

1940年5月朱德同志从华北前线返回延安后，和工作人员一起参与劳动，在王家坪八路军总部驻地开垦了3亩菜地，在1943年11月举行的边区生产展览会上，展出了朱德亲手种植的一个大冬瓜，有位干部写了一首诗赞许朱德的劳动精神："工余种菜又栽花，统帅勤劳天下夸；愿把此风扬四海，逢人先说大冬瓜。"领导干部以身作则的模范行动，极大地振奋了边区军民艰苦奋斗、渡过难关的革命热情，使大生产运动的热潮一浪高过一浪。

陕甘宁边区政府廉政建设走上了法律化、制度化的轨道，促进了边区民主政治建设的健康发展。在惩治腐败的同时，边区政府还坚持发扬艰苦奋斗的工作作风，倡导廉洁政治，建设廉洁政府。

四、全党整风奠基业

1942年开始的全党整风运动，是党同心同德战胜困难的重要一环，是推进党的建设伟大工程的一个创举，也是破除党内把马克思主义教条化、把共产国际决定和苏联经验神圣化的错误倾向的伟大思想解放运动。这也是中国共产党领导中国革命事业继续前进的现实需要，有着深刻的历史背景。

（一）延安整风的原因

延安整风运动是一场全党范围的马列主义教育运动和思想解放运动。中共中央之所以要进行一次整风运动，主要有以下目的：第一，清算王明"左"倾和"右"倾的错误在党内的影响。遵义会议确定了以毛泽东为代表的中共中央的正确领导，在一定程度上对王明"左"倾教条主义路线进行了纠正，但是还缺乏系统性、彻底性，有部分党员干部对这种错误的根源缺乏深刻认识。特别是王明的代表作《两条路线》在延安再版，说明王明"左"、"右"倾路线还有一定的影响。为了弄清路线是非问题，总结历史经验，党中央决定从思想上对党员干部进行一次洗礼。第二，全面提高党的理论水平。由于革命形势的发展，党的队伍急剧扩大,中共党员由 4 万人增加到 80 万人。党员队伍虽然迅速扩大,但有许多人思想上并没有入党,80 万党员中不乏目不识丁的农民、地主子弟和小资产阶级分子,有一些党员对为什么入党,为什么参加革命,入党究竟要干什么,不甚了了。第三,改进党的作风,与解放区人民共渡难关。1941 年前后,由于日寇的残酷"扫荡"和国民党的包围封锁,敌后解放区出现了严重的困难局面。到 1942 年,华北解放区的面积缩小了 1/6;八路军由 40 万减少到 30 多万,新四军由 13.5 万减少到 11 万;华北解放区人口由 4000 万减少到 2500 万,全国解放区人口由 1 亿降到 5000 万以下。加上当时华北地区又连续发生水、旱、虫灾,更加剧了解放区的困难局面。为了克服困难,争取抗日战争和整个中国革命的胜利,必须开展教育,统一认识。

(二)延安整风运动的三个阶段

第一阶段为全党整风预备阶段(1941 年 5 月—1942 年 2 月)。在此期间,毛泽东总结了中国革命的经验,制定了正确的政治策略和战略战术,并从马克思主义世界观和方法论的高度,揭露了教条主义的错误实质,为全党整风准备了有力的哲学思想武器。1941 年 5 月,毛泽东在延安党的高级干部会议上作了《改造我们的学习》的报告。7 月和 8 月,中共中央做出《关于增强党性的决定》和《关于调查研究的决定》,号召全党加强调查研究,克服非无产阶级思想,加强党性锻炼。9 月,中共中央召开扩大会议,检讨党的历史上,特别是第二次国内革命战争时期以王明为代表的"左"倾的错误政治路线,提出发动全党进行思想革命,解决理论与实践相结合的问题。会上,大家列举主观主义和宗派主义的种种表现和危害,认真地、尖锐地开展批评和自我批评。第二阶段为全党范围内的整风逐步展开阶段(1942 年 2 月—1943 年 10 月)。1942 年 2 月,毛泽东作了《整顿党的作风》和《反对党八股》的报告,全面阐明整风的任务和方针,在全党引起强烈反响。4 月,中共中央宣传部发出《关于在延安讨论中央决定及毛泽东同志整顿三风报告的决定》,在延安的近万名干部普遍参加了学习。6月,中共中央宣传部发出在全党进行整风的指示。整风的内容是反对主观主义以整顿学风,反对宗派主义以整顿党风,反对党八股以整顿文风,重点是反对主观唯心主义。整风的方针是“惩前毖后,治病救人”,即通过学习文件,掌握精神实质,发扬党内民主,充分开展批评与自我批评,达到既要弄清思想,又要团结同志的目的。第三阶段为总结历史经验的阶段(1943年10月—1945年4月)。党的高级干部重新学习党的历史,总结历史经验,检讨工作,开展批评与自我批评,弄清路线是非。1944年4月,毛泽东作了《学习与时局》的报告,对高级干部关于党的历史问题的讨论作了总结。1945年4月,中共六届七中全会通过了《关于若干历史问题的决议》,对党的历史上各次“左”右倾错误,特别是第三次“左”倾错误,做出了公正的结论。至此,整风运动胜利结束。

(三)延安整风运动评价

总体上讲,这场运动解决了实际与教条、中国共产党与共产国际的问题,但是运动的扩大化也带来了不可估量的损失。第一,延安整风运动促进了党的三大优良作风的形成。通过整风运动,彻底清除了教条主义、主观主义、宗派主义和党八股在党内的存在,形成了理论联系实际、批评与自我批评、密切联系群众路线三大作风。第二,延安整风确立了毛泽东思想在党内的指导地位。通过整风运动,破除了马克思主义教条化和苏联经验神圣的思想藩篱,从而把马克思主义同中国的实际相结合,确立了毛泽东思想的指导地位,巩固了以毛泽东为核心的党中央领导下的团结和统一。延安整风运动从端正思想路线入手,使全党对毛泽东同志路线的正确性有了深刻的认识,空前自觉地团结在毛泽东思想的旗帜之下。第三,延安整风运动的严重扩大化,造成了一些冤假错案,毛泽东同志知道后,提出了“严禁逼、供、信”和“一个不杀,大部不抓”的方针,才避免了更大的灾难。

五、读懂延安知明天

(一)坚持解放思想、实事求是的思想路线,不断推进党的理论创新

理论创新向来是党的生命线。20世纪中国发生了三次历史性巨变的原因是什么?一是辛亥革命,是因为三民主义理论的指导,二是新民主主义革命(新中国成立),因为有新民主主义理论,后来为毛泽东思想;三是改革开放,先是真理标准的大讨论,后来讲的是邓小平理论。党中央在延安13年之所以取得成功,从根本上说,就是解放思想,实事求是,一切从实际出发,摆脱马克思主义教条化和把苏联经验与共产国际指示神圣化的束缚,一切从半殖民地半封建社会这个最大的实际和抗日战争、解放战争的形势出发,运用马克思主义的立场、观点和方法,研究和把握中国革命的规律,开创前人没有走过的新民主主义革命道路,解决前人没有解决的而又异常复杂的以弱胜强的一系列战略策略问题,成就了前人没有干过的半殖民地半封建的东方大国经过新民主主义走向社会主义的宏图伟业。

坚持解放思想、实事求是的思想路线,在民主革命时期最为突出的表现,就是立足于中国革命的伟大实践,不断推进党的马克思主义中国化的理论创新,正确地解决夺取新民主主义革命胜利的一系列战略策略问题。中国共产党是在马克思主义指导下建立起来并运用这个"解放我们民族的最好的武器"领导人民进行革命斗争的。但是,究竟怎样才能解放中华民族和中国人民,马克思主义的"老祖宗"并没有、也不可能提供现成的答案。这个最根本的课题只能靠马克思主义中国化的理论创新来解决。

坚持解放思想、实事求是的思想路线,推进党的理论创新,还必须自觉高举中国化的马克思主义旗帜。党中央在延安13年特别是经过整风运动,党自觉地高举了毛泽东思想的伟大旗帜,因而"无论前方后

方的人,真是生气勃勃,生动活泼,心情舒畅,团结一致",连续创造了抗日战争的辉煌、解放战争的辉煌、建国初期的辉煌,把半殖民地半封建的旧中国变成了人民当家作主的社会主义新中国。

(二)坚持"着重从思想上建设党",造就一大批"德才兼备"的干部队伍

党中央在延安13年,着重于"思想建党"而不是"成份建党",紧紧抓住培养和造就"德才兼备的领导干部"这个关键,全面推进党的建设,把党建设成为一支名副其实的工人阶级先锋队。

"着重从思想上建设党"是党的建设的正确道路。这条道路的要义是紧密联系党的政治路线推进党的建设,在制定和实行正确的政治路线和纲领政策的前提下,以是否同意党的纲领政策和是否愿意为党的主张而奋斗为主要标准,敞开大门大量发展党员队伍;坚持把思想建设放在党的建设的首位,加强党内的马克思主义理论教育和党性教育,按照工人阶级先锋队的要求,运用整风方法解决党内存在的思想和作风上的突出问题,使广大党员真正从思想上入党;加强党的组织建设,坚持民主集中制的根本组织原则,严明党的纪律,实行任人唯贤的干部路线,以德才兼备为标准选拔和使用干部;正确认识和处理党内矛盾,维护党的团结和统一;重视党的作风建设,培育党的优良传统和作风;将党的思想、政治、组织、作风建设融为一体,全面推进,把从严治党贯穿于党的建设的各个方面。

"着重从思想上建设党"的关键,是培养和造就一大批"才德兼备的领导干部"。党中央在延安13年,始终从"干部问题是一个有决定作用的问题"的认识高度,竭尽心力培养和造就"最好的干部",在创办"有期大学",培养各级各类领导人才的同时,还发明"无期大学",推动在职干部的学习教育,提高各级干部的素质。党尤为重视高级干部的培养,延安整风主要是教育高级干部。党中央在延安13年培养的整整一代的革命领导英才,为夺取全国革命胜利奠定了最重要的组

织基础。这是延安13年成功实施党的建设“伟大的工程”的决定性之举。

（三）坚持走群众路线，从人民群众中汲取力量源泉和胜利之本

党中央在延安13年，形成和坚持了“一切为了群众、一切依靠群众、从群众中来、到群众中去”的工作方法，使革命斗争有了最深厚的力量源泉。1943年，毛泽东在《关于领导方法的若干问题》中首次明确提出“从群众中来，到群众中去”的群众工作方法。延安时期许多实际工作的完成，如征收公粮、劳动竞赛、互助合作、选举中检查政府工作、乡村自治等，都遵循了群众路线的工作方法，先在群众中实践，有的由群众首创，取得成效和经验后，集中起来，经过研究，上升为一种政策，然后推广实行，逐步完善。正是因为党和人民群众的这种血肉联系，党在延安时期取得了辉煌的成就，“小米加步枪”打败了“飞机加大炮”。

（四）坚持培育和弘扬时代需要的伟大精神，增强凝聚力和战斗力

党中央在延安13年，面对的艰难险阻在常人看来是无法克服的，但以毛泽东为核心的党中央从来没有被困难吓倒，始终坚持革命的崇高理想，以“以一当十、当百、当千”的英雄气概和“革命一定要胜利”的坚强信念，大力倡导和弘扬伟大的革命精神。

在延安，毛泽东提出，共产党员和党的干部的品格和作风应该是：懂得马列主义，具有政治远见和工作能力，充满斗争精神和牺牲精神，脚踏实地富于实际精神，不怕困难、勇敢向前，不谋私利、胸怀坦白、忠心耿耿地为民族和社会的解放而奋斗。他先后大力倡导“革命第一、工作第一、他人第一”的徐特立精神和“一辈子总是做好事”的吴玉章精神，大力倡导“为真理与自由而斗争”的鲁迅精神、“毫不利己、专门利人”的白求恩精神、全心全意为人民服务的张思德精神，大力倡导长征精神、抗大精神、南泥湾精神、“延安县同志们的精神”和愚公移山精神。在延安和陕甘宁边区，还大张旗鼓地表彰了王震等22位优秀领

导干部和一大批劳动英雄。党中央在延安13年,大力倡导和弘扬的这些伟大精神,对于增强党和人民的凝聚力和战斗力,战胜严重困难和强大敌人,产生了不可估量的作用。

延安13年早已成为过去,但党中央在延安13年的辉煌历史及其建立的千秋功业将永远闪耀着不朽的光芒;党中央在延安13年创造的历史经验将永远是后人取之不尽的宝贵财富;党中央在延安13年培育的伟大精神将永远是中国共产党人和中华民族开辟美好未来的强大动力。

中华优秀传统文化与社会主义核心价值观

肖顺昌[①]

党的十八大以来,习近平总书记先后十多次在不同场合谈到中华传统文化。在一系列重要讲话中,习近平总书记对传统文化的精髓、内核及其时代价值做了完整而又深刻的阐述,从建设文化强国和构建社会主义核心价值体系的政治高度,反复强调要大力弘扬优秀传统文化,并且对领导干部提出了明确要求。优秀传统文化的传承与弘扬社会主义核心价值观的实践统一,是文化自信与文化自觉的具体体现,是建设社会主义文化强国的一个重大现实课题。

一、中华优秀传统文化中的宝贵精神财富

(一)传统文化与优秀传统文化释义

从哲学的角度来讲,文化是人类在改造世界的过程中长期积淀形成的物质成果和精神成果的总和。

这一定义包含三层意识:第一,文化是一种社会现象,它是人类社会实践活动的产物。第二,文化是一种历史现象,它是人类一代又一代创造传承下来的东西。第三,文化包含物质文化和精神文化两个方面。建筑、雕塑、书画、服饰等属于物质文化;行为规范、风俗习惯、思维方式、价值观念等属于精神文化。

---

① 肖顺昌,男,中共邵阳市委党校机关党委书记,教授。

传统文化是相对于当代文化的一个时空界定。也就是说,传统文化是在长期的历史发展进程中逐步积淀、传承下来的具有相对稳定的形态和鲜明特色的民族文化。首先,它是历史传承下来的文明成果。其次,它体现和反映一个民族的精神特质,并具有独特的民族样式。

优秀传统文化是相对于传统文化的一个质的界定,它是指传统文化中具有永恒价值和积极意义的精华部分。更直白地说,优秀传统文化是民族传统文化的一部分,是传统文化的精华所在。

对于中华优秀传统文化的特征和永恒价值,习近平总书记做了极为深刻而又精辟的概括总结。他指出,中华优秀传统文化在很大程度上具有超越时代局限、反映中华文明永恒价值的特征,与社会历史发展方向相贴近,与民族利益共同体的利益和福祉相契合,与马克思主义中国化一系列重大成果的基本精神相呼应。贴近社会历史发展方向,契合国家民族的共同体利益,与马克思主义中国化的基本精神相呼应,就是中国优秀传统文化的主要特征。优秀传统文化在思想上有大智,在科学上有大真,在伦理上有大善,在艺术上有大美。大智、大真、大善、大美,就是优秀传统文化的价值和魅力所在。大智,是处理人际关系的好方法、大道理;大真,是处理人与自然关系的规律性的方法和思路;大善,是人们自身修养的思想启迪和精神坐标;大美,是人们生产生活的感官享受。正因为优秀传统文化具有大智、大真、大善、大美,它才能经得起历史风雨的洗涤,星移斗转,沧海桑田,世事代谢,朝代更替,中华优秀传统文化始终根基牢固,血脉不断,始终是国人强大的精神支撑,始终散发着闪亮耀眼的光芒,一直照耀着中华民族奋发图强的前进道路。

(二)中华优秀传统文化三大思想主线

1.“天下兴亡,匹夫有责”的爱国主义精神

什么是爱国主义?爱国主义就是人们对自己的国家和民族高度热爱、忠诚并努力为之奉献的态度和情感。

爱国主义精神集中体现在五个方面:对祖国和本民族赤胆忠诚,矢志不渝;热爱祖国的大好河山;热爱祖国的灿烂文化;关爱自己的骨肉同胞;为祖国的富强繁荣无私奉献、努力奋斗。

一个民族的历史,就是一幅民族英雄的图谱,这个图谱的坐标就是民族精神。只要民族精神不倒,这个民族就永远站立着。民族精神的核心就是爱国主义精神。

2. “民为邦本”“民贵、君轻”的民本思想

中国古代的民本思想源远流长。民本思想的起源,可以追溯到上古时期,民间广为流传的“大禹治水”的故事,从一个侧面体现了大禹那种关爱百姓、造福万民的民本理念和情怀。到春秋战国时期,孔子、孟子、荀子等儒家代表人物,对民本思想做了比较系统的总结和论述,标志着古代的民本思想正式形成。之后,历经汉、唐、宋、元、明、清各个朝代,不同时期的思想家、政治家,都继承发扬了儒家的民本思想。汉唐时期的代表人物是贾谊、李世民。特别是唐太宗李世民,他提出“国依于民”的思想,在吸收借鉴荀子思想的基础上,又提出了“水能载舟亦能覆舟”的著名论断,并且努力把他的理念和思想付诸实践,创造了大唐“贞观之治”的盛世辉煌。清朝末年的黄宗羲、顾炎武、王夫之等进步思想家,在深刻揭露和批判封建君主专制的同时,对古代的民本思想做了进一步的阐述和提高,为现代民主思想的传播奠定了基础。我国古代民本思想的主要内容有三个方面:第一,肯定民众在政治上的根本地位和决定作用。我国最早的文化典籍《尚书》就有“民惟邦本,本固则邦宁”的论述。之后的孟子、荀子、魏征、李世民等人进一步强调、肯定了人民群众的历史地位和作用。孟子第一次大胆提出“民贵、君轻”的口号,他说,“民为贵,社稷次之,君为轻。”荀子第一次把君与民的关系比作舟与水的关系,他说,“君者,舟也;庶人者,水也;水则载舟,水则覆舟”。魏征在著名的《谏太宗十思疏》中说:“怨不在大,可畏惟人。载舟覆舟,所宜深慎。”意思是说:怨恨不在于大小,可

怕的只在人心背离。水能载船也能翻船，所以应该特别谨慎。唐太宗李世民在《论政体》一文中对荀子和魏征的论述作了更为通俗、精炼的概括，他说："君，舟也；人，水也；水能载舟亦能覆舟。"第二，要求统治者在政治实践中以服务民众为目的。荀子说，"天之生民，非为君也；天之立君，以为民也。"贾谊则提出"民为政本"的思想，而且把"爱民""富民""乐民"，作为衡量官吏是非功过、忠与不忠的标准。第三，反对君主专制，追求民众的政治权利。清末的黄宗羲、顾炎武、王夫之，并称为近代三大儒学代表人物，他们开始对封建君主专制的弊端进行审视和批判，反对君主专制，提倡革新变法，维护和保障民众利益。特别是王夫之，被称为湖南的"革新之父""东方的孟德斯鸠"，他极力主张要"创法立制""严以治吏""宽以养民"，从根本上抑制特权和贪腐现象。尽管古代民本思想具有历史的局限性，但其思想内核体现了社会发展规律的要求，闪耀着历史唯物主义的思想光芒。直至今天，它仍然具有积极的现实意义。

3. "天下为公""四海一家"的大同思想

《礼记》中说，"大道之行，天下为公"。这是大同思想最明白、最通俗的说法。所谓大同，就是人人平等，没有身份差别，没有贵贱之分，大家共有共享，和睦相处。天下大同是中国古代以致近代社会人们一直向往的理想社会。

最早对大同社会理想加以描述的是《礼记》一书。《礼记》上说，"大道之行，天下为公。选贤与能，讲信修睦，故人不独亲其亲，不独子其子，使老有所终，壮有所用，少有所长，鳏寡孤独废疾者，皆有所养。男有分，女有归。货恶其弃于地也，不必藏于己；力恶其不出于身也，不必为己。是故谋闭而不兴，盗窃乱贼而不作，是谓大同。"[①]较为详尽地描绘大同社会蓝图的是近代康有为的《大同书》。《大同书》对大同世界的政治、经济、文化和社会结构状况做了全面勾画。政治制度

① 《四书五经》，岳麓书社出版社 1991 年版，第 513 页。

方面,没有君主、军队、战争和国家;经济制度方面,实行公农、公工、公商的生产资料公有制;文化教育方面,培养德智体全面发展的人才,熏陶良好的社会风尚;社会结构方面,没有等级差别,民族平等,男女平等。他首先提出妇女解放的口号,并且提出11条具体措施。中国最早的大同社会的政治纲领是太平天国的《天朝田亩制度》。《天朝田亩制度》提出"有田同耕,有饭同食,有衣同穿,有钱同使,无处不均匀,无人不饱暖"的政治口号,勾画出一幅以小农经济为基础的农业社会的大同理想蓝图。把大同社会理想付诸政治实践的近代政治家是孙中山。孙中山的资产阶级民主革命纲领叫"三民主义"。"三民主义"的最初表述是"民有、民治、民享"。后来,孙中山把他的旧"三民主义"发展为"民族、民权、民生"的新"三民主义",实现了大同社会理想与民主革命理想的完整统一。

"天下大同"是古代先贤、哲人的理想追求和向往,它带有浓厚的理想化的空想成分,但这种理想追求充分体现了中华民族追求平等、热爱和平、团结统一、和谐友爱的精神品质和优良传统。

(三)中华优秀传统文化六大价值理念

1. 仁者爱人

"仁"是儒家伦理思想的核心,也是最高的道德准则、道德标准和道德境界。仁的内涵非常丰富。

"仁者爱人",强调要善待他人,关爱他人。"仁者爱人",首先是一种为政道德,要求为政者行仁义,施仁政,体恤民情,爱护百姓。同时,"仁者爱人"又是普遍的社会道德,要求人与人之间互相友爱,和谐共处。总之,仁者爱人,就是儒家文化的为官之道、做人之道、处世之道。仁爱思想的基本要素是团结、互助、友爱,这是中华民族团结统一的精神纽带。

2. 崇尚礼义

"礼",就是日常的礼节、规矩,他的本意是祭神求福。义,有很多种解释，它的本意是美好、善良。礼和义是有区别的，礼是做人做事的礼节和规矩，义是做人做事的准则和道理。礼和义又是相互联系的，所有的礼节、规矩都要符合义的道理和要求。

传统文化中的义，就是公认的做人与做事的大道理。对朝廷一心一意叫忠义；对长辈恭敬服从叫孝义；对下属关心爱护叫仁义；对朋友真诚相待叫情义。路见不平，拔刀相助，叫侠义；富贵不淫，威武不屈，叫节义；一诺千金，说一不二，叫信义。义涵盖的范围相当广泛，简单地说，传统文化中的义就是古代社会的核心价值观。

儒家传统文化，强调道德至上，礼义为先。孔子以义利标准为道德衡量的尺度，“君子喻于义，小人喻于利”。“君子谋道不谋食”“君子忧道不忧贫”，就是孔子的君子观。孟子提倡舍生取义。“生，亦我所欲也；义，亦我所欲也，二者不可得兼，舍生而取义者也”，这是孟子的生死观。荀子强调先义后利。“先义后利者荣，先利后义者辱”。这就是荀子的荣辱观。

崇尚礼义是中华民族的历史传统。介子推割肉事君，信奉的是忠义；伯夷饿死在首阳山，坚守的是节义；鸿门宴项羽不杀刘邦，华容道关公放走曹操，顾及的都是一个义字。我国四大古典名著的永久魅力，除了情节构思和语言艺术之外，也同样离不开这个义字。《三国演义》讲的是君臣、兄弟之义；《水浒传》讲的是忠义和侠义；《西游记》讲的是师徒情义；《红楼梦》讲的是男女情义。简简单单的一个义字，在华夏大地上不知演绎过多少千古流传的人间美谈。

崇尚礼义，看重的是道德和信仰。这是中华文化最为显著的特征，也是中华民族克敌制胜、长盛不衰的根本法宝。拿破仑曾经说过，世上只有两种力量，一种是利剑，一种是思想。从长而论，利剑总是败在思想之下。道德和信仰，是一个民族成长壮大的力量源泉和精神支柱，个人有信仰，民族才有血性，人民有信仰，国家才有力量。

3. 诚实守信

诚实守信是立身处世、做人做事的基本行为准则。“诚”就是言行一致,表里如一,不虚假,不欺瞒。“信”就是讲信用,守承诺,说话算数。

关于诚信文化,前人有很多论述。《周易》里说,“人之所助者,信也”。《礼记》中说,“不宝金玉,而忠信以为宝。”孔子说,“民无信不立”“人而无信,不知其可也”,强调做人要“言必信,行必果”。孟子、墨子、韩非子、管仲、刘向、王充等思想家都有诚信方面的论述。有关诚信的民间俗语也很多。“一言既出,驷马难追”“精诚所至,金石为开”“一言九鼎”“说一不二”“买卖公平,童叟无欺”,讲的都是诚信二字。此外,还有许多有关诚信的历史典故。“辕门立木”“曾子杀猪”,是重承诺、守信用的正面例子,“烽火戏诸侯”则是因失信而亡国的反面典型。

诚实守信是一种优良的传统美德,更是一张富有人格魅力的精神名片。在当今社会,人们交往的领域越来越广泛,涉及的利益关系越来越复杂,要确保人际关系的良性互动和社会和谐,更加需要进一步夯实诚信这块道德基石。

4. 和而不同

儒家的传统文化,说到底,就是一种和谐文化。孔子主张“和为贵”,孟子则进一步强调“天时不如地利,地利不如人和”。儒家的“仁爱”思想,落脚点还是“人和”。中国人把“贵和”作为待人处世的基本原则,极力追求人与人之间的和睦、和平与和谐。人与人之间真诚相待,团结友爱;国与国之间睦邻友好,和平共处。顺境之中携手同行,患难之时和衷共济。这些都是中华优秀文化的具体体现。

孔子有言,“君子和而不同”。儒家的“和”文化是辩证统一的和谐观,既强调整体的和谐统一,又提倡和尊重个性。这种辩证统一的和谐观,有利于维护社会的动态平衡和持续稳定,有利于营造生动活泼的政治局面和社会风气。

5. 自强不息

“天行健,君子以自强不息。”这是《周易》里的一句话。大意是说,天(自然界)的运行发展,有其“刚健”的品格。有见识、有作为的“君子”当顺应“天道”自然的规律,发奋图强,永不停息。

自强不息,体现的是锲而不舍、百折不挠的精神品质和乐观向上、积极进取的人生态度。

从古至今,自强不息的精神已经深深熔铸于中华民族的灵魂之中,成为华夏民族精神的重要组成部分。司马迁《报任安书》有一段话,“西伯拘而演《周易》;仲尼厄而作《春秋》;屈原放逐,乃赋《离骚》;左丘失明,厥有《国语》;孙子膑脚,《兵法》修列;不韦迁蜀,世传《吕览》;韩非囚秦,《说难》、《孤愤》。”①这段话就是古代先贤自强不息精神的真实写照。近代的“洋务运动”“戊戌变法”“抗日战争”都是中华民族自强不息、救亡图存的奋斗历史。中国共产党人更是中华民族自强不息精神的化身。从井冈山根据地的发展壮大,到红军长征的战略转移,再到延安时期的艰苦奋斗,“星星之火”,逐渐形成冲天烈焰,彻底烧毁了国民党统治的政权大厦。从新中国成立之初的经济恢复,到“两弹一星”的研制成功,再到改革开放以来的快速崛起,鸦片战争以来积弱贫穷的中华民族,终于从苦难走向辉煌,昔日“东亚病夫”又重新展现出“东方巨龙”的雄姿。这一路走来,中国共产党人始终坚守理想信仰,艰苦奋斗,顽强拼搏,奋发向上,不断开拓新局面,取得新胜利。

不朽的历史功绩,是在磨难与挫折中铸造的丰碑;伟大的事业成就,是在奋斗与拼搏中谱写的华章。只要有决心、有恒心、有毅力,勇于拼搏奋斗,天下没有过不去的坎,没有办不好的事。正如蒲松龄所言,“有志者事竟成,破釜沉舟,百二秦关终属楚;苦心人天不负,卧薪

---

① 《古文观止》,湖南人民出版社1982年版。

尝胆,三千越甲可吞吴”。正如毛泽东所言,“世上无难事,只要肯登攀”。在中华民族伟大复兴和社会主义现代化建设的历史进程中,我们的任务十分艰巨,还面临着来自各方面的考验和挑战,自强不息精神依然是我们战胜困难,开拓进取的力量支撑。

6. 敬畏自然

敬畏自然根源于儒家“天人合一”的生态伦理观。儒家认为“天地万物为一体”,四时变化、万物生长都有客观规律,只有认识规律、把握规律、按客观规律办事,才能避“凶”趋“吉”,由“乱”至“治”。因此,儒家主张顺应“农时”,节制开发,保护自然环境。

敬畏自然的生态伦理观,强调遵循客观规律,符合科学精神,对环境保护和生态文明建设具有积极的现实意义。

二、社会主义核心价值观与优秀传统文化的内在联系

(一)社会主义核心价值观的主要内容

社会主义核心价值观共 24 个字,即富强、民主、文明、和谐;自由、平等、公正、法治;爱国、敬业、诚信、友善。这 24 个字,涵盖了国家、社会、个人三个层面的内容。

“富强、民主、文明、和谐”,是国家层面的价值目标,体现了我国社会主义现代化总体战略布局的要求,在社会主义核心价值观中居于最高层次,具有统领作用。富强是经济建设的目标,是国家繁荣昌盛、人民幸福安康的物质基础,也是中华民族梦寐以求的美好夙愿。民主是政治建设的目标。社会主义民主的本质和核心是人民当家做主。民主是政治现代化的必然趋势,是公民权利的政治保障,也是人民的共同向往和追求。文明是文化建设和生态建设的目标,包括精神文明和生态文明两个方面,是社会发展进步的重要标志,是现代公民应有的素质修养。和谐是社会建设的目标,是国家长治久安,人民安居乐业的基本条件和重要保证。

“自由、平等、公正、法治”,是社会层面的价值目标,也是人民群众共同的理想追求。自由是人们在法律规定的范围内自己做主、自我发展的基本权利,包括言论自由、人身自由、宗教信仰自由、通信自由以及选举权与被选举权、劳动权利、休息权利等各个方面。自由,是人类社会的美好向往,也是马克思主义追求的社会价值目标。平等指的是公民在法律面前享有同等地位,任何人都没有特权和例外。它要求尊重和保障人权,人人依法享有平等参与、平等发展的权利。公正即社会公平和正义,客观公正地对待所有的人和事就叫公平,社会普遍认同的道理就叫正义。公正是民主政治的价值目标,是国家、社会治理的理想境界。法治是制度化程序化的治国理政的基本方式,是社会主义民主政治的基本要求,是维护和保障公民权益,实现自由平等、公平正义、社会和谐的制度保证。

“爱国、敬业、诚信、友善”,是个人层面的价值目标。是公民的基本道德规范和行为准则。爱国,是调节个人与国家关系的行为准则,是每个公民应尽的责任和义务。爱国,首先要忠于自己的国家,自觉维护民族团结、维护祖国统一、维护祖国尊严和国家利益。爱国,就要努力报效祖国,用自己的辛勤劳动去建设祖国,把自己的聪明才智奉献给祖国。敬业,是公民的职业道德准则,它要求每个公民忠于职守,立足本职岗位,发挥个人潜能,为人民、为社会做出应有的贡献。诚信,是做人处事的行为准则。它强调要讲信用,守承诺,诚恳待人,诚实劳动。友善,是处理人际关系的行为准则。它强调公民之间应互相尊重、互相关心、互相帮助,和睦友好。

(二)社会主义核心价值观的基本特征

社会主义核心价值观是以中国特色社会主义理论为指导、以全民族共同理想为基础的社会价值观念。它是社会主义核心价值体系的内核,体现社会主义核心价值体系的根本性质和基本特征,反映社会主义核心价值体系的丰富内涵和实践要求,是社会主义核心价值体系的高度凝练和集中表达。

社会主义核心价值观,是先进性与广泛性的统一、历史性与现实性的统一、民族性与包容性的统一。

社会主义核心价值观是主流的价值观。当今世界是多元文化并存的世界,当今中国社会,是观念取向和行为方式多样化的社会。社会主义核心价值观体现了中国特色社会主义的本质特征,代表了中国社会主义文化发展的前进方向。因此,社会主义核心价值观是居于主导地位、起引领和导向作用的社会主流价值观,是社会主义文化建设的“标杆”和“旗帜”。

社会主义核心价值观是共同的价值观。社会主义核心价值观,反映了全国各族人民的共同理想和愿望,体现了公民大众普遍一致的价值认同和精神需求,所以,它是全体中国人民共同的价值观。

社会主义核心价值观是民族的价值观。社会主义核心价值观植根于中华民族历史文化,同中华优秀传统文化血脉相连,集中概括了中华民族的精神特质,体现了中华民族的精神风貌,具有浓郁的中国风格和中国特色。

社会主义核心价值观是时代的价值观。社会主义核心价值观同中国社会主义现代化建设“五位一体”的战略目标相契合,同当代世界先进文化发展的优秀成果相衔接,同市场经济发展的本质要求相统一,因而具有十分鲜明的时代特色。

(三)社会主义核心价值观与优秀传统文化的相互联系

社会主义核心价值观与优秀传统文化,在思想上密切联系,一脉相承;在实践中互相依存,互相融合。

中华优秀传统文化是社会主义核心价值观的思想根基。任何一个民族的核心价值理念往往与传统的文化积淀密切相关。社会主义核心价值观深深植根于中华优秀传统文化的土壤,它的基本价值理念是优秀传统文化元素的现代表述,是民族精神的高度凝练和概括。

社会主义核心价值观是中华优秀传统文化的继承与发展。它把马克思主义中国化的最新成果同当代先进文化发展成果和优秀传统文化紧密融合在一起,因而具有更丰富的思想内容、更高的现实价值和更加鲜明的时代特色。社会主义核心价值观是优秀传统文化创新发展的现代升级版。

三、优秀传统文化与社会主义核心价值观的实践统一

文化,是民族的灵魂和命脉,文化软实力,是国家综合实力的重要方面。建设社会主义文化强国是社会主义现代化建设的重大战略任务,培育践行社会主义核心价值观就是文化建设的"铸魂"工程。党的十八大以来,习近平总书记在系列重要讲话中多次强调,"培育和弘扬社会主义核心价值观,必须立足中华优秀传统文化",而且明确指出对传统文化要进行"创造性转化和创新性发展"。优秀传统文化的传承发展与弘扬社会主义核心价值观的实践统一,是建设社会主义文化强国的必然要求。

(一)在思想认识上,要走出三大误区

培育和弘扬社会主义核心价值观,必须立足中华优秀传统文化。立足传统文化,首先要解决好思想认识问题,进一步增强文化自信和文化自觉。

第一,要走出民族虚无主义的认识误区。民族虚无主义是同"全盘西化"互相呼应的一种错误思潮。民族虚无主义的主要表现有五个方面。其一,宣扬改良有功,否定革命的历史进步性。其二,诋毁黄土文明、颂扬海洋文明(蓝色文明),把西方的政治思想、政治制度、价值观念作为普世价值,大加赞扬。其三,宣扬侵略有功,否定中国人民反抗侵略的救亡斗争。其四,颠倒黑白,对历史人物的功过是非妄加歪曲评价。其五,否定共产党领导的人民革命和社会主义建设的历史成就。民族虚无主义泛滥,必然会搞乱思想,瓦解民族精神,动摇民族自

信,值得高度警惕,不能被他们的思想所腐蚀。

第二,要走出空洞说教的认识误区。要使优秀传统文化和社会主义核心价值观深入人心,并熔铸为民族精神,必须加强这方面的宣传教育。要不断创新宣传教育的活动载体和活动方式,以群众喜闻乐见而又丰富多彩的形式,持之以恒地开展宣传教育。

第三,要走出精英思维的认识误区。优秀传统文化与社会主义核心价值观的宣传教育,是事关全民的思想教育工程。光靠专家、学者和宣传、文化、教育部门的努力是不够的,必须充分发挥广大人民群众的主体作用,家庭、学校、社会要协同并进,做到全民齐动,积极投入,自觉参与。

(二)在策略与方法上,要坚持两大基本原则

第一,坚持知、行统一的原则。知、行统一是认识与实践相结合的过程。"知"就是学习、感知,以明白其中的道理。"行"就是把认识付诸行动。"知"是前提和基础,"行"是目的和归宿。二者紧密结合,有机统一。文化熏陶、思想教育、品德培养,首先要宣传教育,提高认识,使学习内容入耳、入脑、入心。然而,精神升华和灵魂塑造并非一朝一夕之功,需要在实践中慢慢养成。这是一个润物无声、潜移默化的持久过程。

第二,坚持继承与创新相结合的原则。继承与创新相结合是促进文化大繁荣大发展的一条重要原则和方针。继承是对传统精华的遵循与弘扬,创新是对传统的变革与发展。创新是与时俱进的实践过程,只有在实践中不断创新,传统文化才能焕发生机、历久弥新,民族文化才能丰富多彩、充满活力。

(三)在措施与途径上,要突出四大重点

第一,要发挥共产党员的骨干带头作用。共产党员尤其是党员领导干部,既来自人民群众,又是群众中的先进分子。他们的言传身教,有着非同一般的号召力和影响力。

党员干部首先要带头加强学习。要把学习马克思主义基本理论和优秀传统文化放在重要位置，在不断学习中强根固本，壮“骨”补“钙”，在不断学习中蓄养才气，陶冶情操，提升境界，做到学以增智，学以立德，学以致用。党员干部的带头作用更重要的是身体力行，率先垂范，做良好道德风尚的建设者，做社会文明进步的推动者。

要始终坚持执政为民的根本理念。党员干部尤其是领导干部，必须做到情为民所系，权为民所用，利为民所谋，认认真真为群众办实事，诚心诚意为群众做好事，不做贪官、不做懒官、不做庸官，勤政务实，造福于民。

要始终坚守严于律己的思想防线。每一名党员干部都要注意把牢世界观、人生观、价值观的“总开关”，加强党性锤炼和人格修炼，时刻做到自警、自省、自励，慎独、慎权、慎微，管住欲望，远离诱惑，在干部和群众中展现良好的精神风貌，发挥“正效应”，传递“正能量”，以良好的党风政风引领社会风尚。党员干部要始终注重道德品行的修养，恪守职业道德，遵守社会公德和家庭美德，以高尚的品行道德风范为社会树立良好的榜样。

第二，要发挥先进典型的示范引领作用。先进典型就是人们学习的榜样，而榜样的力量是无穷的。先进典型具有导向作用，宣传什么样的典型，体现了一个国家、一个民族在一定历史阶段的价值指向和舆论导向。先进典型具有示范作用，一个典型就是一面旗帜，这面旗帜就是人们奋斗、追赶的目标。先进典型具有带动作用，优秀典型事迹具有震撼心灵、催人奋进的感召力和推动力。

发挥先进典型的示范引领作用，要注意做好以下三个方面的工作。

一是要善于发现先进典型。和平年代不同于战争年代，当代社会的先进典型往往是一种平凡中的伟大。打个比喻说，他也许是平地凸起的一座不起眼的山峰，也许是百花园中刚刚露头的一个花苞，但是，不管怎样他的行为表现必然蕴含着一种可贵的精神闪光。或许他是一个最有爱心的人,或许他是一个最有孝心的人,或许他是一个最为敬业的人,或许他是一个意志坚强的人等。从这角度看,先进典型的优秀事迹寓于平凡的工作之中,寓于日常的生活之中。先进典型就在我们身边,关键在于你有没有一双慧眼去发现他身上那种与众不同的闪光之处。所以,既要注意树立典型,又要善于从细微处去发现典型。

二是要广泛推介和宣传典型。要充分利用各种平台,采取多种方式,对各行各业、各个方面的先进典型人物和先进集体加以推介和宣传,在全社会大力弘扬先进典型的优秀事迹,从而形成一股强大的精神推动力量。

三是要精心呵护先进典型。先进典型的成长需要良好的社会环境,包括人文关怀、舆论支持、社会激励机制等各个方面。社会各方面应努力为先进典型的成长创造有利条件。

第三,要发挥媒体机构的正面导向作用。媒体是文化传播和信息交流的平台。媒体的最大特点是传播速度快、辐射范围广、信息容量大,这决定了它对社会有着巨大的影响力。这种影响力,既有积极的一面,又有消极的一面。因此,要注意扬长避短,趋利避害,抑制其负面影响,发挥其正面导向作用。

媒体机构必须坚持正确的政治方向,把社会责任和社会效益放在首要位置,切实发挥好正面导向作用。

一是要坚持新闻报道的真实性原则。虚假不实的报道,不仅侵犯他人权利,违背职业道德,而且损害媒体公信力,败坏社会风气,甚至造成极其恶劣的社会影响。真实是新闻工作的生命线,新闻报道必须忠实于客观事实。

二是要把握好社会舆情报道的尺度。维护人民群众合法权益,及时报道、反映群众的意见和要求,是媒体应尽的职责义务。但是,必须站在客观公正的立场进行冷静的理性分析,把握好方向,把握好政策,把握好尺度分寸。不能曲意迎合,更不能推波助澜,损害公众利益,影响社会和谐与稳定。

三是要把握好文化产品的质量。文化产品是人民大众的精神食粮,文化产品的制作与传播要立足于弘扬主旋律,传播正能量,以优秀的作品鼓舞人,以高尚的情操塑造人。对于那些内容消极、格调低俗的文化产品要在源头上严格把关。

四是要注意净化网络空间。网络空间是信息传播最快的隐秘天地,也是谣言流传、色情诱惑和诈骗犯罪最为集中的地方。网络毒害是青少年群体最大的"精神杀手",网络空间的治理必须持之以恒,常抓不懈。

第四,是要发挥学校教育的基础作用。学校的根本职责是教书育人。教书,是传授知识,育人,主要是才能和品德的培养。教书是基本的手段,育人才是最终目的。青少年走向社会的第一站是学校,知识积累和思想品德的养成主要也在学校。所以,学校是为培养人才打基础的地方。我们要站在民族振兴和人才强国的战略高度,深刻认识学校教育的基础地位,努力推动教育体制改革和教学方式创新,充分发挥学校教育的基础作用。一是端正办学方向,致力于培养德、智、体、美、劳全面发展的人才。二是改革教学模式,注重教学互动,注重营造校园文化氛围,注重实践锻炼和能力培养,注重学生思想品德和性格、情操的修炼。三是加强师德师风建设。不断健全教师的职业行为规范,完善教师评价体系,提高教师的社会地位和经济待遇,努力打造出一支道德高尚、作风优良的教师队伍。

中华优秀传统文化与干部修养

肖璐璐①

领导干部良好的自我修养不仅有助于提升其公众形象,更重要的是能够帮助其树立合理的价值选择和正确的工作理念,形成较高的人生境界,从而更好地完成社会担当。自我修养可以借助对人类文化优秀成果的学习、实践等途径实现。

党的十八大报告提出了"建设优秀传统文化传承体系,弘扬中华优秀传统文化"的重要任务,在此,我们有必要深入研究作为我们精神财富的优秀传统文化,在何种意义上能够提升领导干部的自我修养,增强工作能力。解决这个问题,我们首先要了解中华传统文化的概念及发展历程。

一、中华传统文化的发展历程

(一)中华传统文化的概念

中华传统文化是中华文明演化而汇集成的一种反映民族特质和风貌的民族文化,是民族历史上各种思想文化、观念形态的总体表征,是指居住在中国地域内的中华民族及其祖先所创造的、为中华民族世世代代所继承发展的、具有鲜明民族特色的、历史悠久、内涵博大精深、传统优良的文化。它以儒家文化为核心内容,另外包含有其他文

① 肖璐璐,女,中共邵阳市委党校马列教研部讲师。

化形态，如道家文化、佛教文化等，是中华民族的历史遗产在现实生活中的展现。

中华传统文化内涵的核心是儒家文化。儒家学说为春秋时期孔子所创，倡导血亲人伦、修身存养、道德理性，尤其注重人与人之间的伦理关系，其中心思想是孝悌忠信、礼义廉耻，其核心是“仁”。孔子创立的儒家学说以及在此基础上发展起来的儒家思想，对中华文明产生了深刻影响，是国学的核心与主体。

传统文化是和我们生活息息相关的，融入我们生活的，我们享受它而不自知的东西。包括思想、文字、语言，以及书法、音乐、武术、曲艺、棋类、节日、民俗等。

（二）中华传统文化的发展历程

悠远浩博的中国文化，从孕育发生到恢宏壮大，有一个漫长而曲折的发展历程。习近平总书记在纪念孔子诞辰2565周年国际学术研讨会上讲话指出：中华传统文化，尤其是作为其核心的思想文化的形成和发展，大体经历了中国先秦诸子百家争鸣、两汉经学兴盛、魏晋南北朝玄学流行、隋唐儒释道并立、宋明理学发展等几个历史时期。

殷商时期，甲骨文的出现，标志着中国文字进入了成熟阶段。中华传统文化开始萌芽。由于脱离原始社会未久，商人尊神重巫，体现出强烈的神本文化的特色。关于殷商时期的神本文化，古代典籍屡有记述。《礼记·表记》记载：“殷人尊神，率民以事神。”

春秋战国时期，社会大变革的背景为各个阶级、集团的思想家们发表自己的主张，进行“百家争鸣”提供了广阔的历史舞台。

由孔子开创的儒家学派，以“仁”为学说核心，以中庸辩证为思想方法，重血亲人伦，重现世事功，重实践理性，重道德修养。在修身治国方面，它形成了一整套发展人格和安邦定国的系统，为巩固政教体制提供了切实可循的途径，成为中国传统文化的正宗。

以老、庄为代表的道家，是先秦诸子中与儒学并驾齐驱的一大流派。道家尊崇“天道”,向往“自然”,倡导“无为”,醉心于个人对社会的超脱。儒和道互补,同时在许多方面也是儒家的对立面:儒家注重人事,道家尊崇“天道”;儒家讲求文饰,道家向往“自然”;儒家主张“有为”,道家倡导“无为”;儒家强调个人对家族、国家的责任,道家醉心于个人对社会的超脱。

法家的先驱人物是齐国的管仲与郑国的子产,他们力主强化法令刑律,使民“畏威如疾”,以达到富国理乱的效果。韩非为集大成者,专讲对立的极端辩证法,在治国方略上主张刑罚严峻,在文化政策上主张“以法为教”“以吏为师”,实行文化专制主义。

墨家由鲁国人墨子创立,其信徒多系直接从事劳作的下层群众,尤以手工业者为多。故墨家学说强调物质生产劳动在社会生活中的地位(“尚力”),反对生存基本需要外的消费(“节用”),企图以“普遍的爱停止战乱取得太平”(“兼爱,非攻”),典型地映现出小生产者、小私有者的性格。

正是经由各具特色的诸子百家的探索和创造,这一时期,中国文化精神的各个侧面得到充分的展开和升华,中华民族的文化走向大致确定。

到秦汉时期,宏阔的追求成为秦汉文化精神的主旋律。万里绵延、千秋巍然的秦长城,气势磅礴的秦始皇陵兵马俑,“包括宇宙,总览人物”的汉赋,以百科全书式的恢宏眼光观照历史的《史记》,汉武帝采用董仲舒的“罢黜百家,独尊儒术”,实现思想一统,无不是秦汉宏阔文化精神影响下的辉煌产物。西汉中期,经学兴盛,形成以经学为主干、以儒学独尊为内核的文化模式。

玄学是魏晋时期崛起的一股新的文化思潮。“有晋中兴,玄风独振。”(《宋书·谢灵运传》)随后,道教形成。同时,来自南亚次大陆的佛教也传入了魏晋南北朝文化系统,由此形成二学(儒学、玄学)、二教(道教、佛教)相互冲突、相互融合的多元激荡的格局,使魏晋南北朝的文化呈现出多样性、丰富性的特点。

隋唐之际,门阀世族衰落,大批中下层士子科举入仕,参与和掌握各级政权。有为的时代使他们充满了自信和热情,唐文化因而具有一种明朗、奔放的时代气质,形成气象恢宏、有容乃大的文化气派。实行"开明专制",积极鼓励创作道路的多样性,奉行三教并行政策,对文化人也比较宽容,少有忌讳。

宋代文化最重要的标志乃是理学的建构。两宋理学,不仅将纲常伦理确立为万事万物之所当然和所以然,亦即"天理",而且高度强调人们对"天理"的自觉意识。为指明自觉认识天理的途径,朱熹精心改造了汉儒编纂的《大学》,更加突出了"正心、诚意"的"修身"公式。

明代与1840年前的清代,是中国漫长的封建社会的晚期,是整个世界格局发生剧变的重大时期,同时它又为传统文化向近现代文化的转型准备着条件。1840年爆发的鸦片战争,以血与火的形式把中国文化推入了一个蜕变与新生并存的新的历史阶段。

二、近代中国对传统文化的影响及当前传统文化的现状

(一)近代中国对传统文化的影响

1. 鸦片战争对传统文化的影响

鸦片战争所引起的文化危机是中国传统文化走向近代化的重要契机。"开眼看世界"成为中华民族从沉睡中觉醒的标志。林则徐、魏源等人成为时代的先驱者,他们翻译、编著了《四洲志》《瀛寰志略》《海国图志》等一批著作,介绍西方先进的资本主义文化。由开眼看世界,到"师夷长技以制夷",表明了在中西文化的最初碰撞中,中国人首次看到传统文化的不足,要以西方文化的长处来弥补和纠正。这是一种深刻的文化观念的变化,是中西文化交流融汇的里程碑,中国文化从此开始走上了艰难的近代化历程。

2. 辛亥革命、五四运动对传统文化的影响

在孙中山的领导下,辛亥革命推翻了封建帝制,建立了资产阶级民主共和国,完成了中国文化制度层面的变革。孙中山给中华民族贡献的最宝贵的文化财富,就是他提出的"三民主义"。这是凝结了他毕生心血、取中西文化之精华而"融贯之"的思想结晶,但辛亥革命的成果很快被黑暗的民国政治所吞没。部分思想先进的中国人士认识到,仅仅有政治制度层面的变革还不够,文化的觉醒、思想的启蒙,才是民族振兴的关键。由此,新文化运动勃然而兴。新文化运动的基本内容是提倡"民主"与"科学",实质上是对统治中国几千年的意识形态、思想体系、文化传统的扬弃与厘清。

(二)当前中华传统文化的现状

21 世纪初以来,全方位的国学热开始兴起并持续升温。当前这一股国学热,是对人类社会面临一系列自然危机、社会危机和道德危机后的积极回应,是中国人对自己的传统文化寻觅、重振、回归的历程。

近年来,党中央国务院多次颁发文件,教育部将传统文化经典教育纳入规划课题,规定将传统文化,包括以前从课程中取消的古典文学,纳入学校课程。《国家"十一五"文化发展规划纲要》也明确提出:在中学语文课程中适当增加传统经典范文、诗词的比重,中小学各学科课程都要结合学科特点融入中华优秀传统文化内容。

2006 年以来,每年 6 月的第二个星期日被定为我国"文化遗产日"。2008 年开始,我国调整后的法定节假日,清明、端午、中秋节,成为弘扬传统文化的又一重要载体。媒体方面,阎崇年先生讲清史,刘心武讲红楼,易中天讲三国,于丹讲论语,王立群讲史记等,这些学人雅俗共赏的讲座,重新唤起了社会大众了解传统历史和文化的热情。同时,一些高校纷纷成立有关国学、传统文化、儒释道思想的研究机构,如中国人民大学国学院、清华大学思想文化研究所、中国社会科学

院儒教研究中心、安徽大学中国传统文化研究院等。

国学的普及就是时代的选择。而党校讲国学，正是在这个大背景下开始的。近年来，中央党校在推广国学方面，也已陆续实施了多项举措，受到广泛关注。中央党校为党政干部开设了传统文化专题讲座课，反映了党的最高学府开始重视如何在马克思主义指导下把传统文化与时代精神相结合。中央在孔子故里——山东曲阜，建立了干部政德教育基地，是井冈山、延安等马列主义培训基地之外的传统文化培训基地，培训对象都是共产党的高层干部。

因此，目前的儒学热，其实是全民性的反思与补课，而且是必修课，领导干部当然不能例外。党政干部学儒学，需要对儒学有一个合理的定位，即现代社会所需要的儒学，主要是修身养性的儒学，为人生提供安身立命的意义。这样的儒学与民主法制并不矛盾，反而相互补充，相得益彰。

三、如何汲取传统文化精髓来加强干部修养

那么，如何从浩瀚的传统文化宝库中汲取资源来提升领导干部的修养呢？腹有诗书气自华。习近平总书记就是一个以传统文化提升个人人文素养的典范。习近平总书记国学根底厚重，对传统文化，有着深刻的理解和体会，讲话时常常驾轻就熟地广征博引传统经典，古诗词更是随手拈来、运用自如，向世界展示了中国文化的非凡魅力和新一代领导人的人文风采。

（一）学修身之道，构筑崇德慎独的道德防线

中国传统文化非常注重修身。修身正己立德，一直被强调是做人处事、尤其是为官理政的根本要求。修身，要做到“内圣外王”。“内圣”就是修身养德，要求人做一个有德性的人；“外王”就是齐家、治国、平天下。

1. 修身为本

修己以安百姓，正人必先正己。儒家经典《大学》中有“三纲领八条目”之说，其中著名的“修齐治平”之论，是党员干部特有的精神滋养和文化标识。“大学之道，在明明德，在亲民，在止于至善。”这是“三纲领”。“古之欲明明德于天下者，先治其国；欲治其国者，先齐其家；欲齐其家者，先修其身；欲修其身者，先正其心；欲正其心者，先诚其意；欲诚其意者，先致其知；致知在格物，格物而后知至；知至而后意诚，意诚而后心正；心正而又身修，身修而后家齐；家齐而后治国，国治而后平天下。”这“八条目”中，“修身”是核心，是连接“内圣”与“外王”的桥梁，也是齐家、治国、平天下的起点和基础。所以《大学》强调，“自天子以至于庶人，壹是皆以修身为本。”

关于修身为本，中国传统文化提出了一系列概念，比如“修齐治平”的生命征程，“穷则独善其身，达则兼济天下”的精神境界，“为天地立心，为生民立命，为往圣继绝学，为万世开太平”的道义担当，“见贤思齐”“知行合一”“三省吾身”“君子慎独”的修身之方，“孝悌孝为先”“家和万事兴”的齐家之略等。

习近平总书记非常重视干部的道德修养。2014 年 5 月，他在河南省考察时强调，领导干部务必把加强道德修养作为十分重要的人生必修课。他引用“修其心治其身，而后可以为政于天下”“安天下，必须先正其身”等经典名言来强调干部修身问题的重要性。在他提出的“三严三实”的理念中，“严以修身”摆在首位，可以看出，“严以修身”既是总书记在当前全面深化改革过程中对干部作风建设提出的现实要求，又是对中华优秀传统道德的继承和弘扬，具有鲜明的时代特征和历史意义。

2. 修身有法

在传统文化经典作品中，无不认为修身有许多途径，但方法要得当，儒家特别强调内在自我修养修为的“内圣”之功。“八条目”中“格物、致知、诚意、正心、修身”乃是其具体表述。习近平总书记为党员干部阐述了修身立德的方法:“吾日三省吾身”,强调的是反躬自省、自我批评;“心存敬畏,手握戒尺”,强调的是遵纪守法、不碰底线;“慎权、慎独、慎微、慎友”,强调的是防微杜渐、不弃微末;“祸莫大于不知足,咎莫大于欲得”,强调的是党员干部要管住自己的欲望。这些修身立德之法,逻辑清晰,阶段明确,既是认识论,又是切切实实可操作的方法论。

3. 慎独自省

古代先贤认为,修身之法,慎独最难。慎独就是要求独处之时,仍然能够抱持操守。当独处一方,谁也不能制约你的时候,就看你能不能守住你自己。《中庸》说:“君子戒慎乎其所不睹,恐惧乎其所不闻。莫见乎隐,莫显乎微。故君子慎其独也。”一个人在众人监督之下不做坏事是容易做到的,但是在一人独处时,也能坚持不做无道理的事,就需要有修养了。

古人讲究“八慎”,即慎独、慎欲、慎微、慎权、慎交友、慎嗜好、慎言行、慎始终。党的好干部郑培民同志讲求“四慎”,即慎独、慎微、慎始、慎终。习近平总书记指出要“慎权、慎独、慎微、慎友”。不管强调哪些元素,慎独作为修身的基本方法,应该是一种高尚的道德修养追求,需要有坚强的意志来呵护。而坚强的意志需要长期的锻炼,其间守住道德防线和底线最为关键。许多腐败官员落马后,常常悔不当初,就是因为未做好“慎独”之功,一失足成千古恨。

与慎独紧密联系的是自省,即自我反省。孔子有“吾日三省吾身”之说。一个人善于自省才能正确认识自己,勇于反省自身才能及时改过自新。同时,要做到“见贤思齐焉,见不贤而内省也”,这是个人品德修养中十分有效的方法。习近平总书记在中央党校 2011 年秋季学期开学典礼上的讲话中谈到领导干部要读点历史时,明确指出,要善于借鉴历史上治理国家和社会的各种有益经验,学习中华民族优秀的传统文化和高尚的精神追求,从中获得精神鼓舞,升华思想境界,陶冶道德情操,完善优良品格,培养浩然正气,做到自重、自省、自警、自励,认真践行全心全意为人民服务的根本宗旨。可见,慎独自省之法会通古今,是习近平总书记一贯重视的有益于党员干部健康成长而不可或缺的修身之法。①

(二)学从政之道,发扬廉洁自律的为官传统

在中国传统文化宝库中,蕴涵着极其丰富的治国理政内容,为官从政之道是其中最为突出的部分。诸如"为政以德""民贵君轻""民为邦本""以人为本""水能载舟、亦能覆舟""夙夜在公""公生明,廉生威"等,不胜枚举,这些宝贵的治理智慧,在习近平总书记的讲话和文章中,被一再引用并发扬光大。"三严三实"中强调"严以律己",就是对传统政治文化的一种创造性转化和创新性发展,也是一种守正出新。

1. 为政以德

《论语》曰:"君子之德风,小人之德草,草上之风,必偃。"政德影响民德,政风引导民风。以德治国、以德行政是政府公信力、凝聚力的源泉。对于执政者来说,道德修养尤为重要。

孔子说,"为政以德,譬如北辰,居其所而众星共之";孟子也讲,"以德服人者,中心悦而诚服也"。儒家理想的王道政治就是"仁政德治",德高望重而致天下归心。在这里,"德治"是儒家治国的最高指导原则,道德至上作为儒家政治伦理学说的中心命题,被强调要贯穿于整个治国安邦的全过程,即是要以仁为本,以德治国。

古人讲"天命靡常,唯德是辅","皇天无亲,唯德是辅",行仁政,尚德政,以人为本,心中有民,修己以安百姓,治大国若烹小鲜,须兢兢业业,如履薄冰,夙夜在公,勤勉工作,共产党立党为公,执政为民,是对传统政治文化精华的最透彻的汲取,是实施最大的仁政德治。法乃

① 习近平:《领导干部要读点历史》,载《学习时报》,2011 年 9 月 5 日。

他律，德乃自律，法治与德治相结合，则政通人和。党的干部标准是德才兼备、以德为先，公务员录用的标准是“德、能、勤、绩、廉”，德性修养放在第一位，党员干部秉持为人民服务的宗旨，高举为政以德旗帜，则为官做事，理直气壮，坦坦荡荡，不令自威。

2. 清正廉洁

廉洁是从政为官之基。德才兼备，以德为先，清廉无私，居德之首。古代官书浩如烟海，最早的秦朝官书《为吏之道》开篇即云：“凡为吏之道，必精洁正直，慎谨坚固，审悉无私”；汉代司马迁提出“守法、清廉、行教”三条官箴，清官廉吏一直是百姓心目中最为认可的好官典范；北宋理学大师周敦颐在官任上有诗曰“事冗不知精力倦，官清赢得梦魂安”；明朝嘉靖年间无极县知县敦允礼曾说：“吏不畏吾严而畏吾廉，民不服吾能而服吾公，公则民不敢慢，廉则吏不敢欺。公生明，廉生威。”这堪称廉洁从政的至理名言。

2015 年 10 月 21 日，中纪委官网发布了《中国共产党廉洁自律准则》，2016 年 1 月 1 日起施行。原本 3620 字的“廉政准则”被 300 余字的“廉洁自律准则”取代。《中国共产党廉洁自律准则》除片头之外，只有八条，112 个字，前四条是针对所有党员的廉洁自律规范，要求所有党员公私分明、崇廉拒腐、尚俭戒奢、吃苦在前享受在后；后四条是针对领导干部的廉洁自律规范，要求领导干部廉洁从政、廉洁用权、廉洁修身、廉洁齐家。这正是从弘扬中华优秀传统文化的角度，对领导干部从政、用权、修身、齐家四部分做出了规范。

3. 勤勉为公

古代最著名和最简洁的官箴三字箴言“清慎勤”中，“勤”为基石，官德以治国为要，仅有清正廉明、慎独慎行还远远不够，必须突出一个与“懒政”相对比的“勤政”。

2012 年 11 月 15 日，习近平总书记在中外记者见面会上发表讲话，他指出，我们一定要始终与人民心心相印，与人民同甘共苦，与人民团结奋斗，夙夜在公，勤勉工作，努力向历史、向人民交出一份合格的答卷，体现了勤勉为公，为人民服务的决心。2013 年 3 月 19 日，习近平总书记在接受金砖国家媒体联合采访、在回答关于中国领导人的工作状况的提问时说，领导者要深入了解国情，了解人民所思所盼，要有“如履薄冰，如临深渊”的自觉，要有“治大国如烹小鲜”的态度，丝毫不敢懈怠，丝毫不敢马虎，必须夙夜在公、勤勉工作。其用典妥帖，意味深长，发人深省。

4. 明法用人

中国古代统治方略讲求明法化民，德刑并用，德主刑辅。所谓以儒治国，实则外儒内法。以商鞅为代表的法家的法治思想，主张以法治国、刑无等级，法治而不是权治、法大而不是权大，统治者和官员先行守法，法律须符合国情民情，简明公开能让民众充分了解。司马迁所提“守法、清廉、行教”三条官箴，以“守法”居首。

习近平总书记向来重视依法治国，他引用了很多经典话语来强调依法治国的重要性。在《之江新语》中，他引用“国皆有法，而无使法必行之法”。在《摆脱贫困》中，他引用“法令既行，纪律自正，则无不治之国，无不化之民”。这告诫党员干部，为官之义在于明法，“明”也就是让自己懂法，在内心拉一条底线，“子帅以正，孰敢不正?”党员干部带头遵纪守法，才能让法令顺利推行。此外，还要铭记理国要道，在于公平正直。依法治国是党领导人民治理国家的基本方略，法治是治国理政的基本方式，要更加注重发挥法治在国家治理和社会管理中的重要作用，全面推进依法治国，加快建设社会主义法治国家。

人才治理是中国传统政治文化关注的重要课题，也是儒家治国理念的重大实践。为政之要，重在得人，得人才者得天下，如同得人心者得天下一样重要。如何选拔与合理配置治理之才，如何发挥人才的最大功能，使“贤者在位，能者在职”，始终是历代统治者不得不高度重视的政治课题。

习近平总书记多次谈到干部的培养、选拔、管理等问题,曾大量引用转化前人的理论精华,形成自己的观点。他认为,人才工作对于执政至关重要,“尚贤者,政之本也”“为政之要,莫先于用人”;对人才要有全面客观的认识,“骏马能历险,力田不如牛,坚车能载重,渡河不如舟”;识别、选拔人才应有一些标准,“才者,德之资也;德者,才之帅也”;应有基层实践经验,“宰相必起于州部,猛将必发于卒伍。”在《领导干部要读点历史》的讲话中,习近平总书记认为,中国历史上凡是有作为的政治家都非常重视人才问题,在选人用人方面留下了很多可取的思想和经验,诸如知人善任、选贤任能,才兼文武、德才兼备,敬贤敬能、礼贤下士,访求俊彦、唯贤是举,人尽其才、才尽其用,避其所短、用其所长,勤于教养、百年树人等,今天仍值得我们深入研究。

(三)学民本之道,继承仁民爱物的执政传统

以人为本是我们党的重要执政理念。这一执政理念,是深深植根于传统文化沃土的。传统文化中的民本思想,与我们党“全心全意为人民服务”的宗旨、“立党为公、执政为民”的方针是一致的,我们应当继承、发扬这种传统。

1. 民惟邦本,本固邦宁

以民为本的“重民”思想萌生于西周,勃兴于春秋战国时期。先秦许多思想家、政治家,如管子、老子、孔子、荀子、墨子等都先后对民本思想有过不同论述。如《尚书》上就明确提出“民惟邦本,本固邦宁”。管子认为,唯有以民为本,才能富国强兵,成就天下霸业:“夫霸王之所始也,以人为本,本治则国固。”(《管子·霸言》)

《尚书·泰誓》云:“天矜于民,民之所欲,天必从之。”孟子在中国政治思想史上首先响亮地提出“民贵君轻”的辉煌命题:“民为贵,社稷次之,君为轻。”荀子以君舟民水的形象比喻,深刻地揭示了君对民的依存关系,“君者,舟也;庶人者,水也;水则载舟,水则覆舟。”风平浪静水可载舟,惊涛骇浪水可覆舟,这是中国古代重民思想的体现。

古代思想家、政治家都深切地认识到，民众是国家的基石，民心的得失向背同国家的治乱盛衰息息相关，民心归附、基石牢固，国家才会长治久安。管子辅佐齐桓公成为春秋时期第一个霸主，在他看来，“政之所行，在顺民心；政之所废，在逆民心”。孟子也以夏桀、商纣丧权亡国的历史教训概括了民心向背对一个政权的决定性作用：“桀纣之失天下也，失其民也；失其民者，失其心也。得天下有道：得其民，斯得天下矣；得其民有道：得其心，斯得其民矣。”因而，“得民心者得天下”成为传统社会执政智慧的经典总结。

2. 顺民心，厚民生

如何才能得民心呢？孟子指出，“得其心有道：所欲与之聚之，所恶勿施尔也”。（《孟子·离娄上》）也就是要爱民、利民、恤民、惠民、富民，满足民众的需求。传统民本思想落实为具体的执政理念、执政实践，就是顺应民心、爱民惠民：“为政之道，以顺民心为本，以厚民生为本。”

爱民就是关心百姓的疾苦，以百姓之苦乐为己之苦乐，把百姓的冷暖放在心上。据说当年周文王曾向姜太公求教“为国之大务”，姜太公明确回答就是“爱民”：“善为国者驭民如父母之爱子，如兄之爱弟，见其饥寒则为之忧，见其劳苦则为之悲。赏罚如加诸身，赋敛如取于己，此爱民之道也。”（刘向《说苑·政理》）

爱民之心落实到“厚民生”的治国理政实践中，就是惠民、利民、富民。传统文化惠民、富民的思想渊源深远，《尚书》中就有“裕民”“惠民”的主张，《周易·益》也有“损上益下，民说无疆”的说法。西周初期，周公就实行“崇德，尚礼，利民为本”的治国方略，孔子效法周公，主张节用薄敛，实施宽惠的经济政策，倡导“富而后教”；孟子提出了“轻刑薄税”“与民同乐”等爱民利民措施，把传统爱民富民思想推向高峰；荀子主张“平政爱民”，并提出了“选贤良，举笃敬，兴孝弟，收孤寡，补贫穷”等裕民、惠民的具体措施……历代开明君主及有识之士都把惠民、富民奉为“得民心”的法宝,我们今天“权为民所用,情为民所系,利为民所谋”,也正是与其一脉相承。

习近平总书记十八大以来的历次讲话中,“人民”都是最突出的关键词。他强调,人民对美好生活的向往,就是我们的奋斗目标,要始终把人民放在心中最高的位置,始终植根人民、造福人民,始终保持党同人民群众的血肉联系,始终与人民心连心、同呼吸、共命运,中国梦归根到底是人民的梦,必须紧紧依靠人民来实现,必须不断为人民造福,要随时随刻倾听人民呼声、回应人民期待,保证人民平等参与、平等发展权利,维护社会公平正义,在学有所教、老有所得、病有所医、老有所养、住有所居上持续取得新进展,不断实现好、维护好、发展好最广大人民根本利益。

这些都可以在传统文化的民本思想中找到丰富的资源,充分体现了中国传统文化中以民为本价值观念的当代价值,也是民本思想与中国特色社会主义的直接对接。

(四)学处世之道,培育贵和创新的进取精神

《周易》中的乾坤两卦,是八卦和六十四卦的总代表。乾象天,“天行健,君子以自强不息”;坤象地,“地势坤,君子以厚德载物”。东汉思想家王充提出德力并重的观点,乾坤两种精神的融汇,正是德与力的有机统一。以和为贵的价值追求,是厚德精神的体现,与时偕行的进取意识,是自强精神的体现。贵和与创新,是传统文化紧密相关的两个方面。

1. 和而不同的价值追求

和是传统文化中一个核心的价值观念。张岱年先生曾经概括说,中国传统文化有两个最基本的思想,一是人伦和谐,二是天人和谐。儒家贵和,其关注点则在于人与人、人与社会关系的和谐;道家和道教贵和,更注重人与自然关系的和谐;佛教贵和,追求的是人身心关系的和谐。传统文化的贵和精神渗透和体现在社会生活的方方面面,经过

长期的濡化,已经积淀成为一种民族心理和民族文化气质,体现为一种海纳百川、兼容并蓄的包容与大气。

和谐是以差别和矛盾为前提的,是以对事物的辩证理解为认识基础的。中国传统文化追求和谐,但绝不否认矛盾。“有象斯有对,对必反其为”,强调正是不同事物或事物不同方面的对立统一才构成了世界,就像有善就有恶、有真理就有谬误一样。传统文化的智慧不仅在于正视差异,正视矛盾和冲突,更在于处理矛盾、化解冲突的方式:“有反斯有仇,仇必和而解”。即对立双方可以通过相互协调,以和谐的方式化解矛盾和冲突,以“和解”的方式实现双赢,而不是以“非黑即白”的思维方式,进行“你死我活”的斗争,最终两败俱伤,搞不好甚至会“同归于尽”。

包容异己、求同存异也是消弭分歧和化解矛盾的一种方式。既然矛盾是普遍存在的,分歧、纷争也就不足为怪了,关键是如何对待和处理分歧。《周易·睽·象》上道:“天地睽而其事同也,男女睽而其志通也,万物睽而其事类也。”虽然万事万物都有各自的特点、特色,但特殊性中蕴含着普遍性,最佳的处理方式是“以同而异”,包容不同、求同存异。对于领导干部来说,传统文化这种消弭分歧、和谐共处的智慧,无论是处理人际关系还是工作中的分歧冲突,都是很有借鉴意义的。

“夫和实生物,同则不继。以他平他谓之和,故能丰长而物生之。若以同稗同,尽乃弃矣。”(《国语·郑语》)这里,“他”是指不同的事物或构成事物的不同元素,相异的事物协调并进才能有事物的发展,相异的事物有机结合才能有新事物的产生,所以说“和实生物”。“同”则是简单的同一,是相同事物或相同元素的机械叠加或者数量上的积累,不会有新事物的产生,还会窒息发展的生机和活力,所以说“同则不继”。

可见,传统文化讲的“和”是多样性的统一。中华民族是一个兼容并蓄、海纳百川的民族,在漫长历史进程中,不断学习他人的好东西,把他人的好东西化成我们自己的东西，这才形成我们的民族特色。“和而不同”是中国文化、中华民族包容精神的内在源泉，不仅为不同文化、不同民族的交流和融合提供了思想源泉，也是中国文化和中华民族的生命力和活力所在。

2. 革故鼎新的创新精神

一般说来，提到传统文化，很多人都会想到“保守”这个词。应当说，传统文化中确实有不少保守的因素，但这并不意味着传统文化中缺乏创新精神。事实上，革故鼎新、与时偕行，这是传统文化一以贯之的精神，也是中国文化生生不息的动力，“以不息为体，以日新为道”成为激励中华民族创新创造的精神源泉。

早在殷周时期，商汤就把“苟日新，日日新，又日新”作为自己的座右铭，《诗经》中也有“周虽旧邦，其命维新”的诗句，指周文王禀受天命，锐意革新。《周易》更是一部充满创新精神和变革智慧的经典。“生生之谓易”，所谓易，就是变易、发展，“刚柔相摩，八卦相荡”，阴阳消长，曲伸往来，推衍出自然界大化流行、生生不息的图景。变革创新是易道的精神实质，“穷则变，变则通，通则久”，《周易》推崇革故鼎新、推陈出新，誉之为“盛德”：“日新之谓盛德。”所以，必须随时变革以顺从规律，“易，变易也，随时变易以从道也”，“时止则止，时行则行”，要“与时偕行”，绝不能墨守成规、固步自封。否则，“守其故物而不能自新，虽其未消，亦槁而死”。

革新、创造的精神，贯穿在古代社会历史进程的始终。商鞅变法和李斯的革新，推动秦国走向强大并最终一统天下；两汉时期通过监察制度强化中央集权，实行察举制选拔人才，制度上逐步走向成熟；隋唐科举制度畅通的阶层流动通道，优化了官僚制度；唐代兴起中国化佛教的革新运动，禅宗脱颖而出，传统文化别开生面；宋明王安石变法、张居正变法，极大影响了传统社会治理走向；近代以来的洋务运动、戊戌变法、辛亥革命、新文化运动等，无一不是对旧制度、旧传统、旧思维的革新,都对中国社会政治、经济、文化的发展起到重大推动作用。

正如习近平总书记所说的那样,自强不息、厚德载物的思想,支撑着中华民族生生不息、薪火相传,今天依然是我们推进改革开放和社会主义现代化建设的强大精神力量。

最后,我想强调指出的是,弘扬传统文化,即便是那些十分优秀的成分,也要从当代的思维模式、价值取向、社会需要、现实状况出发来评价和取舍,才能实现中华优秀传统文化的"古为今用""推陈出新"。只有合理继承和发展、创新和转化,中华优秀传统文化才会焕发出强大生命力,从而孕育发展成为一种与传统相对接、与社会主义相符合、与现代文明相融汇的新型现代文明。

加强干部官德建设,倡导务实清廉作风

邓　政①

近年来,党中央高度重视领导干部的道德修养问题,把官德建设摆在了非常重要的位置。在 2013 年 6 月召开的全国组织工作会议上,习近平总书记提出"好干部要做到信念坚定、为民服务、勤政务实、敢于担当、清正廉洁"。2014 年 6 月 30 日加强改进作风制度建设进行第十六次集体学习时,习近平总书记又提出官德的具体标准,"坚守正道弘扬正气、襟怀坦白光明磊落、坚持原则恪守规矩、严肃纲纪疾恶如仇、艰苦奋斗清正廉洁。"②

根据习近平总书记系列重要讲话精神,结合中国古代对官德的要求,本文主要从三个方面谈谈官德建设的问题。

一、什么是官德

加强官德建设的首要问题,是要明确官德的具体内容是什么,这是加强官德建设的前提和基础。什么是官德,用习近平总书记的话说,"官德,也就是从政道德,是为官当政者从政德行的综合反映,包括思想政治和品德作风等方面的素养。"③

---

① 邓政,男,中共邵阳市委党校副校长,副教授。

② 中共中央文献研究室:《习近平总书记重要讲话文章选编》,中央文献出版社、党建读物出版社 2016 年版,第 58 页。

③ 习近平:《用权讲官德交往有原则》,载《求是》,2004 年第 19 期。

（一）中国古代官德要求及为官典型

1. 古代官德要求

中华民族泱泱五千年，历史悠久，文化灿烂。关于官德，历朝历代都有一套比较明确的要求。如西周的六德（智、仁、圣、义、中、和）六行（孝、友、睦、姻、任、恤），秦朝的五善（忠信敬上、清廉毋谤、举事审当、喜为善行、恭敬多让），汉朝的光禄四行（质朴、敦厚、逊让、节俭），唐朝的四善（德义有闻、清慎明著、公平可称、恪勤匪懈），宋代的清、谨、廉，明代的七要（正以处心、廉以律己、忠以事君、恭以事长、信以接物、宽以待下、敬以处事），清代的五诀（清、慎、勤、和、缓）。

从以上内容可以总结出中国古代官德要点：

（1）修身齐家。语出《礼记·大学》“身修而后家齐，家齐而后平天下。”

（2）重儒尊贤。以儒家思想为统领，尊重读书人和贤能人士，这是中华民族一贯的思想传统。因为儒家思想讲究积极入世，许多经过儒家思想教育的官员都坚守儒家倡导的正义、公平，甚至身死而不悔。

（3）爱国忧民。爱国主义思想历来是激励中华民族不屈不挠斗志的一条主线，尤其以北宋时期范仲淹《岳阳楼记》“先天下之忧而忧，后天下之乐而乐”最为后人所称道。

（4）务实清廉。明代郭允礼“吏不畏吾严而服吾廉，民不服吾能而服吾公。廉则吏不敢慢，公则民不敢欺，公生明，廉生威”。（《清稗·官箴》）建立公正廉明的政府，一直是古代儒家的孜孜追求。

2. 古代为官典型

中国古代涌现出了许多为官清廉的典型：

（1）留得清白在人间的于谦。明朝于谦在任时，一身正气，两袖清风，很受百姓爱戴。他官至监察御史，为官清廉，一生家无余财，针对当时许多官员乘巡视之机搜刮钱财，回京后向上司送礼物的风气，写了一首《入京诗》予以讽谏：“手帕蘑菇及线香，本资民用反为殃，清风两袖朝天去，免得闾阎话短长。”可以表现于谦气节的还有《石灰吟》“千锤万凿出深山，烈火焚烧若等闲。粉身碎骨浑不怕，要留清白在人间。”

(2)被誉为“天下第一清官”的清朝张伯行。清朝张伯行从来不受纳属下分文赠礼，备受康熙皇帝的称赞并委以重任，因而晋升为福建巡抚。其走马到任后，为杜绝送礼者，张伯行便写了一首《禁止馈送檄》文，张贴在巡抚署衙门外：“一丝一料，我之名节；一厘一毫，民之膏脂。宽一分，民受赐不止一分；取一文，我为人不值一文。谁云交际之常，廉耻实伤，倘非不义之财，此物何来？”

(3)离任后为民请命的高以永。康熙24年(1685)，户部以黑铅不敷国用，对河南加大征收五万余斤。由于书吏捣鬼，仅内乡就分派两万八千斤。高以永多次奔走省会呼吁，未果，但他为民减负的诚恳感动了他的上司。直到调任直隶省安州知州时，他还在为此奔走呼吁。清同治《内乡通考》载，“高以永，广开垦，除匪盗，其有造于内乡者甚大，宜其崇祀名宦也。”由于任上为老百姓做了很多工作，高以永离任内乡时，“百姓扳道挽留”。高以永对联“吃百姓之饭，穿百姓之衣，莫道百姓可欺，自己也是百姓；得一官不荣，失一官不辱，勿说一官无用，地方全靠一官。”2013年习近平总书记在山东菏泽召开座谈会，向市、县委书记们念了这则对联。

(二)当代官德要求及为官典型

1. 当代官德要求

(1)正身是前提。习近平总书记在《摆脱贫困·廉政建设是共产党人的历史使命》中说“安天下，必须先正其身”。在2014年1月7日中央政法工作会议上又引用宋代包拯的《书端州郡斋壁》：“清心为治本，直道是身谋。秀干终成栋，精钢不作钩。仓充鼠雀喜，草尽兔狐愁。史册有遗训，毋遗来者羞。”

(2)为民是核心。习近平总书记说：“坚持用权为民，按规则按制度行使权力,把权力关进制度的笼子里,任何时候都不搞特权,不以权谋私。”[①]2013 年 2 月 28 日党的十八届二中全会第二次全体会议上,习近平总书记引用宋代苏辙《上皇帝书》“去民之患,如除腹心之疾”,明代顾炎武诗《秋山》“勾践栖山中,国人能致死”。马克思主义认为,人民群众才是历史的创造者。越王勾践卧薪尝胆的故事路人皆知,却往往忽略了他的成功背后,是越国百姓义无反顾的支持。人民愿意支持什么样的政权?从勾践的故事中不难看出,是愿意到群众中去,与群众紧密相连,为群众谋福祉的政权。“群众路线”作为中国共产党的一大法宝,在当下正在重新焕发生机,就是因为扎根泥土,深入群众。

(3)务实是基础。在 2013 年 2 月 28 日党的十八届二中全会第二次全体会议上的讲话中,习近平总书记引用《管子·禁藏》中的“不作无补之功,不为无益之事”,告诫官员为民办实事,既要考虑群众的需求,也必须要有科学的决策,考虑其长远的影响,而不是只看眼前的价值。在《之江新语·不兴伪事兴务实》中,引用汉代荀悦《申鉴·俗嫌》的“不受虚言,不听浮术,不采华名,不兴伪事”。形式主义、官僚主义是为官大忌,却总能让不少人尝到甜头,以短时间内的“政绩”骗得赏识,一拍脑袋就做一个形象工程,赚取一时的浮华名声。习近平总书记上任以来,推出八项规定并“反四风”,亲自抓群众路线教育实践活动,就是针对“虚言”“浮术”“华名”和“伪事”开刀,他心目中的好干部是“愿听真话、敢讲真话、勇于负责、善抓落实”。[②] 2014 年 3 月 9 日,习近平总书记在十二届全国人大二次会议安徽代表团参加审议时,关于推进作风建设的讲话中,强调“既严以修身、严以用权、严以律

---

① 习近平:《习近平在参加安徽代表团时告诫领导干部:严以修身,严以用权、严以律己、谋事要实创业要实做人要实》,载《河南日报》,2014 年 3 月 10 日。

② 习近平:《之江新语》,浙江人民出版社 2013 年版,第 240 页。

己,又谋事要实、创业要实、做人要实"①。

(4)清廉是内在要求。习近平总书记说,"严于律己,就是要心存敬畏、手握戒尺,慎独慎微,勤于自省。遵守党纪国法,做到为政清廉。"②2013 年 2 月 28 日在党的十八届二中全会第二次全体会议上,习近平总书记引用三国·诸葛亮《自表后主》"不使内有余帛,外有赢财",说明为官不能有给家里和后人谋私利的心境。

2. 当代为官典型

(1)为民书记郑培民。郑培民曾任中共湘潭市委书记、中共湘西土家族苗族自治州党委书记、中共湖南省委副书记、湖南省人民政府副省长、湖南省人大常委会副主任。2002 年 3 月 11 日在北京参加中央组织的十六大干部考察工作中,因突发心肌梗塞逝世,享年 59 岁。郑培民担任领导职务近 20 年,时刻不忘以共产党员的党性要求规范自己的思想行为,全心全意为人民谋利益,是一位严于律己、清正廉洁、不畏艰苦、甘于奉献、不忘本的好书记,赢得了广大干部群众的广泛赞誉。2003 年 3 月 11 日噩耗传来,胡锦涛同志就深入学习郑培民先进事迹及时做出重要批示:郑培民同志是新时期领导干部的优秀代表。他身居领导岗位,心系人民群众,始终把"做官先做人,万事民为先"作为自己的行为准则,廉洁从政,艰苦奋斗,尽职尽责,鞠躬尽瘁,全心全意为人民谋利益,以自己的模范行为和崇高品德,赢得了广大群众的衷心赞誉,集中体现了当代共产党人的精神风貌。

(2)荒山植树杨善洲。杨善洲虽然是大亮山林场的主要创办人,但他未从林场领过一分钱的报酬。林场场长自洪学曾跟杨善洲谈过很多次,自洪学说:"老书记,多的钱咱们林场拿不出来,一月补助你 500 元林场还是有的。"杨善洲却说:"我上山来是种树的,要那么多钱

① 习近平:《习近平在参加安徽代表团时告诫领导干部:严以修身,严以用权、严以律己、谋事要实创业要实做人要实》,载《河南日报》,2014 年 3 月 10 日。

② 习近平:《习近平在参加安徽代表团时告诫领导干部:严以修身,严以用权、严以律己、谋事要实创业要实做人要实》,载《河南日报》,2014 年 3 月 10 日。

干什么?”保山地区经济协作办公室得知杨善洲的情况后对他说:“老书记,你来做我们的顾问吧,一个月我们给你 1000 块钱。”杨善洲谢绝了,他说:“我现在是林场的顾问,没有时间给你们做顾问了。”

(3)兰考精魂焦裕禄。2009 年 3 月 31 日至 4 月 3 日,时任国家副主席习近平来河南视察,专程到兰考给焦裕禄扫墓,致敬忠魂。在全县干部群众座谈会上,习近平把焦裕禄精神概括为——“亲民爱民、艰苦奋斗、科学求实、迎难而上、无私奉献”。习近平这样评价焦裕禄精神:“无论过去、现在还是将来,都永远是亿万人们心中一座永不磨灭的丰碑,永远是鼓舞我们艰苦奋斗、执政为民的强大思想动力,永远是激励我们求真务实、开拓进取的宝贵精神财富,永远不会过时。”①

二、为什么要加强官德建设

根据习近平总书记系列讲话精神,尤其是《用权讲官德、交往有原则》(2004 年《求是》第 19 期)、《着力提高干部思想道德素质》(《共产党员》2010 年第 19 期)、《领导干部要干干净净干事》(《共产党员》2008 年第 9 期)、《领导干部狠抓落实善抓落实》(《共产党员》2011 年第 7 期)以及群众路线教育实践活动、“三严三实”加强作风建设的讲话,可以看出,官德建设是一个国家、政党以及党员干部成败的重要因素。

(一)官德建设关系到一个国家的生死存亡

坚决纠正不良风气,任其发展下去,就会像一座无形的墙把我们党和人民群众隔开,我们党就会失去根基、失去血脉、失去力量。② 中国历史上因为统治阶级严重腐败导致亡国的例子举不胜举。世界史上因为远离群众被人民群众所唾弃而丢掉江山的政府也不在少数。

---

① 赵素萍:《弘扬焦裕禄精神,在为民务实清廉上做表率》,载《领导科学》,2013 年第 8 期。
② 习近平:《习近平谈治国理政》,外文出版社 2015 年版,第 387 页。

（二）官德建设关系到一个政党的兴衰更替

大家都知道，延安革命根据地政权是陕北人民用小米哺育出来的，为什么陕北人民会支持革命政权？那是因为他们把革命政权看成自己的政权，因为红军切实为老百姓办事，每到一处，打土豪、分田地，解决农民最切身的利益问题——土地问题。当年，美国作家斯诺到延安采访，看到毛泽东住的是窑洞、周恩来睡的是土炕，感慨道：中国共产党这种与群众同甘共苦的作风是“东方魔力”，是“兴国之光”。著名的华侨领袖陈嘉庚回国慰问抗日将士，在重庆，蒋介石花八百大洋款待他吃山珍海味，住豪华酒店；而到了延安，毛泽东则请他吃战士们自己种的蔬菜，还有房东大娘送来专为招待贵宾的一只母鸡。在这种强烈的对比之下，陈嘉庚先生含着眼泪感慨地说：共产党必胜，国民党必败。

这些事实表明，一个政权也好，一个政党也好，一旦忽视官德建设，就会失去民心，就失去了执政乃至生存的基础，就必然会垮台，就会走向人亡政息。

（三）官德建设关系到党员干部的荣辱成败

在面对各种诱惑的时候，党员干部尤其是领导干部首先要算算“三笔账”。

一是利益账。现在领导干部都有一份稳定的收入，组织上从工作考虑又给了许多必要的工作待遇，退休后还可以每月拿退休工资，享受医疗、养老等方面的优厚待遇。细细算来，我们得到的已经不少了，应该十分珍惜。二是法纪账。每个领导干部都应该学法、知法、懂法、用法，特别是对待人、财、物问题，对待事关个人和家庭利益的问题，更要坚持原则，自觉遵纪守法。在张口的时候要想想这句话该不该说，迈腿的时候要想想这个地方该不该去，伸手的时候要想想这些东西该不该拿。千万不要以为吃一点、拿一些、玩一下没关系。千万不要存有侥幸心理，若要人不知，除非己莫为。不管是谁，违纪违法终将受到党纪国法的制裁。三是良心账。组织上培养一个干部不容易，把他放到重要岗位,就是希望他能够正确运用权力来造福于民。如果干部以权谋私,自己把自己打倒,既对不起组织,对不起人民,也对不起家人;不仅丧失了为"官"之德,也违背了做人的良心。

无数的事例表明,"万物有所生,而独知守其根。"对党员干部来说,这个根就是加强党性修养。自觉坚持做到用权讲官德,交往讲原则。

三、怎样加强官德建设①

"为政以德,譬如北辰。居其所而众星拱之。"执政党的道德水准、道德面貌,很大程度地决定了其在人民群众心中的影响力和公信度。具体措施如下:

(一)教育树德

教化是古代加强官德修养的重要措施。要加强官德教育,首先是制定一个标准、一个规范,告诉官员们应该怎么做。中国古代关于以德立身和为官之道有一套比较完备的体系:

中国古代讲究"以德立身"。具体分为,一是为仁由己。人应当对自己严格要求,从近处着手,从小处着眼,从自身做起,达到道德修养的目的。二是存心养性。发扬人性中本有的善性,以抵御外界诱惑。三是反省内求。不断检查自己的言行,使自己修善成完美的理想人格。四是慎独。洁身自好,小心警惕。五是博学、力行。广泛地多方面学习,踏踏实实干事。

中国古代讲究为官之道。一是皇帝的诏令,进行训诫和提醒。二是颁布种种"官箴",告诫官员要廉洁自律。三是家训(家训与耳提面命的教育)。

① http://www.docin.com/p-637145999.html? docfrom=rrela

(二)制度辅德

1. 选官重德:德才兼备,以德为先

秦朝在选拔考察官员时,最主要是两条,除了明悉法律令,第一条就是讲道德,秦简《为吏之道》规定了官吏应具备的道德和行为准则,并将其概括为“五善”“五失”。

习近平总书记在《之江新语 · 做人与做官》中说“不患位之不尊,而患德之不崇”。德不配位,必遭祸殃。那些被拉下马的位高权重之人,其实都具备作为强者必须的智慧和能力,但因为道德失陷,也就是说道德品质与其所得到的地位、权力、荣誉不匹配,地位越高,道德底线越低,这样就自然而然地暴露出许多负面问题,被追查到也是注定的结局。

2. 完善公务员道德立法

“二战”结束后,美国行政权日益膨胀,行政官员的道德问题变得日益突出,民众反腐败的呼声越来越高。为了改善行政官员的道德水准,美国历任总统先后颁布行政令,制定和修改了大量的针对公务员廉洁从政的道德规范。主要包括:《政府道德法》《政府道德改革法》《行政部门雇员道德行为准则》。

目前党和国家对党员干部和公务员道德规范的要求不少,已经出台的有《党员领导干部廉洁从政若干准则》《关于党政机关县(处)以上领导干部收入申报的规定》《关于对党和国家机关工作人员在国内交往中收受的礼品实行登记制度的规定》《关于党政机关厉行节约制止奢侈浪费行为的若干规定》等文件和《公务员法》。

3. 全面实施官员财产公开制度

“水门事件”后美国的立法机构终于在 1978 年推出《政府伦理法案》。对立法、行政和司法三个政府机构的官员做出统一规定,要求所有官员在如实填写财产登记表的基础上报告个人收入和财产。1989 年生效的《伦理改革法案》不但增补官员财产登记方面的规定,更进一步要求两院议员在卸任一年内不得担任和在任期间职位存在利益关联企业的管理人员，严禁政府官员接受礼节性酬金。

目前我国的官员财产公开制度并不具有相应的法律基础的支持，实践中的官员财产公开制度均在一定程度上存在着党内规章制度的性质。因此，国家应本着“统一立法、授权实施”的原则加快立法进程，尽快颁布实施《公务员财产公开法》。

官员财产公开制度建设是一项系统工程，需要从申报制度、公开制度、审核机制以及惩处机制四个方面着力，推动申报主体由官员本人向其配偶、子女以及直系亲属扩展，申报对象由现有收入和财产向具体财产的具体来源扩展，公开范围由单位内部向全社会扩展，公开内容由透明申报向秘密申报扩展，并针对官员财产申报中的拒报、虚报、漏报设立相应的惩处机制。

4. 考绩与监察重德

如唐代具有严密而完备的官吏考核制度，以“四善二十七最”作为对官吏的考核标准。中国当代官员个人绩效考核也已经启动，如深圳市开展的领导干部考核办法，就是一个最好的例证。

四、树立新官德

习近平总书记对官德的新要求：全国组织工作会议 2013 年 28 日至 29 日在北京召开。中共中央总书记、国家主席、中央军委主席习近平出席会议并发表重要讲话。习近平总书记在讲话中指出，好干部要做到信念坚定、为民服务、勤政务实、敢于担当、清正廉洁。①

中共中央政治局 2014 年 6 月 30 日下午就加强改进作风制度建设进行第 16 次集体学习。中共中央总书记习近平主持学习并发表了讲话。提出官德新要求：坚守正道弘扬正气、襟怀坦白光明磊落、坚持

① 中共中央宣传部：《习近平总书记系列重要讲话读本》，学习出版社、人民出版社 2014 年版，第 162 页。

原则恪守规矩、严肃纲纪疾恶如仇、艰苦奋斗清正廉洁。①

2015 年 1 月 12 日,习近平总书记主持召开座谈会,同中央党校第一期县委书记研修班学员进行座谈并发表重要讲话。他强调,做县委书记就要做焦裕禄式的县委书记,始终做到心中有党、心中有民、心中有责、心中有戒。②

综合习近平总书记系列重要讲话精神,新官德可以概括为:信念坚定、勤政为民、廉洁奉公、爱国守法、民主公正、敢于担当。

① 中共中央文献研究室:《习近平总书记重要讲话文章选编》,中央文献出版社、党建读物出版社 2016 年版,第 158 页。

② 中共中央文献研究室:《习近平总书记重要讲话文章选编》,中央文献出版社、党建读物出版社 2016 年版,第 240 页。

践行"三严三实",锤炼过硬作风

姚海波①

"三严三实"作为我党作风建设的新标杆,是对党员干部作风建设发出的又一新号令,是党员干部的修身之本、为政之道、成事之要,这要求我们必须深刻认识并认真践行"三严三实"作风。

本文主要讲三个方面的内容。一是"三严三实"的深刻内涵;二是"三严三实"重要意义;三是践行"三严三实"的基本要求。简单概括,就是"是什么,为什么,怎么做"。

一、准确理解"三严三实"的深刻内涵

2014年3月9日下午,习近平总书记在参加十二届全国人大二次会议安徽代表团审议时指出:"各级领导干部都要树立和发扬好的作风,既严以修身、严以用权、严以律己,又谋事要实、创业要实、做人要实。"这就是"三严三实"。对"三严三实"24个字的基本概述,是必须要牢记的,这是一名党员干部的基本要求。

(一)"三严":严以修身、严以用权、严以律己

1."严以修身"

中华民族自古讲究修身之道,古人讲:"修身齐家治国平天下。"其中"修身"是人生的基点基准,由此可见,修身对于个人和国家,都十分

---

① 姚海波,男,中共邵阳市委党校教务处处长,副教授。

重要。共产党人的“修身”不仅仅局限于传统文化中对国人的修身要求,还被赋予了更为深远的涵义,共产党人如何做到严以修身,习近平总书记是这样指出的:“严以修身就是要加强党性修养,坚定理想信念,提升道德境界,追求高尚情操,自觉远离低级趣味,自觉抵制歪风邪气。”①

第一,要加强党性修养,坚定理想信念。党性修养的实质是对党员的本质改造,是共产党人高度的政治自觉,是保持党的先进性的必然要求,是坚定理想信念的重要途径。“党性”的概念是列宁提出来的,而“党性修养”则是中国共产党人的伟大创造,中国共产党诞生在半殖民地半封建的旧中国,由于工业落后,工人阶级的数量很少,农民和小资产阶级占绝大多数。加之中国共产党走的是一条在农村建立根据地,以农村包围城市的斗争道路,所以,党的阶级基础以农民为主,农民阶级具有一定的历史局限性,如小农意识强、政治觉悟不高、封建意识浓厚等。因此,从我党成立之初,党的建设就面临着一个新课题,既要从大量农民和小资产阶级的成员中吸收愿意参加革命的人到党内来,又要使这些人克服落后思想,坚定共产主义理想信念,走无产阶级革命道路,而党性修养就成为解决这一问题的关键。为此我党历史上开展了多次整风运动,通过大浪淘沙,把那些投机分子清除出党,实践证明,通过加强党性修养,建设一支理想信念坚定的党员队伍是中国共产党取得革命与建设伟大胜利的关键。

第二,要提升道德境界,追求高尚情操。道德境界是指人们通过接受道德教育和培养道德修养,所达到的道德觉悟程度以及所形成的道德品质状况和精神情操水平。在我国经济快速发展的今天,党员干部更要做到严以修身,树立牢固的道德信仰,提升道德境界。

第三,要做到“两个自觉”。就是要自觉远离低级趣味,自觉抵制歪风邪气。“趣味”是一个人价值观的集中体现,是人的素质、“官”的

① 习近平:《习近平谈治国理政》,外文出版社2014年版,第381页。

品位的集中反映。一个趣味高尚的人,才有可能变得纯粹而有道德,才有可能成为一个有益于社会的人。因此,"做一个脱离了低级趣味的人"这句毛泽东在抗日战争时期就发出的号召,仍然具有很强的现实针对性。

2."严以用权"

第一,要坚持用权为民。中国共产党之所以能取得执政权,与中国人民的选择和支持是分不开的。从建立陕北根据地,到全面内战爆发,到撤出延安转战陕北,直至三大战役胜利,毛泽东同志始终强调解决好土地改革这个影响群众生产生活的根本问题,得到全国人民的拥护与支持,最终取得战争胜利。战争时期,党首先要解决的根本问题是为谁打仗;和平时期,党首先要解决的根本问题是为谁执政。党的宗旨是全心全意为人民服务,坚持从群众中来到群众中去,如果背离了这个宗旨,我们党的执政基础就丧失了,这是必须要反复强调的。

第二,要按规则、按制度行使权力,把权力关进制度的笼子里。党的十八届四中全会提出推进法治中国建设,这是打造依法治国的升级版。法治中国建设的关键和难点依然是法治政府建设。坚持用制度管权管事管人,让人民监督权力,让权力在阳光下运行,把权力关进制度的笼子是下一阶段依法行政和法治政府建设的重点。当前,权力运行不规范的问题仍然比较突出,特别是对"一把手"权力运行的监督制约方面还有待进一步规范。因此,我们必须要完善权力运行和监督机制,把这些制度上升为法律,建立明确的、可以预期的、不因领导人的改变而改变的制度。

第三,要任何时候都不搞特权、不以权谋私。特权现象的危害甚大,最直接的危害就是对党群干群关系的破坏,最可怕的危害就是对腐败起着催化剂和推动力的作用。可以说,特权是腐败的基础和前奏,是通向腐败的桥梁。在这个方面,老一辈革命家给我们树立了榜样。井冈山的江西干部学院就有红军后代授课团的讲课,中共中央组织部原副部长曾志的孙子就在其中。曾志可能一些同志知道,她15岁就投身革命,成为一名女红军战士,1928年参加了党领导的湖南暴动,接着上井冈山,当年11月,曾志产下一名男婴。但因革命战争需要,她不得不将刚出生不久的骨肉托付给王佐部队一个副连长代为抚养。1929年1月,曾志随着队伍,告别了井冈山。新中国成立后,曾志多次托人到井冈山寻找她的骨肉至亲。直到1952年,时任广州市委书记的曾志终于找到了她的儿子石来发。石来发8岁时养父养母双亡,乞讨度日。新中国成立,石来发分了田,成了井冈山大井村的农民。人们以为石来发找到当高官的母亲,再也不用当农民了。可是曾志把他留在身边住了一段时间后,让他重新回到井冈山当农民。她说:"毛主席的儿子都去朝鲜打仗,你为什么不能安心在井冈山务农呢?"直到今天,石来发仍然是井冈山的一个普通农民,曾志的孙子现在是江西干部学院的一名普通保安。此类故事还有很多,老一辈革命家的高风亮节值得我们学习。

3."严以律己"

第一,要心存敬畏,手握戒尺。如果说敬畏是内心的道德约束,戒尺则是党纪国法和各种规范的尺度。心中的敬畏、手中的戒尺,说到底就是做人为官的德行、规矩和准绳。中国古人笃信"头顶三尺有神明,不畏人知畏己知"。中国汉代有一个"四知太守"叫杨震的,他调任东莱郡太守,途经昌邑县,时任昌邑县令的王密是杨震举荐为官的。王密得知自己的恩师路经本县,亲自迎接,安排食宿,照顾得十分周到。晚上,王密见屋里没有他人,从怀里掏出十斤黄金送给杨震,感谢杨震的知遇之恩,杨震见王密此举,十分震怒,说:"过去我因你德才好才举荐你当了县令,你却不了解我的为人,居然干出这种事来。"王密急忙解释道:"现在夜深人静,这件事没有别人知道。"杨震听了更加生气,严肃地说:"这事天知、神知、我知、你知,怎么能说没人知道呢?"今天,位于陕西潼关的杨震陵园已经成为陕西省廉政文化教育示范基地。古代士大夫尚且如此,我们共产党人就更应该如此。古人敬畏天、敬畏神,对中国共产党人来说,就是要敬畏人民、敬畏权力、敬畏法纪,只有这样才能永葆共产党人清正廉洁的政治本色。

第二,要慎独慎微,勤于自省。慎独是指独处时要谨慎。“要想人不知,除非己莫为”,现代监控技术,如窃听、监看、偷拍技术,把人的私密空间挤压得越来越小,使独处更加不独了。很多时候,尽管我们看似在独处,但我们一定要把自己设想成处在监控的眼皮下,从而做到慎独。慎微是说,对看似微不足道的小事、小节、小处,要谨慎,要慎重,要高度重视,要妥善处置,否则,小事会酿成大麻烦,小节会变成大问题,小过会化为大错误。领导干部是实权人物,手中掌握资源,握有大权,要想谋私,比较便利;不慎微,就有可能从谋小私、贪小利开始,变成谋大私、贪大利。这就要求我们的领导干部要学会经常自省,就是自我反省,目的是看看自己的言行如何,有什么闪失或过错没有,以便适时调整或校正。这就是群众路线教育实践活动总要求中的“照镜子”,要以党章为镜,对照党的纪律、群众期盼、先进典型,对照改进作风要求,在宗旨意识、工作作风、廉洁自律上摆问题、找差距、明方向。

第三,要遵守党纪国法,做到为政清廉。对领导干部来说,党纪国法是严格遵守的行为准则,是必须坚守的最后一道防线,也是不可逾越的人生底线,一旦突破就会走向反面,成为党和人民的罪人。

(二)“三实”:谋事要实、创业要实、做人要实

1.“谋事要实”

记得曾听人说过一句话,的确很有道理。大意是这样的:小智者谋事,大智者谋人,睿智者谋决策,商界成功者无一不是决策谋事的高手。我们的领导干部作为一个地区、一个部门的领导者,决策水平的好坏直接关系到本地区、本部门发展的好坏,因此更应该成为一名高超的决策师。领导干部谋事不实、决策力不够体现在以下几个方面:

一是在“为谁谋事”问题上把握不清。有的人在实施决策时不是

从党和人民的利益出发，而是从个人或小团体利益出发，甚至利用决策权为个人谋取私利；还有的人眼睛只盯着个人的“政绩”，作出的决策违背科学发展观，对搞“形象工程”“政绩工程”之类的决策兴趣颇高，而对事关单位长远发展、维护群众利益的决策不感兴趣，甚至找各种借口久拖不决。

二是在“如何谋事”方面能力不够。领导干部的综合素质能力直接支配着领导的决策，具有先进的思想观念和干事创业的能力水平，决策便能体现时代性、把握规律性、富于创造性。反之，如果思想观念僵化、老化，能力不足，决策就难以与时代发展和形势任务相适应。有些单位的领导决策不符合政策规定和发展要求，违背群众意愿，有些关系单位建设和群众利益的问题久拖不决，有的甚至出现了“好心办坏事”的现象。

2. “创业要实”

第一，要脚踏实地、真抓实干。《中庸》有句话，叫“登高必自卑，行远必自迩”，意思是登高一定要从低的地方开始，远行一定要从近的地方起步。昭示人们干事创业既要志存高远，敢想敢干；又要脚踏实地，循序渐进。它集中体现了中国人脚踏实地、勇往直前的民族精神和实事求是、真抓实干的时代精神。改革开放以来，我们党带领广大人民群众脚踏实地干事创业，取得了辉煌成就，但是不可否认，目前个别党员干部存在着作风浮夸、工作不扎实、形式主义等问题。形式主义不仅浪费宝贵资源、贻误发展时机，而且严重损害党的形象、损害党同人民群众的血肉联系，无论是党中央还是普通老百姓对此都是深恶痛绝的，对此，中央出台的八项规定中，就特别强调了要“切忌走过场、搞形式主义”，“开短会、讲短话，力戒空话、套话”，“没有实质内容、可发可不发的文件、简报一律不发”等内容。这次群众路线教育实践活动集中解决的“四风”问题，其中第一条就是要解决形式主义，充分反映出党要求全党干部脚踏实地、真抓实干的决心。

第二,要敢于担当责任,勇于直面矛盾,善于解决问题。

领导干部敢于担当,内涵和要求是多方面的,重要的是坚持原则、认真负责。领导干部敢于担当,一是要做到面对大是大非敢于亮剑。党员领导干部第一身份是共产党员,领导干部敢于担当必须讲党性,有正确的是非观,在根本原则问题上要旗帜鲜明。二是要做到面对矛盾敢于迎难而上。矛盾问题面前,最能考验领导干部的担当精神。敢于担当,就是遇到矛盾不怕事,碰到问题不回避,敢于直面矛盾,跳进矛盾漩涡中去解决问题。三是要做到面对危机敢于挺身而出。敢于担当不仅要体现在平时工作中,更要体现在紧急关头,关键时刻一定能够豁得出来、顶得上去。四是要做到面对失误敢于承担责任。一个敢于担当的领导干部绝不能有了成绩都归自己、出了问题就推给他人,而应当是一个敢于对失误负责的干部,是一个善于从失误中汲取教训、提升能力和修养的干部。五是要做到面对歪风邪气敢于坚决斗争。对那些庸懒散奢现象,对那些纪律观念淡薄、作风松懈涣散现象,对那些生活糜烂、骄奢淫逸现象,对违法违规违纪行为,要不留情面、坚决依法打击。

3. “做人要实”

习近平总书记指出:“做人要实就是要对党、对组织、对人民、对同志忠诚老实,做老实人、说老实话、干老实事,襟怀坦白,公道正派。”① 这是一个共产党员最基本的要求,是一个人的“忠诚”问题,如果连这个基本原则都坚持不了,对党、对组织、对人民、对同志虚情假意、阳奉阴违,就谈不上是一个合格的共产党员。广东强力治“裸官”中的一幕,引起了广泛关注。凡是被确认的“裸官”,要么把家人迁回来,要么限时从重要岗位调整下来,二者不能兼得,光一个东莞,就有 127 名裸官被调整了工作岗位。我们不能说“裸官”都是“贪官”,据说,东莞一位镇党委书记反复做妻子工作,但妻子还是不愿意回来,只能由组织

① 郭金平:《做人要实,做对党忠诚的老实人》,载《光明日报》,2015 年 7 月 8 日。

调整岗位。在交接会上他唱了一首《渴望》,唱的是声泪俱下,在场干部也深受触动。因此,“做人要实”必须成为我们领导干部的基本要求。

总之,“三严”与“三实”是相互联系、相辅相成、不可分割的。“三严”是根本、是出发点;“三实”是目标、是落脚点。我们要从严上要求,向实处着力,真正把“三严三实”内化于心、外化于行,以“三严三实”的过硬作风推动事业发展。

二、深刻认识“三严三实”的重要意义

习近平总书记提出的“三严三实”要求,简洁凝练、内涵丰富、指向明确,既继承了我国优秀传统文化,又赋予其新的时代内涵;既坚持了党的优良传统,又提出了新的更高要求,是对党的建设理论的丰富和发展。我们要充分认识“三严三实”要求的重大意义。

(一)“三严三实”是加强党的作风建设的新举措

党的十八大以来,以习近平同志为总书记的新一届党中央领导集体,推新政、树新风、开新局。把作风建设作为全面推进党的建设新的伟大工程的突破口,从中央“八项规定”出台,到现在正在开展的群众路线教育实践活动,再到今年“两会”期间,习近平总书记提出的“三严三实”重要论述,都充分体现了党中央在作风建设上一鼓作气、一抓到底的决心和恒心。特别是提出“要坚持‘老虎’、‘苍蝇’一起打”,既坚决查处领导干部违纪违法案件,又切实解决发生在群众身边的不正之风和腐败问题,党在作风建设上的要求更严了、更细了,也更实了。2013 年,全国纪检监察机关共立案 17.2 万件违法违纪线索,给予党纪政纪处分 18.2 万人,从中纪委查处的落马官员密度和速度上看,可称近 30 年之最。特别是查处了多名涉嫌严重违纪或违法的退休官员,成为备受社会关注的反腐新动向。过去,一般而言,官员只要退休,就相当于“平安着陆”,不再会被追究党纪政纪和刑事责任。但十八大

后,“退休 = 平安着陆”的铁律不断被打破,退休不等于进入“保险箱”,不能享有法外豁免的特权,折射出了中央反腐斗争前所未有的决心和力度。

(二)“三严三实”是衡量合格党员干部的新标准

有些观点提出,“三严三实”是衡量优秀党员干部的新标准,更准确的说法应当是说“三严三实”是衡量合格党员干部的新标准。“三严三实”是一名合格党员干部必须要要做到的。各级领导干部只有遵循这个总坐标,用好这个总标尺,才能切实做到从“严”的高度强党性、塑品行、立形象,以“实”的境界“接地气”“强底气”“长灵气”,砥砺作风品质,增长智慧才干,提高工作能力。

(三)“三严三实”是全面深化改革的正能量

30 多年来,我国改革开放由浅入深、由易到难、逐步深化,破解了许多制约发展的重大难题,但还有一系列深层次矛盾和问题尚未得到根本解决,好改的基本上都已经改了,剩下的都是难啃的硬骨头。不仅如此,随着国际国内形势的深刻变化,我国的发展又面临着一系列新的问题和挑战,比如贫富差距问题、环境污染问题、政治体制改革问题、经济转型问题、领土领海争端问题、恐怖主义问题等。新老问题相互交织,国内国际因素相互影响,需要解决的问题分外艰巨。虽然目前我国的综合国力与改革前相比已经有了巨大的提升,但是我们今天所面临的问题并不比改革前少,甚至更复杂。但是,我们并不怕,只要我们所有的党员干部都把“三严三实”真正落到实处了,就必然是一支纪律严明、作风优良、素质过硬的战斗队伍,能够为实现全面深化改革战略目标保驾护航。

(四)“三严三实”是实现伟大复兴中国梦的推动力

“中国梦”凝聚了几代中国人的夙愿,体现了中华民族和中国人民的整体利益,是每一个中华儿女的共同期盼,更是我们每一名共产党人为之奋斗的重要目标。要实现伟大复兴中国梦,要靠全体中华儿女的共同努力，而党员干部，是我们党实现中华民族伟大复兴的中坚力量，是带领广大群众实现新目标、达到新愿望、完成新任务的领航员，同时，更是实现中国梦的组织者、实施者和推动者。俗话说得好：村看村，户看户；群众看党员，党员看干部。我们的党员干部特别是领导干部能力水平的高低、作风的好坏直接影响着人民群众的切身利益，影响着党和政府的形象。因此必须通过"三严三实"，建设一支作风正派、信念坚定、能力突出的党员干部队伍，凝聚起实现中国梦的强大力量。

三、自觉践行"三严三实"的基本要求

认真学习、悉心品味总书记"三严三实"的要求，觉得真切、实在、高远，如何真正做到"三严三实"呢？应该从以下几个方面努力：

（一）践行"三严三实"，必须不懈学习以提升自我

一是要树立高度的学习自觉性。学习的重要性，大家应该都明白，多学只有好处，没有坏处。通过学习，可以扩大知识面，增长才干，提高综合素质，当前的工作形势对领导干部的能力素质要求越来越高，很多过去没有面临过的问题都出现了，比如公共危机处理、媒体应对、网络舆情应对等。因此，领导干部的学习主要靠自学，要多抽出时间来读书看报听讲座，要珍惜每一次听课的机会，即使一个老师课上得不好，但是通过听课，至少你会思索，为什么这个老师上得不好，他哪里讲得不对，为什么讲得不对，对老师否定的过程实际就是学习的过程。我在市委党校当了十多年的老师，发现一个现象，那些学习认真、发言积极、思维活跃的学员，往往在工作方面也是做得比较好的，在处级领导干部公选考试中，那些学习认真的学员往往能出类拔萃。由此可见，无论是为国家、为人民，还是为自己，都应该要加强学习。

二是要把解决问题作为学习的目标。领导干部的学习是以提高工作能力为目标的学习，只有针对工作生活中现实的人、现实的问题，

才能取得成效。领导干部学习的目的性很明确,既不是为了高考,区别了中小学生;也不是为了就业,区别于大学生和其他从业人员。我们的学习是为了解决实际问题,提高实际工作的能力。因此,我们可以有选择性地针对工作中的问题、矛盾学习相关的知识,提高解决问题的能力,这既是一种学习方法也是学习的根本目的。

三是要虚心学习他人的优秀成果。一是向理论学,二是向实践学,三是向模范学。模范就是一面镜子,领导干部应好好对照自己应该如何为政、如何干事、如何做人。以他们为榜样,真正做到两袖清风,忠诚于党、鞠躬尽瘁。四是向群众学。我们还要学会做去粗取精、去伪存真、由此及彼、由表及里的加工,找到事物本质和规律性的东西作为我们行动的导向。

通过学习,我们要进一步提高统筹全局的决策力,通过学习进一步提高解决问题的创新力,通过学习进一步提高科学发展的执行力,为践行“三严三实”打下良好的基础。

(二)践行“三严三实”,必须心存敬畏,严以律己

一是要敬畏人民。人民群众是历史的创造者,得民心者得天下。纵观中共党史,我们发现我党历史上,只要群众路线坚持的好,党就建设和发展得好;如果偏离了群众路线,就会遇上一系列的矛盾和困难。井冈山斗争时期就是一个很典型的例子,1927 年秋,毛泽东同志带领秋收起义部队上井冈山,就坚定不移地坚持群众路线,打土豪、分田地,充分尊重井冈山群众的感受,维护井冈山群众的利益,团结一切可以团结的力量,特别是团结了袁文才、王佐两位绿林武装的领袖人物,赢得当地民众的支持,才能在井冈山安营扎寨,并成功打退蒋介石的四次反革命围剿。由此可见,人民群众的支持,才是我党生存的基础。即使是今天,我们仍然要敬畏人民群众,这也是为什么一定要把群众路线落实到底的根本原因。

二是要敬畏规律。小而言之,就是要敬畏自然规律,要“天人合

一”,科学发展,和谐发展,珍惜环境,珍惜资源,既给人民以富足的财富,也给人民以蓝蓝的天、绿绿的草、清新的空气和干净的水,既让今天的人富足安康,也让后代子孙有赖以生存的资源。要尊重生命的神圣权利的平等,维护和尊重每个人的尊严,维护和尊重每个人的权利,维护和尊重每个人的发展,创造条件让人们成就事业、实现价值。要维护和实现民生,把就业、看病、上学、住房等这些人民群众最关心、最直接、最现实的问题解决好。

三是要敬畏权力。敬畏权力就不能玩弄权力,搞权术、做交易。做官要有所为,有所不为,工作上要有所作为,违法乱纪则千万不可为。有些领导干部职位越高、权力越大,“胆子”也会越来越大,变得“天不怕、地不怕”,其实这最可怕。我们要按照“三严三实”要求,做到手握戒尺,慎独慎微,按规则、按制度行使权力,把权力关进制度的笼子,任何时候都不搞特权,不以权谋私,用权为民,遵纪守法,清廉为政。

(三)践行“三严三实”,必须修养党性以坚定信念

一是要加强党性修养,坚定理想信念。理想信念是广大党员干部的行动指南、精神动力和力量源泉,党员干部一旦丧失理想信念,就会偏离服务人民群众的立场,危及党和人民的事业。现在,中国共产党党员总数达到8900多万名,如果每一名共产党员都能按照党章严格要求自己,那么很多问题都会迎刃而解,但是为什么现在问题这么多,也说明了还有一些党员干部已经丧失了共产主义的理想信念,没有按照共产党员的标准严格要求自己,甚至还有少部分人把加入共产党当成是政治投机、谋取权力的途径。这些人入党的目的,是为了给脸上贴金,爬个好位子,找个好工作,对于这些人,我们无法指望共产主义理想信念在他们心中会有重要位置,也无法相信这些人能大公无私,为共产主义奋斗终身。

二是要提升道德境界,追求高尚情操。习近平总书记指出,国无

德不兴,人无德不立。“官德彰则民风淳,官德毁则世风降。”作为掌握各种权力的党员干部,其一言一行在群众中的影响往往很大。“官德影响民德。”一地一部门党员干部的道德水准,很大程度上影响着该地区该部门的道德水平。老百姓的眼睛是雪亮的,一个官员特别是领导干部的道德品行怎么样,人民群众心里很清楚。当前,我们少数领导干部的理想信念淡化了,道德水平退步了,不信马列信鬼神,干出了一些匪夷所思又让人啼笑皆非的荒唐事。有两种官员,人民群众会永远记住,第一种是那些为人正直,品德高尚,全心全意为老百姓办实事的好官,这叫青史留名;还有一种就是那些品德败坏,损害人民群众切身利益的贪官,这叫恶名远播。因此,我们的干部要当好官,不当昏官;要当清官,不当贪官;要当能官,不当庸官。坚守信念,以严格的标准要求自己,做一个品德高尚的人,一个脱离低级趣味的人。

(四)践行“三严三实”,必须干事创业以造福一方

“为官一任,造福一方”。党和人民给予领导干部职位,赋予领导干部权力,就是给领导干部提供了一个为人民干事创业的舞台。每一个领导干部在这个舞台上的时间都是有期限的,为党和人民做事的时间并不是很长。因此我们要珍惜这个平台,在其位就要谋其政,任其职就要尽其责。习近平总书记讲的领导干部谋事要实、创业要实、做人要实不仅仅是从工作出发给我们提出的一种要求,也是从人生的真谛和价值追求出发给我们每个人指出的人生取向。

一是要鞠躬尽瘁,一心为民。领导干部是一个地方的决策群体,领导干部干事情的出发点好不好,对一个地方的发展实在是太重要了。干事创业,要从一个地方的长远利益、一方百姓的幸福安康出发实实在在地谋划事业和工作,使我们的决策符合当地的实际、符合百姓的愿望,符合科学精神,符合规律。千万不能从个人的功利出发,从“政绩”出发、“面子”出发,好高骛远,脱离实际。我们为什么要学习焦裕禄精神,焦裕禄在河南兰考县担任县委书记只有不到两年的时

间，为什么老百姓都记得他、感谢他，就是因为焦裕禄在兰考一年多的时间里，一不怕苦，二不怕死，全心全意为人民服务的革命精神感动了当地百姓，所以老百姓记得他，我们要学习他这种精神就是一种全心全意为人民服务的精神，就是干事创业要一心为民的精神。

二是要实事求是，务求实效。干事创业的根本在于取得真真实实的成效，解决实实在在的问题，而不是花拳绣腿只顾热闹。要求得实效，就必须坚持实事求是的原则。不同的地区在发展过程中存在的问题、面临的机遇、获得的条件是不同的，同样一项工作放在不同的地区去做，效果可能会完全不同，我们可以学习参考别人优秀的经验，但是绝对不能简单地照搬，干事创业离开了实事求是这个原则，不但不会办成事还很有可能办坏事。

三是要团结一致，凝心聚力。事业不是一个人干出来的，不是少数人干出来的，而是一个奋发有为的集体干出来的。凝心聚力才能干成事，团结一致才能凝心聚力。自觉维护团结是党性、品德和胸怀的体现。团结的前提和基础是什么？就是对党、对组织、对人民、对同志忠诚老实，做老实人，干老实事，公道正派，襟怀坦白。一个单位的党员干部之间特别是班子成员之间要相互尊重、相互信任、相互支持、各司其职、各尽其责，心往一处想，劲往一处使。

“三严三实”是对作风建设的进一步升华，简明扼要，切中要害，是党员干部的为官之道和行为准则，需要我们共同遵守，积极践行。

做党的“四有”好干部

李姝苹①

2015 年 1 月 12 日习近平总书记在中央党校第一期县委书记研修班座谈会上指出:“做焦裕禄式的县委书记,始终做到心中有党、心中有民、心中有责、心中有戒。”②这一重要讲话,给广大党员干部提出了新要求、树立了新标杆,回答了新形势下培养什么样的党员干部,怎样培养党员干部的时代课题,体现了党和人民对广大党员干部的期望和重托。

本文围绕以下三个问题,与大家探讨分析。一,“四有”的基本内涵;二,党员干部在“四有”方面存在的主要问题;三,践行“四有”要求,做“四有”好干部。

一、“四有”的基本内涵

(一)“心中有党”,就是要对党忠诚

古人云:“天下之德,莫过于忠”,“忠诚敦厚,人之根基也。”对党忠诚,这是每名共产党员的神圣誓言。对党忠诚,就是要在党言党、在党为党、在党爱党。这个忠诚,必须是唯一的、彻底的、无条件的、没有

---

① 李姝苹,女,中共邵阳市委党校法学教研部研究生。

② 习近平:《做焦裕禄式的县委书记,习近平总书记重要讲话文章选编》,中央文献出版社 2016 年版,第 240 页。

任何水分的。这个忠诚,不仅要在平时工作中把牢政治方向,强化组织意识,时刻想到自己是党的人,时刻不忘自己对党应尽的义务和责任,在任何情况下,都要自觉同党中央保持高度一致,自觉维护党中央权威,党中央提倡的坚决响应,党中央决定的坚决照办,党中央禁止的坚决杜绝。

(二)"心中有民",就是要有爱民情怀

回顾历史,心中有民,自古有之。古代先哲们对"民本"思想有许多论述。孔子曰:"民之所好好之,民之所恶恶之,此之谓民之父母。"孟子曰:"民为贵,社稷次之,君为轻。"古人在阐述他们民本思想的时候留下了很多名言警句,如杜甫"安得广厦千万间,大庇天下寒士俱欢颜",于谦"但愿苍生俱饱暖,不辞辛苦出深林",郑板桥"些小吾曹州县吏,一枝一叶总关情",许多政治家思想家都以关心百姓疾苦为己任。历史的经验教训告诉我们,民心向背是国家政权兴衰存亡的决定性因素,得民心方能得天下。共产党人始终代表最广大人民的根本利益,人民群众是我们党的根基和血脉。因此,共产党人要有更为宽广的政治胸襟和更为深厚的爱民情怀。

习近平总书记每次去基层考察工作时,无论工作多忙,都不忘记去看望困难群众。群众,在习近平心中有着最重的分量。基层,是他去得最多的地方。多年不变踏实亲民的作风,使习近平总书记在广大老百姓中赢得"平民书记"的赞誉。他曾说过这么一句话:"对于我们共产党人来说,老百姓是我们的衣食父母。要像爱自己的父母那样爱老百姓,为老百姓谋利益,带老百姓奔好日子。"①这句话直白而形象地道出了人民公仆的本色与操守、价值与追求。心中有民,就是要有这种爱民情怀。

(三)"心中有责",就是要能干事有担当

习近平总书记强调:"干部就是要有担当,有多大担当才能干多大

① 习近平:《我是黄土地的儿子》,载《全国新书目》,2002 年第 12 期。

事业,尽多大责任才会有多大成就。”[1]不能只想当官不想干事,只想揽权不想担责,只想出彩不想出力。要意气风发、满腔热情,为官一任、造福一方。不能干一年、两年、三年还是涛声依旧。[2] 要有“功成不必在我”的境界,像接力赛一样,一棒一棒接着干下去。要有明知山有虎、偏向虎山行的劲头,积极寻找克服困难的具体对策,真正成为带领人民群众战风险、渡难关的主心骨。

(四)“心中有戒”,就是要心存敬畏

这份敬畏,是对党和人民赋予权力的敬畏,是对党纪国法的敬畏、是对群众和组织的敬畏。古人云:“畏则不敢肆而德以成,无畏则从其所欲而及于祸。”习近平总书记多次告诫全党同志要有敬畏之心,戒惧之意、心存敬畏,手握戒尺。领导干部能不能过“权钱色”三关,首先取决于思想上能不能过“敬畏”关。只有心存敬畏,才能言有所戒、行有所止。清雍正年间,铜山知县叶存仁期满离任时,吟诗一首,坚决拒绝僚属们送来的礼物:“月白风清夜半时,扁舟相送故迟迟;感君情重还君赠,不畏人知畏己知。”清朝道光年间陕西蒲城知县蔡信芳,清廉爱民,离任时百姓不舍,蔡知县吟诗抒怀:“罢郡轻舟回江南,不带秦中一寸棉。回看群黎皆有愧,长亭一别心黯然。”思想上清白,行为上就不留污垢,就不会被形形色色的诱惑“围猎”,为官应该做到心怀戒尺而来,不带半根草去。

二、党员干部在“四有”方面存在的主要问题

(一)心中有党方面

1. 理想信念动摇

习近平总书记指出:“理想信念是共产党人精神上的‘钙’,没有

---

① 习近平:《做焦裕禄式的县委书记,习近平总书记重要讲话文章选编》,中央文献出版社 2016 年版,第 244 页。

② 习近平:《做焦裕禄式的县委书记,习近平总书记重要讲话文章选编》,中央文献出版社 2016 年版,第 245 页。

理想信念，理想信念不坚定，精神上就会‘缺钙’，就会得‘软骨病’。”①一些党员领导干部理想信念动摇，对马克思主义信仰不坚定，认为共产主义虚无缥缈、遥不可及，对中国特色社会主义缺乏信心，对党的忠诚意识弱化。有的信奉“马列主义对人，自由主义对己”；有的信奉“当官不发财、请我也不来”；有的不信马列信鬼神。凡此种种，无不是在心中有党上出现了缺口，失掉了主心骨、丢掉了生命线，最终拜倒在形形色色的“糖衣炮弹”面前。

求神拜佛，笃信风水不会带来官运、财运亨通。而马列主义信仰的动摇或缺失，则会迷失方向，败坏党内政治风气，给党和国家带来严重损失，有百害而无一益。陈弘平事件印证了部分党员干部丧失信仰、背离党性，早晚都要摔跟头。

2. 党纪党规意识不强

国有国法，党有党规。对于党员干部来说，党纪党规是从政做人的底线，是不可逾越的红线，也是触碰不得的高压线。近年来，一些党员领导干部自恃位高权重，目无党纪党规，以权谋私、腐化堕落。严重违纪违法案件的背后，是纪律意识的淡薄和规矩意识的弱化。

（二）心中有民方面

1. 服务意识不够强，宗旨观念不牢

一些党员干部为人民服务的宗旨意识还不够强，在平时的服务工作中没有端正自己的态度，对群众的合理诉求置之不理，对复杂问题存在着畏难情绪，有时遇到问题绕道走，没有尽全力为人民群众做事。

2. 干群关系渐疏远，深入基层不够

当前一些党员干部的群众观念有所淡化，与群众的关系逐渐疏远。到基层深入调研的时间少，不能很好地为群众排忧解难。我们不禁要问，为什么交通便利了，我们与群众的距离反而疏远了？为什么

① 习近平：《紧紧围绕坚持和发展中国特色社会主义学习宣传贯彻党的十八大精神，习近平总书记重要讲话文章选编》，中央文献出版社 2016 年版，第 15 页。

通信发达了,与群众的沟通反而困难了?为什么文化水平提高了,做群众工作的能力反而下降了?过去谈到干群关系,常常用“鱼水关系”来形容,而如今大家有时用“蛙水关系”来描述,“蛙水关系”是指有些领导干部把自己当成“青蛙”,当需要群众之“水”时就跳到水中去,满足了自己的利益需求后又跳上岸。有一段民谣在群众中流传很广,用四个字进行概括,脚、声、影、尘。说的是“五六十年代党员干部与群众同吃同住,晚上睡觉的时候,群众可以摸得到干部的脚;七八十年代干部流行上广播做报告,群众只能听得到干部的声音;九十年代群众更多的时候只能通过电视瞧一瞧党员干部的身影;21 世纪党员干部更多的时候坐着小车隔着玻璃视察民情,群众只能吃到车子开走时扬起的灰尘”。这段民谣比较生动地反映了干群关系疏远的倾向,也道出了群众对干部深入基层的期待。

(三)心中有责方面

1. 责任意识淡薄,“为官不为”现象凸显

2015 年的政府工作报告上提到了一个关键词“为官不为”。

在经济“新常态”和反腐风暴的双重高压下,一些地方的党员干部虽然不敢乱作为了,但又不作为了,任由这种思想滋长、势头蔓延,必然会涣散党心,伤害民心,消解转作风反腐败的正面效应。

2. 创新能力不足

部分党员干部对工作满足于依照程序、按部就班地去做,存在教条主义、机械主义现象,不能创新方式方法,及时高效地统筹好各项工作,影响了工作的质量。如一些党员干部工作思路滞后,安于现状,对群众所思所想、所需所求茫然待之,容易造成群众工作的盲目化;一些党员干部服务方式落后,如对互联网的使用不熟悉,在信息化时代显然已经落伍,造成群众工作的低效化;一些党员干部服务内容陈旧,不仅得不到群众的认可和满意,还容易造成误解甚至激化矛盾。

(四)心中有戒方面

1. 权力腐败问题突出

权力是人民赋予的,应该取之于民,用之于民。然而一些党员干部在权力面前迷失自我,权力腐败问题突出。十八大以来,党中央加大了反腐的力度,反腐的基调一直是“力度不减、节奏不变、尺度不松”。权力过大和过于集中是腐败的重要原因,监督的漏洞也增长了贪腐的机会,但真正导致腐败的根源是官员心中缺乏对权力的敬畏之心。

2. 作风问题屡禁不止

党员干部的作风代表党和国家的形象。优良作风是一种无形的力量,会发挥潜移默化的作用,带动整个社会风气向好向优。相反,不良作风的泛滥,则会误导社会,造成人民不得不随波逐流的态势。自2012年底,中共中央出台八项规定,重拳出击治理“四风”,通报作风案例,取得了明显成效。但是,作风问题仍然是百足之虫死而不僵。作风问题为何屡禁不止？关键是其顽固性和反复性在作怪。习近平总书记在十八届中央纪律检查委员会第二次全体会议上指出:“作风问题具有顽固性和反复性,抓一抓有好转,松一松就反弹。”

比如说官员的生活作风问题。统计显示,近年来全国各地查处的腐败官员中,不少人有情妇,养情妇、包二奶已经成为当今贪官的一个显著特征。这一现象折射出新时期加强党政领导干部生活作风建设的紧迫性。生活作风建设是党的各项建设的基石,是党的创造力、战斗力的重要内容,也是党永葆先进性和纯洁性的重要标志。常言道“色如水,不遏则滔天;欲如火,不遏则自焚”。生活作风腐化必然会导致权力腐败,会让一些干部色令智昏、铤而走险,在腐败的道路上渐行渐远。

三、践行“四有”要求,做“四有”好干部

(一)心中有党,以正确的世界观立身

党员干部要做到心中有党、对党忠诚,关键要注重解决好世界观、

人生观、价值观这个“总开关”问题。世界观是人们对自然和社会总的看法和根本观点,是决定一个人如何看待世界、处理问题的最基本的态度。一个人的世界观正确与否,将直接影响他的价值观和人生观。因此,要做到心中有党,就是要以正确的世界观立身。

1. 树立坚定的理想信念

党的十八大报告指出,对马克思主义的信仰,对社会主义和共产主义的信念,是共产党人的政治灵魂,是共产党人经受住任何考验的精神支柱。回顾我们党的历史,我们每一个人都会这样感叹:一个1921年成立、最初只有50多名党员的党,28年后竟然能够夺取全国政权,如今已经发展到拥有8900多万名党员;一支1927年八一南昌起义建军、最后只剩下不到800人的队伍,22年后竟然能够“横扫千军如卷席,百万雄师过大江”,具有如此坚不可摧的强大力量。这是信仰的力量。这告诉我们每一位共产党员,只有坚定对马克思主义的信仰,对社会主义和共产主义的信念,才能在顺境中头脑清醒,在逆境中斗志昂扬,始终保持共产党人积极进取、奋发有为的精神风貌。

2. 要对党忠诚

共产党要带领人民实现中华民族的伟大复兴,必须要由心中有党、对党忠诚的人来完成。在新的历史条件下,党员干部应该怎样做到对党忠诚呢?一是在西方敌对势力的“西化”图谋面前方向明确不“迷路”;二是在形形色色的利益诱惑面前坚守党性原则“站稳脚跟”不摔跤;三是在地方工作锻炼和重大考验面前政治上成熟不幼稚。

3. 严守党的纪律,牢记党的规矩

“欲知平直,则必准绳;欲知方圆,则必规矩。”党的纪律和党内规矩是全体党员的行为规范和行动准则,也是党的凝聚力、战斗力的重要体现和可靠保证。习近平总书记在十八届中央纪委五次全会上深刻阐述了守纪律讲规矩的极端重要性,政治纪律、政治规矩,是我们立党的基石和保证,也是每个党员必须坚守的政治生命线,只有进一步严守政治纪律,牢记政治规矩,才能把党要管党、从严治党各项要求落到实处,才能真正体现对党忠诚。

(二)心中有民,以正确的群众观为官

习近平总书记指出,我们要牢固树立马克思主义群众观,自觉实践群众观,这是一个带有根本性的重大问题。党员干部要做到心中有民,关键是要以马克思主义群众观为官。

1. 要心系群众,感恩于民

县委书记的标杆焦裕禄曾经冒着风雪看望瘫痪老人,当老人问他是谁时,焦裕禄深情地说:"我是您的儿子。"这是共产党人对群众最深厚的感情。杨善洲一辈子造福群众,他说:"只要生命不结束,为人民服务就不停止。"有人问他为什么要这样做,他说这是"为了报恩"。这是共产党人对群众最大的回馈。新形势下,党的好干部要像焦裕禄、杨善洲一样,自觉坚持群众路线,牢固树立群众观点,带头改进工作作风,把一切为了群众,一切相信群众,一切依靠群众落到实处。

2. 要深入群众,造福于民

古语曰:为政之道,以厚民为本;治国之道,必先富民。党的好干部要时刻把人民放在心中最高位置,为民尽责,为民谋利。把群众的呼声和关切作为第一信号,真正站在群众的立场上想群众所想、急群众所急,为群众诚心诚意办实事、尽心尽力解难事、坚持不懈做好事。

"绝不让一个兄弟民族掉队",为实现这样一个承诺,高德荣在2006年当选为怒江州人大常委会副主任后,这样一位副厅级干部,就主动放弃城市生活,把办公室搬到条件艰苦的独龙江,带领独龙族同胞修路架桥、发展产业。他说:"独龙族同胞还没有脱贫,我的办公室应该设在独龙江。"回到独龙江后,高德荣结合当地实际,带领群众种植草果、饲养蜜蜂。如今,全乡草果种植面积已达3万多亩,"绿色银行"正在见效。高德荣说:生活在群众中让我充实。高德荣就是造福于民的典范，也是全国党员干部的一面旗帜。

（三）心中有责，以正确的事业观干事

事业观主要是关于事业方向和事业道路的看法，决定着人们采取什么样的事业态度、遵循什么样的事业精神、追求什么样的事业目标。中国共产党人的事业观，就是要为人民利益不懈奋斗，为中国特色社会主义事业不懈奋斗。心中有责，这是党员干部的职责所在，使命所在。要做到心中有责，就是要以正确的事业观干事。

1. 要有责任意识和担当精神，“为官有为”

领导干部要有责任意识，权力和责任是等量的、不可分割的，拥有多大的权力，就必须承担多大的责任。不作为、不担责任的权力，难免沦为一种“闲差”。无论是领导干部，还是一般的工作人员，都应该做到“在其位，谋其政，任其职，尽其责”。

政声人去后，民意闲谈中。苏东坡任杭州刺史时，疏浚西湖，用挖出的淤泥葑草堆筑起一条南北走向的堤岸，被称为“苏公堤”，成就一生荣耀；唐朝武则天时，官居文昌左相（宰相）的王及善，无所作为，只作出一条规定，各部官员不准骑驴进入衙门，人称“驱驴宰相”，留下千古骂名。一荣一辱之间，只在为与不为。当官就应该有责任、有担当，“为官不为”是官之耻辱，“为官有为”才是做官的本分。

我们党涌现了一批有责任有担当的好干部，航空英模罗阳，用生命诠释了国防科技工作者的责任意识和担当精神，在生命的最后一个月里，他不知疲倦，劳心劳力，直至生命的最后一刻。最美基层干部菊美多吉，因过度劳累，突发脑溢血去世，年仅33岁，他用33岁的年轻生命践行了一个共产党员对群众的庄严承诺，他的美在于扎根基层、对群众守诺、对党忠诚。被评为2014年感动中国年度人物的赵久富，50年间两度背井离乡，带领村民搬迁，重找致富路，回首自己大半辈子担任村干部的经历和心路历程，赵久富只说了四个字：问心无愧。众多党的优秀干部无不是以有为为荣、以无为为耻，敢于干事、勇于干事,为党分忧、为国尽责、为民奉献。他们以自己的"有为作为"赢得了信任、赢得了尊重、赢得了荣誉。

2. 转变思想观念,创新工作方法

古语曰:明者因时而变,知者随事而制。经济新常态下,做一个对党对人民负责任的好干部,还必须要不断转变思想观念,创新工作方法,为群众生产、工作、生活提供满意周到的服务。

要"转",使思想观念、行为方式紧跟时代步伐;要"变",在作风、精神、能力上积极适应新要求;要干,顺势而为、主动作为、奋发有为。以开拓创新、知难而进的智慧和勇气,肩负起推动经济社会持续健康发展的历史责任。

(四)心中有戒,以正确的权力观用权

正确的权力观的本质是权为民所用,马克思主义权力观概括起来是两句话:权为民所赋,权为民所用。对党员领导干部而言,权力意味着责任和义务,绝不能把权力当作以权谋私、巧取豪夺、中饱私囊的工具。要想做到心中有戒,就必须树立马克思主义权力观。

1. 要用权为公

自古以来,公正无私一直被中国人视为清官、好官的标准。行使公权的最重要基准就是要突出这个"公"字。大禹治水"三过家门而不入",诸葛亮"鞠躬尽瘁,死而后已",林则徐"苟利国家生死已,岂因祸福避趋之",讲的都是为公尽责而无私。

"立党为公,执政为民",这是我们党赖以生存的根本,用权为公,核心是不以公权谋私利。要做到公私分明、克己奉公、严格自律。公款姓公,一分一厘都不能乱花;公权为民,一丝一毫都不能私用。

原公安部副部长,现为中央纪委副书记的刘金国,是用权为公,不以公权谋私利的典范。刘金国担任领导职务几十年,亲手审批过近20万个"农转非"指标,可自己的亲属,却无一人跳出"农门";他经常深入基层调研,但从不提前打招呼,吃饭除了在机关食堂就是路边小店;

从不接受各种宴请，从不接受任何礼品，哪怕是一瓶酒、一盒茶叶；经常出席重要场合，却没有一件名牌衣服；配有工作用车，家属从未用过。①

2. 要敬畏权力

敬畏，是一种自觉的道德约束，是一种做人行事的操守，也是一种为官从政的品行。当前，领导干部经常面对灯红酒绿、金钱美色的诱惑，只有敬畏，才能在诱惑面前保持坚定，做到一身正气、一尘不染；只有敬畏，才能过金钱观、美色关。作为领导干部，无论从事什么工作，都要对自己岗位的权力有一种敬畏之心，时刻警惕权力的滥用。对权力多些敬畏，少些任性。

3. 要慎用权力

晚唐诗人杜荀鹤的一首题为《泾溪》的诗云："泾溪石险人兢慎，终岁不闻倾覆人。却是平流无石处，时时闻说有沉沦。"这首诗告诫人们，形势越好、道路越平、成绩越大，越应该谨慎。当拥有权力的时候，慎用是最大的价值理念。因为权力是把双刃剑，既可以为民造福，也可以以权谋私，对群众的感情造成隐性伤害。作为一名领导干部，不但要时刻牢记自己身上肩负的责任和义务，更要慎用手中的权力，要用在必须处、关键处，彰显出一种对权力的极度慎重、对群众感情的极度尊重。

"老子生来骨性寒，宦情不改旧儒酸"，"事冗不知筋力倦，官清赢得梦魂安"。党员干部要时刻牢记习近平总书记的谆谆告诫，自觉践行党的"四有"好干部标准，心中有党永忠诚、心中有民勤奉献、心中有责敢担当、心中有戒常自律，把"四有"要求内化于心，外化于行，做到内外兼修，知行统一。用实际行动，为群众谋福祉，为国家做贡献，为党旗添光彩。

① 刘金国被评为2011年感动中国年度人物，组委会给他的颁奖词是"烈火锻造的铁血将帅，两袖清风的忠诚卫士"，当时因执行公务未能到现场领奖的刘金国写信承诺："我是人民公仆，如有不廉洁、不公正、不负责、不作为的任何一点，将主动辞职，坚决言行一致，绝不失信于民！"

学习贯彻党章,严守党的纪律

范　茜①

一、学习党章的重要性分析

(一)学习贯彻党章是几代领袖按章治党思想的体现

邓小平同志认为:“国要有国法,党要有党规党法。党章是最根本的党规党法。”②江泽民同志认为:“各级党组织和每个党员都要严格按照党的章程和党内法规行事,严格遵守党的纪律,这是贯彻‘三个代表’要求,从严治党的重要体现。”③胡锦涛同志指出:“党章是把握党的正确政治方向的根本准则,是党员加强党性修养的根本标准,是坚持从严治党方针的根本依据。能不能有效地学习、遵守、贯彻维护党章,关系到增强党的创造力、凝聚力、战斗力,关系到巩固党的执政地位和保持党的先进性、关心到党的事业兴衰成败和党的生死存亡。”④苏共丧失执政地位,就是一个明显的例证。我们有必要明确党章的历史地位,认真学习党章。所以习近平总书记在十八大召开之后,号召全体党员认真学习党章,严格遵守党章。党章就是党的根本大法,是全党必须遵循的总规矩。在各级党组织的全部活动中,都要坚持引导

---

① 范茜,女,管理教研部讲师。

② 《邓小平文选》第二卷,人民出版社 1994 年版,第 128 页。

③ 《江泽民文选》第一卷,人民出版社 2006 年版,第 234 页。

④ 《胡锦涛文选》第二卷,人民出版社 2016 年版,第 156 页。

广大党员、干部特别是领导干部自觉学习党章、遵守党章、贯彻党章、维护党章，自觉加强党性修养，增强宗旨意识、执政意识、大局意识、责任意识，切实做到为党分忧、为国尽责、为民奉献。

党章是我们党具有最高权威的根本大法，它高于党内的任何其他法规、文件。党的任何一项决议进入党章，就以法的形式成为全党的统一意志和行动，形成强大的推动力量。党章统管一切，是党的各级组织和广大党员共同的行为准则，在党章中，大到党的基本路线，小到每个党员的权利和义务；远到党的最终奋斗目标，近到当前的任务要求，都做出了明确规范。遵守党章就是一个最低标准，也是一个最高标准。所谓最低标准就是作为一个共产党员首先必须承认党章党纲，没有这一条，就没有资格当党员。所谓最高标准，就是要真正做到按党章办事，永远保持共产党员的先进性。在党章面前，没有特殊党员，无论是领导干部，还是普通党员，都必须按党章办事，谁违背了党章，谁就会犯错误。

（二）学习贯彻党章是我们党自身建设实践经验的总结

从党章本身来讲，就是党的实践经验的结晶。我们党从成立到现在，先后制定并修改过多次。每次修改都即时把党的创新理论成果吸纳进来，我们党先后把马列主义、毛泽东思想、邓小平理论、“三个代表思想”、科学发展观及习近平新时代中国特色社会主义思想等重要思想内容写进党章，体现了党的指导思想的与时俱进。从党的建设经验来说，党章本身就是党的历史的生动教材，从延安整风开始，我们党共进行了10次有较大影响的整风和教育运动。每次都把学习党章作为统一全党意志的根本准则，按照党章标准进行思想、组织和作风整顿，使得全党思想上更加统一、组织上更加纯洁、作风上更加求实。从一些单位党的建设的教训上来看，学习贯彻党章关系到党组织的建设水平。有的党组织由于学习党章不够经常和严格，党组织生活不够规范，影响了自身的建设，有时还犯一些常识性的错误。从个人成长进步来说,也离不开学习贯彻党章。大家有一个体会,入党前,对学习党章都比较认真,对自己要求也比较严格。入党以后,有的党员就放松思想了,时间一长对党章的印象就比较淡薄了,所以每学习一次党章,都是对自己思想的一次清理,对灵魂的一次净化,对党的认识都会进一步加深。

(三)学习贯彻党章是我们党应对新挑战、新考验的现实需要

党章明确指出,新世纪新阶段,我们的战略目标是全面建成惠及十几亿人口的更高水平的小康社会,这一时期既是我们发展的战略机遇期,又是各种矛盾的凸显期。从国际上来讲,我们面临发达国家在经济、科技、军事等方面的压力,面临着敌对势力对我国实行西化分化的压力、面临着新兴大国之间相互竞争的压力,面临着各种不稳定、不确定因素增多的压力。从国内来讲,随着改革的深入,社会结构和利益格局变动加剧,社会贫富差距拉大,新形势下两类不同性质的社会矛盾增多,能不能抓住和运用好战略机遇,解决好遇到的这些矛盾,是对我们党创造力、凝聚力、战斗力的严峻考验。解决这些问题,迫切需要我们通过进一步学习贯彻党章,不断提高党的能力建设和先进性建设水平,进一步统一意志,凝聚力量,团结带领人民抓住机遇,应对挑战,更好地肩负起实现中华民族伟大复兴的历史重任。

(四)学习贯彻党章是维护党的纪律的根本保障

十八届中央纪委五次全会把加强纪律建设,把守纪律讲规矩摆在更加重要的位置。党章是全党必须遵循的总章程,也是总规矩。党章是党的总章程,是全党必须遵守的最高政治行为规范,也是全体党员必须遵守的“第一纪律”。由于党的地位和党所处的历史条件及承担的历史任务的变化,十九大党章修正案对党章的内容进行了重大的修改与完善。这是实现党的指导思想与时俱进的客观需要,是推动新时代党和国家事业发展的必然要求,是推进党的建设新的伟大工程的战略举措。

正如邓小平同志说的，我们讲了一辈子马克思主义，其实马克思主义并不玄奥，是很朴实的东西、很朴实的道理，我们看到一份红军时期的党员誓词，一个24个字，其中还有7个错别字、虽然那时候的党员的文化水平不高，但这并没有影响党员按照党章的誓词要求去做。我们现在加强纪律修养，就是要按照党章要求一条一条地去做，一条一条地去落实。

二、党章中与时俱进的纪律

什么是党的纪律?《中国共产党章程》第39条规定:党的纪律就是党的各级组织和全体共产党员必须遵守的行为准则。是维护党的团结统一，完成党的任务的保证。党组织必须严格执行和维护党的纪律，共产党员必须自觉接受党的纪律的约束。党的纪律就是党的生命，我们党起家的时候靠铁的纪律，发展壮大同样靠铁的纪律。没有纪律就没有强大的凝聚力和战斗力，只能是一盘散沙。特别像我们这样已经拥有8900多万党员的大党，更需要严明纪律，更需要严守纪律，更需要加强纪律修养。

党的十八大以来，以习近平同志为总书记的党中央从战略和全局的高度，对加强党的纪律建设，增强全党纪律性做出了新部署、新要求。在十八届中央纪委二次全会上，习近平总书记强调要“严明党的政治纪律”。在三次全会上，他又重点强调“要严明党的组织纪律”。在五次全会上强调“要加强纪律建设，把守纪律讲规矩摆在更加重要的位置”。对遵守政治规矩进行了全民阐述，并提出了五个必需的重点要求。

(一)党的纪律的历史沿袭

1921年7月，党的一大讨论和通过了《中国共产党纲领》,《纲领》宣布“我党定名为‘中国共产党’”。《纲领》第六条规定，“在党处于秘密状态时，党的重要主张和党员身份应保守秘密”。1922年7月，在上海召开的党的二大讨论和通过了《中国共产党章程》。党的二大党章第四章“纪律”部分共有9条。其中,第四章第24条规定:“本党一切会议均取决多数,少数绝对服从多数”;第25条列举了开除党员的6项规定。党的三大、四大党章“纪律”一章基本沿用了“二大党章”。1927年6月,中央召开政治局会议,对党章进行了修改,第九章“纪律”共6条。其中,第六十五条明确规定,“严格党的纪律是全体党员及全体党部最初的最重要的义务”;第六十六条规定,“不执行上级机关的决议及其他破坏党的行为,即认为违背党的共同意志而处罚之。”1928年6月至7月,党的六大在苏联莫斯科举行,通过了《中国共产党章程》。党的六大党章第十二章“党的纪律”共2条,第四十四条规定,“严格的遵守党纪为所有党员及各级党部之最高责任”;第四十五条规定,“不执行上级党部的决议和犯了党内认为有错误的其他过失,应由相当的党部予以纪律上的处分。”1945年6月,党的七大党章第一次把党的纪律写进总纲,规定:“中国共产党是按民主的集中制组织起来的,是以自觉要履行的纪律联结起来的统一的战斗组织。”“在党内不容许有离开党的纲领和党章的行为,不能容许有破坏党纪、向党闹独立性、小组活动及阳奉阴违的两面行为。中国共产党必须经常注意清除自己队伍中破坏党的纲领和党章、党纪而不能改正的人出党。”同时,首次将“四个服从”作为党的民主集中制的四项基本原则之一载入党章,即“党员个人服从所属党组织,少数服从多数,下级组织服从上级组织,部分组织统一服从中央”。1956年9月通过的党的八大党章第二章第十九条第(六)款对“四个服从”在表述上修改为:“党的决议必须无条件地执行。党员个人必须服从党的组织,少数必须服从多数,下级组织必须服从上级组织,全国的各个组织必须统一服从全国代表大会和中央委员会。”1982年9月,党的十二大党章又专门恢复了“党的纪律”一章。第七章“党的纪律”共5条,第三十八条规定,“共产党员必须自觉接受党的纪律的约束。”第三十九条规定,“党的纪律处分有五种:警告、严重警告、撤销党内职务和向党外组织建议撤销党外职务、留党察看、开除党籍。”党的十二大党章增加了第八章“党的纪律检查机关”,本章第四十四条规定了各级纪委的“三项主要任务”,同时,还规定了“三项经常性工作”。2002 年 11 月党的十六大党章在纪委的主要任务中增加了“协助党的委员会加强党风建设和组织协调反腐败工作”的内容,在经常性工作的规定中,增加了“对党员领导干部行使权力进行监督”和“保障党员的权利”两项内容。这些内容概括在一起,就是现在常说的“三项主要任务”和“五项经常性工作”。2012 年 11 月通过的十八大党章总纲中要求,“加强组织性纪律性,在党的纪律面前人人平等。加强对党的领导机关和党员领导干部特别是主要领导干部的监督,不断完善党内监督制度。”2017 年 10 月通过的十九大党章第四十四条规定:“党组织如果在维护党的纪律方面失职,必须问责。”

(二)党的纪律的内容分类

1. 政治纪律

(1)政治纪律的概念及基本要求

政治纪律是各级党组织和全体党员在政治方向、政治立场、政治言论和政治行为方面必须遵守的规则,是党最重要的纪律。

绝不允许公开发表同中央决定相违背的言论;

绝不允许在群众中散布违背党的理论和路线方针政策的意见;

绝不允许以任何形式泄露党和国家的秘密;

绝不允许对中央的部署阳奉阴违;

绝不允许传播政治谣言。

(2)党员干部违反党的政治纪律的主要表现

政治不坚定,理想信仰缺失;有令不行,有禁不止;腐败;弄虚作假,欺骗组织;道听途说,编谣传谣信谣。

(3)违反政治纪律的警示

堡垒最容易从内部攻破。

2. 组织纪律

在十八届中央纪委三次全会上，习近平总书记深刻阐述了严明党的组织纪律、加强组织纪律性这一重大命题，强调全党同志要“相信组织、依靠组织、服从组织，自觉接受组织安排和纪律约束，自觉维护党的团结统一”。①

党的组织纪律，指党的组织和党员必须遵守和维护党在组织上团结统一的行为准则，是处理党组织之间和党组织与党员之间关系的纪律。

遵守党的纪律是无条件的，要说到做到，有纪必执，有违必查，不能把纪律作为一个软约束或是束之高阁的一纸空文。

3. 群众纪律

党的群众纪律，指党组织和党员处理与人民群众之间关系的行为规范，也就是党处理党群关系的准则。

4. 经济纪律

党的经济工作纪律，是党的各级组织、党员和党的干部在经济工作中必须遵循的规范和准则。随着改革的深化、开放的扩大和社会主义市场经济的发展，特别是在世界经济形势变化和加入 WTO 的情况下，加强经济工作纪律特别是财政金融工作纪律显得越来越重要。能否不断健全和切实执行各项经济规章制度和纪律规范，不仅关系到一个单位、一个部门的经济工作，而且还会影响一个地区甚至整个国家经济秩序的稳定。

5. 保密纪律

党的保密工作纪律就是遵守党和国家秘密的规定。严格遵守党和国家的秘密，坚决保卫党和国家利益，是每一个共产党员应尽的义务。对违反党和国家保密规定的党员、干部要根据情节予以处理。

---

① 《习近平在十八届中央纪委三次全会上发表重要讲话》，2014 年 1 月 14 日。

6. 宣传纪律

党的宣传纪律，指党对从事报刊、新闻、广播、电视、出版等宣传工作的党组织和党员规定的工作准则和对宣传工作的要求。党章规定：“党的各级组织的报刊和其他宣传工具，必须宣传党的路线、方针、政策和决议。”《关于党内政治生活的若干准则》也规定：“党的报刊必须无条件地宣传党的路线、方针、政策和政治观点。”

7. 人事纪律

党的组织人事纪律，指党的关于干部选拔任用原则和程序的规定。组织人事纪律是党的纪律的重要组成部分。认真执行党的组织人事纪律，对于从法规上保证党所任用的干部能够符合党的德才兼备、“四化”标准，提高干部队伍素质，调动干部的积极性都有重要的意义。

8. 外事纪律

党的外事纪律，指共产党员在外事活动中必须遵守的行为准则。

三、学习党章、提升纪律观的方法探讨

党的十八大以来，习近平总书记强调要大力加强包括党章党纪、法律法规等在内的制度建设，增强制度执行力，坚决维护制度的严肃性和权威性。在党的十八大通过新修订的党章不久，习近平总书记即要求全党认真学习党章、严格遵守党章，总书记强调，“没有规矩，不成方圆。党章就是党的根本大法，是全党必须遵循的总规矩。”此后无论是到各地考察还是在中央主持会议，习总书记在多个场合反复强调党员领导干部要守纪律讲规矩。

（一）加强党性锻炼，增强纪律观念

不断增强党性观念是加强纪律建设，提高党员遵守纪律自觉性的一个根本问题，应该看到，发生于思想意识的纪律观念淡漠问题是与党性不坚定、党性不纯洁紧密联系在一起的，一个没有坚强党性、党性

不纯的人,是不可能一如既往地坚持严格遵守党的纪律的。

习近平总书记在河南省兰考县调研时指出,要对一切腐蚀诱惑保持高度警惕,慎独慎初慎微,做到防微杜渐。

慎独、慎初、慎微都很重要,但是具体到人生道德变化的具体过程,“慎初”更应当受到重视。第一步永远都是最重要的。

慎初,就是自觉地“不越雷池一步”,不存侥幸之心,一经发现不良思想苗头和出格行为,必须坚决及时“急刹车”制止,避免误入歧途。慎初,至关重要的一点就是要有顽强的自制力,行所当行,止所当止。不能慎初,一念之差,日积月累,就会从量变到质变,一失足成千古恨。

道德修养既要慎独、慎染,更要“慎微”。慎微与慎独、慎染,呈现为一种互补的关系。“慎微”就是要重视小事,乐小善,避小恶,强调道德修养从小事做起。

(二)要加强学习

习近平同志在担任中央政治局常委兼中央党校校长期间,先后就学习问题共发表了12篇讲话。担任总书记以后,2013年3月1日,在中央党校建校80周年庆祝大会暨2013年春季学习开学典礼上的讲话,可以说是他学习思想的集大成,被国内外很多人士称为“新时期的《劝学篇》”。在学习中,要着重领会和把握以下几个问题:

1. 为什么要学——全党同志特别是各级领导干部都要有加强学习的紧迫感

我们党历来重视抓全党特别是领导干部的学习,这是推动党和人民事业发展的一条成功经验。第一次是延安时期,毛泽东同志指出:“我希望从这次全会之后,来一次全党的学习竞赛,看谁真正地学到了一点东西,看谁学得更多一点,更好一点。”①这一次学习大大地提高了我们党的战斗力量,并加速了我们战胜日本帝国主义的斗争。第二次是全国胜利前夕,毛泽东同志号召全党重新学习。“那一次,我们学

① 毛泽东在1938年10月14日召开的党的六届六中全会上的讲话。

得不坏,进城以后,很快恢复了经济,成功地完成了社会主义改造。"①(邓小平语)第三次是1978年12月,邓小平同志指出:"实现四个现代化,是一场深刻的伟大的革命……全党同志一定要善于学习,善于重新学习。"②这一次学习,我们取得了改革开放和现代化建设的重大成就。

2. 学什么——我们的学习应该是全面的、系统的

与专家学者不同,党员干部特别是领导干部的职业特点和必备素质具有政治性、引领性、综合性的特征,要求是政治家、"通才"、"杂家",因而对素质结构、学习内容的要求更为全面、系统。习近平总书记强调三个方面:

其一,要认真学习马克思主义理论,这是我们做好一切工作的看家本领,也是领导干部必须普遍掌握的工作制胜的看家本领。理论是行动的指南;理论上的清醒和坚定是政治上坚定的前提和基础。1937年5月,毛泽东同志在《中国共产党在抗日时期的任务》中指出:"在全党中提高马克思列宁主义的理论水平是完全必要的,因为只有这种理论,才是引导中国革命走向胜利的指南针。"1938年10月又指出:"指导一个伟大革命运动的政党,如果没有革命理论,没有历史知识,没有对于实际运动的深刻了解,要取得胜利是不可能的。"③

其二,学习党的路线方针政策和国家法律法规,这是领导干部开展工作要做的基本准备,也是很重要的政治素养。不掌握这些,根据什么制定决策、解决问题呢?就很可能在工作中出这样那样的毛病。各级领导干部还要认真学习党史、国史,知史爱党、知史爱国。

其三,要坚持干什么学习什么,缺什么补什么,有针对性地学习掌

① 人民网:《邓小平号召全党要善于重新学习》,载《中国共产党干部教育世纪历程》连载之十七,2013年8月6日。

② 邓小平:《解放思想实事求是团结一致向前看》,1978年12月13日中共中央工作会议闭幕上的讲话。

③ 《毛泽东选集》第2卷,人民出版社1991年版,第533页。

握做好领导工作、履行工作职责所必备的各种知识,努力使自己真正成为行家里手、内行领导。

3. 怎么学——把握方向、兴趣、“挤”劲三个关键

其一,领导干部要把握学习方向。习近平总书记指出:“忽视了马克思主义所指引的方向,学习就容易陷入盲目状态,甚至误入歧途,就容易在错综复杂的形势中无所适从,就难以抵御各种错误思潮。没有正确方向,不仅学不到有益的知识,还容易被一些天花乱坠、脱离实际、荒唐可笑的东西所迷惑、所俘虏。”①

其二,兴趣是激励学习的最好老师。书是人类进步的阶梯,是净化人类灵魂的良药,是人类文化得以传播的载体。遗憾的是,据2014年公布的《第11次全国国民阅读调查》显示,我国国民人均纸质图书阅读量仅为4.77本,比上年的4.39本略有上升。但让人汗颜的是——韩国人均年阅读图书为11本、澳洲13本、法国20本、日本40本、以色列68本。反差如此之大,其原因除了有不重视、功利主义等因素作祟外,关键还是缺乏对学习的兴趣。要下大力气改变这种状况,须从党员领导干部做起。

其三,要“挤”时间学习。现在,“忙”成为很多人不学习的理由。伊利集团有个“三八理论”:每个人每天都有24小时。其中8小时工作,8小时休息,人与人之间的差距是由另外8小时学习抓得紧不紧所导致的。可见,8小时之外的时间太重要了,要想增长知识、提升本领,应当惜时如金。

习近平总书记最后强调:“总之好学才能上进,中国共产党人依靠学习走到今天,也必然要依靠学习走向未来。我们的干部要上进、我们的党要上进、我们的国家要上进,我们的民族要上进,就必须大兴学

① 《习近平总书记在新进中央委员会的委员候补委员学习贯彻党的十八大精神研讨班开班式上的讲话》,2013年1月5日。

习之风,坚持学习学习再学习,坚持实践实践再实践。”①

(三)树立规矩意识——无规矩不成方圆

什么是规矩,规就是画圆的圆规,矩就是折成直角的曲尺。孟子说,离娄之明、公输子之巧,不以规矩,不能成方圆。意思是即使是像离娄这样聪明的人,像鲁班这么手巧的人,如果不按规画圆,也会笔走龙蛇而难求其圆;如果不依矩至方,照样会线走偏锋难成其方。

党的规矩到底包括哪些?

具体说来,党的规矩包括四个方面:第一,党章是全党必须遵循的总章程,也是总规矩;第二,党的纪律是刚性约束,政治纪律更是全党在政治方向、政治立场、政治言论、政治行动方面必须遵守的刚性约束;第三,国家法律是党员、干部必须遵守的规矩;第四,党在长期实践中形成的优良传统和工作惯例。

党员干部亦是如此,提高纪律修养必须树立规矩意识。从这点可以看出,确立规矩意识,我们还有很长一段路要走,但是无论如何,我们必须坚决打破“规矩可以随意变通”的思想,真正确立规矩的权威性。

党员干部要做到守纪律、讲规矩,关键是要遵守党的纪律,把党纪国法作为一条红线遵守好、贯彻好、落实好。要坚持好各项制度和规定,依制度和程序办事,切实维护好制度的权威。要时刻对照警醒、高悬规矩戒尺,以规矩意识砥砺自身,不断提升规矩的认同感,把严守政治纪律和政治规矩视为生命、放在首位,把遵规守纪作为立身处世之本,作为一种责任、一种为人处世的基本准则,内化于心、外化于形。

(四)完善纪律监督机制

孟德斯鸠有句名言:“绝对的权利导致绝对的腐败。”一切有权力的人,都有可能滥用权利,这是万古不变的一条经验,有权力的人使用权利一直遇到有界限的地方才休止。

---

① 《习近平总书记在中央党校建校80周年庆祝大会上讲话》,2016年3月6日。

1. 加强党内监督

一要强化监督意识,增强党内监督的自觉性。二要突出监督重点,增强党内监督的针对性。三要创新监督机制,增强党内监督的规范性。四要拓宽监督渠道,增强党内监督的广泛性。五要打造监督平台,增强党内监督的实效性。

2. 加强群众监督

群众监督具有广泛性、敏锐性、自觉性等特点,是一种最深入、最朴实的监督,所以,加强人民群众的监督,是完善监督与制约机制,防止权力腐败必不可少的一环,应注意抓好建立健全和完善群众举报的体系和网络,比如说举报箱、举报电话、举报接待室和举报中心要定期公诸社会,使群众有渠道举报,便于举报,更重要的是要使他们安全举报。

3. 重视舆论监督

舆论监督具有独特的地位和作用,舆论监督主要通过新闻媒介、社会舆论对破坏党纪滥用权利者和腐败者进行揭露和曝光,将其错误和罪恶公布于众,产生全民公审的威力。邓小平说有时候党和政府听不到的报纸能听到,它能摸到社会的脉搏,所以报纸办好了,对领导是最大的帮助,领导干部看到报纸批评了的做法,就会秘密地改,这就是报纸的作用。

“举头三尺有纲纪”,领导干部守纪律、讲规矩,才能有权不“任性”,始终对党纪国法心存敬畏。古人说:“凡善怕者,必身有所正、言有所规、行有所止”,“畏则不敢肆而德以成,无畏则从其所欲而及于祸”,领导干部唯有敬畏法纪,恪守“三严三实”,才能慎初、慎微、慎行,确保忠诚、干净、担当。

作风建设永远在路上

谭丁平①

作风问题事关个人、组织、政党乃至一个民族、一个国家发展壮大,必须认真对待。古往今来的无数事例说明,作风严实,就会信念坚定、纪律严明、组织团结、精神振奋,在困难和挫折面前就会无所畏惧、勇往直前,最终事在人为,事以密成,如愿以偿;反之作风浮躁松懈,则法纪松弛、组织涣散、朋党结私,一遇困难和挫折就会精神萎靡、自暴自弃以至事倍功半、甚至自取咎戾,走向灭亡。

一、当前加强作风建设的必要性

(一)加强作风建设是贯彻落实马克思列宁主义关于无产阶级政党建设理论及其精神的需要

马克思列宁主义关于无产阶级政党建设的理论内涵十分丰富,体现在党的作风建设上更是特别具体而生动。马克思列宁主义认为,作风建设是无产阶级政党与一切非无产阶级政党相区别的根本标志,也是无产阶级政党最显著的阶级特性。马克思恩格斯在创建共产主义理论和指导国际工人运动中就特别强调组织纪律和原则要求。恩格斯指出:"共产主义不是教义,而是运动。它不是从原则出发,而是从

① 谭丁平,男,中共邵阳市委党校教务处副处长,讲师。

事实出发。”①因此，共产党人必须以求实的作风来开展工作和进行运动。因为，“共产党人为工人阶级的最近的目的和利益而斗争，但是他们在当前的运动中同时代表运动的未来。”②

1859年5月18日马克思在《致恩格斯》的信中再次指出：“我们现在必须绝对保持党的纪律，否则将一事无成。”③恩格斯在1889年12月18日《致格·特里尔》的信中指出：“要使无产阶级在决定关头强大到足以取得胜利，无产阶级必须（马克思和我从1847年以来就坚持这种立场）组成一个不同于其他所有政党并与它们对立的特殊政党，一个自觉的阶级政党。”④什么是自觉的阶级政党？自觉的阶级政党，就在于它时刻牢记自身的使命，时刻保持清醒的认识、时刻坚持革命的作风。在《社会主义民主同盟和国际工人协会》一文中马克思和恩格斯特别指出：“为了保证革命的成功，必须有思想和行动的统一。”⑤

针对当时法国巴黎公社革命失败后的情况，马克思更加注重无产阶级政党的建设，1887年9月17—18日，马克思在《给奥·倍倍尔、威·李卜克内西、威·白拉克等人的通告信》中明确提出：“如果其他阶级中的这种人参加无产阶级运动，那么首先就要要求他们不要把资产阶级、小资产阶级等偏见的任何残余带进来，而要无条件地掌握无产阶级世界观。”⑥他在批评巴枯宁的文章中明确指出：“无产阶级要想有任何胜利的可能性，就应当善于变通地直接为农民做很多的事情，就像法国资产阶级在进行革命时为当时法国农民所做的那样。”⑦

---

① 《马克思恩格斯选集》第1卷，人民出版社2012年版，第291页
② 《马克思恩格斯选集》第1卷，人民出版社2012年版，第434页
③ 参见《马克思恩格斯全集》第29卷，人民出版社1997年版，第413页。
④ 《马克思恩格斯选集》第2版第4卷，人民出版社1997年版，第685页。
⑤ 《马克思恩格斯全集》第18卷，人民出版社2006年版，第385页。
⑥ 《马克思恩格斯全集》第19卷，人民出版社2010年版，第189页。
⑦ 《巴枯宁〈国家制度和无政府状态〉一书摘要》（1874—1875年初），《马克思恩格斯选集》第3卷，人民出版社2012年版，第2页。

意思是无产阶级要想彻底推翻资产阶级的反动统治,必须要有良好的作风和纪律作为保证,切实做好群众工作,就如法国大革命时期的资产阶级一样,只有联系群众,把纪律和作风抓紧抓实,无产阶级就一定能取得革命的成功。

作为马克思最亲密和最忠诚的革命战友,恩格斯无论是在马克思生前还是在马克思逝世后,都全力投身于马克思主义学说的宣传和发展,他不仅在思想认识上和马克思高度一致,而且在许多方面思虑得更加全面和深刻。在作风建设上,应该说恩格斯比马克思看得更深刻更长远,他在《致国际工人协会西班牙联合会委员会》中指出:“各地的经验都证明,要使工人摆脱旧政党的这种支配,最好的办法就是在每一个国家里建立一个无产阶级的政党,这个政党要有它自己的政策,这种政策显然与其他政党的政策不同,因为它必须表现出工人阶级解放的条件。这种政策的细节可以根据每一个国家的特殊情况而有所不同……”①在反对巴枯宁主义斗争中,1872 年 1 月,恩格斯在《桑维耳耶代表大会和国际》一文中,深刻揭露了巴枯宁否认党的纪律的目的和实质,深刻阐明了坚持党的纪律对坚持党的性质、加强党的建设的重要性。他明确指出:“没有任何服从纪律的支部!没有任何党的纪律,没有任何力量在一点的集中,没有任何斗争的武器!那么未来社会的原型会变成什么呢?简而言之,我们采用这种新的组织会得到什么呢?会得到一个早期基督徒那样的畏缩胆怯的而又阿谀奉承的组织。”②

在列宁那里,无产阶级政党的阶级性是一个“为了战胜资本主义”而如何科学把握党与无产阶级以及广大人民群众的关系的重大问题。对此列宁指出:“为了战胜资本主义,在起领导作用的政党共产党、革命的阶级无产阶级和群众即全体被剥削劳动者之间,必须建立正确的

① (1871 年 2 月 13 日)《马克思恩格斯选集》第 2 卷,人民出版社 2012 年版,第 639 页。
② 《马克思恩格斯选集》第 2 卷,人民出版社 2012 年版,第 447 页

相互关系。”①列宁认为，只有党真正成为革命阶级的先锋队，吸收了这个阶级的一切优秀代表，集中了经过顽强的革命斗争的教育和锻炼的、完全觉悟的和忠诚的共产主义者，把自己跟本阶级的全部生活密切联系起来，再通过本阶级跟全体被剥削群众密切联系起来，取得这个阶级和这些群众的充分信任，才能不仅在理论上而且在实践上真正把握了它们之间的正确关系。为此，党必须加强队伍和作风建设。列宁指出：“自我批评对于任何一个富有活力、朝气蓬勃的政党来说都是绝对必要的。”②

十月革命胜利后，列宁不遗余力地继续从加强组织性、纪律性入手打造俄共(布)先进性建设的坚实基础和强力支撑。他把执政党组织建设工作的重点放在纯洁党的队伍、加强党的团结和统一上，放在不断增强和筑牢党执政的组织基础和不断增强党的凝聚力、战斗力上面。他采取的措施主要有：一是清党，增强执政党的战斗力；二是提高党员尤其是新党员的质量，增强执政党的组织基础；三是及时提出组织制度、政治制度的改革，以防止党内分裂。列宁高度重视执政党的纪律建设，坚决维护和严格执行党的纪律，并明确指出无产阶级执政党纪律建设的方向应该是在崭新的基础上建立“工农的自觉纪律”。

1920年3月，列宁在俄共(布)第九次代表大会的讲话中，最早提出了党的纪律是铁一般的纪律。他说：“现在的任务是要把无产阶级所能集中的一切力量，把无产阶级的绝对统一的力量都投到经济建设的和平任务上去，都投到恢复被破坏了的生产的任务上去。这里需要有铁一般的纪律，铁一般的组织，如果没有这种纪律和组织，他们不仅不能支持两年多，甚至连两个月也支持不了。”③1920年4月，列宁在《共产主义运动中的“左”派幼稚病》著作中，又明确提出了党的“极严

① 《列宁专题文集——论无产阶级政党》，人民出版社，2009年，第342页。
② 《列宁专题文集——论无产阶级政党》，人民出版社，2009年，第351页。
③ 《列宁全集》第30卷，人民出版社1985年版，第416页。

格的纪律”和“无产阶级党的铁的纪律”的科学概念。从作风建设上看，列宁紧紧抓住“执政党与群众的关系”这一执政党作风建设的核心问题，创造性地从思想作风、工作作风和党风等方面提出了新的历史条件下加强和改进党的作风建设的一系列新思想、新举措，从而使执政党的先进性建设在党的作风方面不仅获得了新的时代内容和形式，而且获得了巨大的生命力。列宁认为：“要有多种多样的自下而上的监督形式和方法，以便消除苏维埃政权的一切可能发生的弊病，反复地不倦地铲除官僚主义的莠草。”①列宁认为：“为了执行我们的革命任务，并且使这些任务不致成为空想或天真的愿望，而能真正变成现实（能迅速地实现），正是为了这个目的，我们现在应当把组织工作中的讲求实际和求实精神作为当前首要的、最主要的任务。”②列宁说：“哪里有群众，就一定到哪里去工作。”③列宁说：“我们需要的是能够经常同群众保持真正的联系的党，善于领导这些群众的党。”④“我们确定不移的口号应当是：少当点‘领导’，多做些实际工作，也就是少发一些空泛议论，多提供些事实，特别是经过检验的事实。”⑤

从上可以看出，无论是共产主义理论的创始人马克思、恩格斯，还是社会主义实践的最先开拓者列宁，他们对无产阶级政党的作风建设都是特别重视、非常在意的。作为在半殖民地半封建国家的特殊环境中诞生的中国共产党，自成立之初便十分重视作风建设，特别是作为中国革命导师和领袖的毛泽东同志，更是把党的作风建设看成党的

---

① 列宁：《〈苏维埃政权的当前任务〉一文初稿》（1918 年 3 月 23 日和 28 日之间），《列宁全集》第 34 卷，人民出版社 1985 年版，第 506—507 页。

② 列宁：《〈苏维埃政权的当前任务〉一文初稿》（1918 年 3 月 23 日和 28 日之间），《列宁全集》第 34 卷，人民出版社 1985 年版，第 145—146 页。

③ 列宁：《共产主义运动中的“左派”幼稚病（节选）》（1920 年 4—5 月），《列宁选集》第 4 卷，人民出版社 2012 年版，第 163 页。

④ 列宁：《共产国际第二次代表大会文献》（1920 年 7—8 月），《列宁全集》第 39 卷，人民出版社 1986 年版，第 225 页。

⑤ 列宁：《论教育人民委员部的工作》（1921 年 2 月 7 日），《列宁全集》第 40 卷，人民出版社 1986 年版，第 330 页。

生命。

早在建党前，毛泽东与蔡和森就党的组织原则就进行了多次探讨，双方都赞成建立一个集权的有纪律的组织，1920 年 9 月 16 日，蔡和森在给毛泽东的信中说："党的组织为极集权的组织，党的纪律为铁的纪律，必如此才能养成少数极觉悟极有组织的分子，适应战争时代及担负偌大的改造事业。"①毛主席的一生更是作风建设的榜样和作风建设永不止步的楷模。在他的一生中，无论是早期的艰苦创业还是后期的治国平天下，他对党的作风建设一直相当重视。从当前已经面世的著作来看，从大革命失败后的 1927 年秋收起义时期算起，到他逝世前夕，他论及作风建设的著作和文章就近百篇。他指出："一个共产党员……无论何时何地，坚持正确的原则，同一切不正确的思想和行为作不疲倦的斗争，用以巩固党的集体生活，巩固党和群众的联系；关心党和群众比关心个人为重，关心他人比关心自己为重。这样才算得一个共产党员。"②1945 年，他在党的七大报告《论联合政府》中认为，中国共产党在领导中国革命的伟大征程中有"三大优良作风"，则"以马克思列宁主义的理论思想武装起来的中国共产党，在中国人民中产生了新的工作作风，这主要的就是理论和实践相结合的作风，和人民群众紧密地联系在一起的作风以及自我批评的作风"③。身处革命胜利的前夕，他强调仍要加强党的思想建设，防止资产阶级思想侵蚀党的队伍，有预见性地提出了防止"糖衣炮弹"进攻的重大问题，并进一步提出了"两个务必"的重要思想。

毛主席在作风建设上的言传身教，无不彰显他作为一个伟大的马克思主义革命家的战略眼光、宏观思维和超前谋略。

革命领袖们之所以如此特别重视作风建设，是因为作风建设事关

---

① 《蔡和森文集》，人民出版社 1980 年版，第 70 页。
② 《毛泽东选集》第二卷，人民出版社 1966 年版，第 332 页。
③ 《毛泽东选集》第三卷，人民出版社 1966 年版，第 994—995 页。

一个国家、一个民族、一个政党、一个地方、一个组织、一个部门、一个人的生死存亡。因此,我们加强作风建设,既是对革命领袖们理论精神的传承,更是新常态下对革命领袖关于作风建设理论的新发展。

(二)加强作风建设是实现"两个一百年"奋斗目标、落实"四个全面"战略部署的需要

党的十八以来,以习近平同志为总书记的党中央站在历史和时代的高度,高瞻远瞩,高屋建瓴,紧紧围绕保持党的先进性和加强党的纯洁性,对党的作风建设进行了全面而深入的重大部署和探索,为加强党风廉政建设、凝聚民心民智民力、为继往开来求真务实开拓创新、为解放思想发奋图强全面深化改革、为实现十八大确立的宏伟目标和早日实现中国梦打下了坚实基础。

从十八以来到2016年初,习近平总书记总计有60次之多强调作风建设,特别是习近平总书记43次组织政治局亲自部署相关工作。习近平总书记之所以对作风建设如此高度重视并亲自部署,是因为当前是我们处在实现"两个百年奋斗目标"的关键时期,也是我们端正统一全党的思想、坚强党性、改进工作、加快实现我国经济社会的全面发展、切实做好"四个全面"的战略部署的关键时期。作风实,则目标成,作风虚,则危机现。"四大危险"和"四大考验"需要我们以作风来强力克服。对于我们邵阳的广大党员干部来说,加强作风建设,更加有利于我们举全市之力,集全市民智,奋发图强,为落实市委市政府的"八个建成"提供强大的政治力量和精神保障。

(三)加强作风建设是克服和消除当前作风建设中仍然存在着的各种不足的需要

作风建设在当前仍然存在许多不如人意的问题,主要表现在:(1)遵守党的政治纪律和贯彻落实中央八项规定、六条禁令方面仍然存在乏力的问题;(2)"四风"方面存在的突出问题;(3)关系群众切身利益、联系服务群众"最后一公里""最后一步路"方面的问题;(4)面对各种非

无产阶级政党的作风对党员干部的侵蚀而党员干部却不敢去斗争和抗争的问题；(5)作风建设反弹反复的问题；(6)作风建设长期性和机制建设问题等。

作风方面这些众多问题的存在，严重影响了党的各项规章制度的建立、完善及其贯彻落实执行，严重削弱了党和人民群众的血肉联系，不利于党和国家、民族、社会的发展及其事业的振兴，而要克服上述这种种歪风邪气和消除它们产生的各种弊端，除了加强作风建设，别无他法。

二、当前作风建设的主要内容

党的十八大以来，针对世界局势的风云变幻和国内改革进入深水区后涌现出来的种种弊病，党中央纵横捭阖，提出具有超前战略、体现伟大智慧的治国理政的全新布局：全面建成小康社会，全面深化改革，全面推进依法治国，全面从严治党。全面从严治党则是各项工作顺利推进、各项目标顺利实现的根本保证。

从习近平总书记对全面从严治党的论述来看，当前的作风建设至少包含三个层面。一是内容无死角，涵盖党的思想建设、组织建设、作风建设、反腐倡廉建设和制度建设各个领域。二是主体全覆盖，从严管党治党不仅是党中央的责任，党的各级组织都必须贯彻从严治党的要求。同时，落实管党治党主体责任，意味着一把手不能仅“独善其身”，还要把班子成员管好。三是劲头不松懈，要把从严治党常态化、制度化。因此对党的作风也只能加强而不能削弱。特别是在当前世界国际共产主义运动处于低潮的情况下，要确保党的作风不改变，最直接、最得力、最根本的举措就是牢牢抓住作风建设这一中心不放，全面从严治党，这既是我们实现党的十八大确定的两个百年奋斗目标的基础，也是实现“四个全面战略部署”的保证。

具体来看，当前加强党的作风建设主要内容有：

第一,更加强调作风建设的示范引导作用和作风制度化建设。2012年11月15日,习近平总书记在十八届中央政治局常委与中外记者见面时的讲话中就指出:“打铁还需自身硬。我们的责任,就是同全党同志一道,坚持党要管党、从严治党,切实解决自身存在的突出问题,切实改进工作作风,密切联系群众,使我们的党始终成为中国特色社会主义事业的坚强领导核心。”[①]2013年1月22日在第十八届中央纪律检查委员会第二次全体会议上提出“要坚持和完善反腐败领导体制和工作机制,发挥好纪检、监察、司法、审计等机关和部门的职能作用,共同推进党风廉政建设和反腐败斗争。严格执行责任制,分解责任要明确,检查考核要严格,责任追究要到位,让责任制落到实处”[②]。2013年11月在党的十八届三中全会上习近平总书记提出了要“健全改进作风常态化制度”。2014年3月9日,在十二届全国人大二次会议安徽代表团参加审议时,习近平总书记对各级领导干部提出“既严以修身、严以用权、严以律己,又谋事要实、创业要实、做人要实”的要求。此后,习近平进一步指出,“三严三实”要求是共产党人最基本的政治品格和做人准则,也是党员、干部的修身之本、为政之道、成事之要。2014年5月9日习总书记《在参加河南省兰考县委常委班子专题民主生活会时的讲话》时更加明确指出:“作风建设和全面深化改革息息相关。许多问题,看起来是风气问题,往深处剖析又往往是体制机制问题。”[③]2014年10月在党的群众路线教育实践活动总结大会上习近平总书记再次提出要“持续深入改进作风”,“作风建设是攻坚战,也是持久战。”“作风建设永远在路上,永远没有休止符,必须抓常、抓

① 钱均鹏、徐荣梅:《习近平总书记系列重要讲话精神学习辅导读本》,中国言实出版社2014年版,第93页。

② 《习近平在十八届中央纪委二次全会上发表重要讲话强调更加科学有效地预防腐败 坚定不移把反腐倡廉建设引向深入》载《人民日报》,2013年1月23日。

③ 《习近平在指导兰考县委常委班子专题民主生活会时强调 作风建设要经常抓深入抓持久抓》,载《人民日报》,2014年5月11日。

细、抓长,持续努力、久久为功。”①2016 年 1 月 12 日上午在中国共产党第十八届中央纪律检查委员会第六次全体会议上发表重要讲话,特别强调“标本兼治,净化政治生态。各级领导干部特别是高级干部要从自身做起,廉洁用权,做遵纪守法的模范,同时要坚持原则、敢抓敢管,立‘明规矩’、破‘潜规则’,通过体制机制改革和制度创新促进政治生态不断改善。”②

第二,强调作风建设的持久性和渐进性,特别强调从严治党,严明党的纪律。2013 年 6 月 25 日在十八届中央政治局第七次集体学习时习近平总书记就指出:“新形势下加强党的建设,必须把党的十八大提出的关于党的建设的目标任务落到实处,把党要管党、从严治党落到实处。”2014 年 1 月 20 日在党的群众路线教育实践活动第一批总结暨第二批部署会议上习近平总书记又指出:“执行党的纪律不能有任何含糊,不能让党纪党规成为‘纸老虎’、‘稻草人’,造成‘破窗效应’。凡是违反党章和党的纪律特别是政治纪律、组织纪律、财经纪律的行为,都不能放过,更不能放纵。”③

力避作风建设中的反复和反弹。2015 年 3 月 6 日,习近平总书记在参加江西代表团审议时,进一步提出了“要着力推动作风建设”的具体要求。各级党组织和广大党员、干部务必严格落实这一要求,以锲而不舍、驰而不息的决心和毅力,把作风建设不断引向深入,以优良的作风取信于民,汇聚起推动改革发展的强大正能量。

2015 年 5 月,习总书记在浙江调研时又指出:“从严治党是一个永恒课题,党要管党丝毫不能松懈,从严治党一刻不能放松。要坚持

① 《习近平总书记重要讲话文章选编》,中央文献出版社、党建读物出版社 2016 年版,第 177 页。

② 《习近平总书记重要讲话文章选编》,中央文献出版社、党建读物出版社 2016 年版,第 369 页。

③ 中共中央宣传部编:《习近平总书记系列重要讲话读本》,中央文献出版社、党建读物出版社 2016 年版,第 121 页。

标本兼治,加大治本的工作力度,严格按照纪律和法律的尺度,把执法和执纪贯通起来。对一些干部在工作中出现的问题,要采取有针对性的措施加以解决。属于能力不足的,就要加强培训,加强实践锻炼,加强总结提高;属于担当精神缺乏的,就要明确责任、加强督查;属于不作为的,就要严肃批评教育,认真执纪问责。”①

2016年1月10日新华社发表题为《激扬正气定乾坤——以习近平同志为总书记的党中央带头加强作风建设述评》的文章。文章指出,自党的十八大以来,习近平总书记在不同阶段、不同场合,根据不同情况,围绕作风建设发表了一系列重要讲话,先后作出60多次重要批示指示,并亲自抓落实。

第三,强调在作风建设中落实党委的主体责任和纪委的监督责任。2013年6月28日在全国组织工作会议上的讲话中习近平总书记明确指出:“党要管党,首先是党委要管、党委书记要管。党委书记要在其位、谋其政,履行好第一责任人职责。要注重充分发挥党建工作领导小组的作用,统筹各方力量,加强调查研究,努力破解工作难题。各级党的工作部门要切实履行职责,按照分工狠抓各项工作落实,确保管党治党任务落到实处。”②习近平在中央纪律检查委员会的历次讲话,反复强调的一个重要内容就是作风建设和反腐倡廉的主体责任和监督责任。2013年1月22日在第十八届中央纪律检查委员会第二次全体会议上他说:“抓好党风廉政建设和反腐败斗争,必须全党动手。各级党委对职责范围内的党风廉政建设负有全面领导责任,党委主要负责人是第一责任人。”③2014年1月14日在第十八届中央纪律

① 《习近平在浙江调研强调:干在实处永无止境　走在前列要谋新篇》,载《人民日报》,2015年5月28日。

② 中共中央文献研究室编:《习近平总书记重要讲话文章选编》,中央文献出版社、党建读物出版社2016年版,第76页。

③ 《习近平在十八届中央纪委二次全会上发表重要讲话强调更加科学有效地预防腐败 坚定不移把反腐倡廉建设引向深入》,载《人民日报》,2013年1月23日。

检查委员会第三次全体会议上再次指出："我强调一个问题，就是要全面落实党组织的责任。党的各项工作，所有党组织和领导干部都有责任，要尽心尽力做好。"①"有权就有责，权责要对等。无论是党委还是纪委或其他相关职能部门，都要对承担的党风廉政建设责任进行签字背书，做到守土有责。出了问题，就要追究责任。决不允许出现底下问题成串、为官麻木不仁的现象！不能事不关己、高高挂起，更不能明哲保身。"②2014 年 6 月 26 日在中央政治局常委会听取中央巡视工作领导小组 2014 年中央巡视组首轮巡视情况汇报时又特别指出："狠抓整改，落实主体责任……出了事，要追责。"③

第四，强调以作风建设来促进反腐倡廉工作，以反腐倡廉来加强作风建设。

自十八大到 2016 年年初，习总书记就先后组织政治局 43 次开会专门部署改进作风。而许多作风建设措施都是在中纪委有关会议上提出的。在第十八届中央纪律检查委员会第三次全体会议上他指出："贪似火，无制则燎原；欲如水，不遏必滔天。一些人在腐败泥坑中越陷越深，一个重要原因是对其身上出现的一些违法违纪的小错，党组织提醒不够，批评教育不力，甚至睁一只眼闭一只眼。网开一面，法外施恩，就可能导致要么不暴露，要么就出大问题。所以，要抓早抓小，有病就马上治，发现问题就及时处理，不能养痈遗患。"④在中央政治局常委会听取中央巡视工作领导小组 2014 年中央巡视组首轮巡视情况汇报时又强调："腐败现象蔓延势头尚未有效遏制。我们的目的就

---

① 《习近平总书记重要讲话文章选编》，中央文献出版社，党建读物出版社 2016 年版，第 117 页。

② 《习近平在十八届中央纪委三次会议上发表重要讲话强调 强化反腐败体制机制创新和制度保障》，载《人民日报》，2014 年 1 月 15 日。

③ 《习近平关于党风廉政建设和反腐败斗争论述摘编》第四部分："落实党委的主体责任和纪委的监督责任"，中央文献出版社、中国方正出版社 2015 年版，第 63 页。

④ 《习近平关于党风廉政建设和反腐败斗争论述摘编》，中央文献出版社、中国方正出版社 2015 年版，第 98 页。

是遏制。”[①]并指出要“查处惩戒力度还要加大。”要“坚决遏制腐败现象蔓延势头。”“要把制度篱笆扎起来。”[②]特别是在十八届中央政治局常委会第七十八次会议上关于加强反腐败国际追逃追赃工作时习近平总书记再次表明“要以零容忍态度惩治腐败,不管腐败分子跑到天涯海角,也要把他们绳之以法,决不能让其躲进‘避罪天堂’、逍遥法外。要把追逃追赃工作纳入党风廉政建设和反腐败斗争总体部署,把反腐败斗争引向深入。”[③]在中共十八届四中全会第二次全体会议上习近平总书记更加强调:“深入推进反腐败斗争,持续保持高压态势,做到零容忍的态度不变、猛药去疴的决心不减、刮骨疗毒的勇气不泄、严厉惩处的尺度不松,发现一起查处一起,发现多少查处多少,不定指标、上不封顶,凡腐必反,除恶务尽。”[④]

第五,强调从严治党,严明党的纪律,用好巡视这把反腐“利剑”。

2013 年 6 月 25 日习近平在十八届中央政治局第七次集体学习时的指出:“新形势下加强党的建设,必须把党的十八大提出的关于党的建设的目标任务落到实处,把党要管党、从严治党落到实处。如果管党不力、治党不严,纪律松弛、组织涣散,正气上不来、邪气压不住,人民群众反映强烈的党内突出问题得不到及时有效解决,那么我们党迟早会出大问题。”[⑤]2014 年 1 月 20 日在党的群众路线教育实践活动第一批总结暨第二批部署会议上习近平总书记再次强调:“执行党的纪律不能有任何含糊,不能让党纪党规成为‘纸老虎’、‘稻草人’,造成

---

① 《习近平关于党风廉政建设和反腐败斗争论述摘编》,中央文献出版社、中国方正出版社 2015 年版,第 99 页。

② 《习近平关于党风廉政建设和反腐败斗争论述摘编》,中央文献出版社、中国方正出版社 2015 年版,第 100 页。

③ 《习近平关于党风廉政建设和反腐败斗争论述摘编》,中央文献出版社、中国方正出版社 2015 年版,第 100 页。

④ 《习近平关于党风廉政建设和反腐败斗争论述摘编》,中央文献出版社、中国方正出版社 2015 年版,第 103 页。

⑤ 《习近平关于党风廉政建设和反腐败斗争论述摘编》,中央文献出版社、中国方正出版社 2015 年版,第 34 页。

‘破窗效应’。凡是违反党章和党的纪律特别是政治纪律、组织纪律、财经纪律的行为,都不能放过,更不能放纵。”①

习近平总书记关于作风建设的系列讲话内容十分丰富而又特别广博,既继承了无产阶级革命领袖们关于作风建设的必要性和重要性的科学论断,又强调了作风建设事关党的生死存亡的重要内涵,特别是创造性地结合时代特征和全面建成小康社会的要求,强调作风建设和全面深化改革、全面依法治国、全面从严治党同步深入、相辅相成开展的新要求,指出了只有加强作风建设才是贯彻全面从严治党的科学途径,并且以作风建设为切入点,深入开展反腐倡廉建设和党性党纪党规教育,真正让作风建设无死角、不留边,体现了马克思主义理论的新发展和新创造。

习近平总书记关于作风建设的论述充分体现了马克思主义的唯物观、群众观、辩证观和科学观,是新时代党的建设的人民性和实践性的高度统一,体现了无产阶级政党建设的自我提升和完善,为我们如何建设一个人民的党、一个社会主义的党指明了方向,明确了道路,具有特别深刻的实践和理论意义,是马克思主义建党学说的新发展,是对中国特色社会主义理论的新发展,因而具有非凡的教育意义和指导作用。

三、加强作风建设的重要举措

“以史为镜,可以知兴衰。”因此,当前加强党的作风建设就必须首先要整党整风。那么,我们怎么样才能真正加强作风呢?

第一,提高认识。就是要充分领会到“作风建设是党的建设的核心,事关党的生死存亡”的内涵。认识到“党的作风是党的建设根本,是党永葆生机、不断前进和创新的活力源泉”的重要寓义。把作风建设真正当作“党的建设的一项战略任务”来认识和对待,从而在思想上

① 中共中央宣传部编:《习近平总书记系列重要讲话读本》,2016 年版,第 121 页。

高度重视,在内心深处时刻警惕,在实践行动中处处小心谨慎。

思想上的高度认识和高度重视是我们抓好作风建设的基础。对此,我们首先要特别注意消除和克服许多关于作风建设的不当言论:比如无需论、无用论、无关论、自扰论、冲突论、小节论等。

其次要深刻认识作风方面存在的问题的危害性。

作风建设弱化严重影响了社会的和谐和稳定。①造成了人为的阶层对立;②导致了各种腐败和不良现象的发生;③破坏了人类社会赖以生存和发展的基本信任;④影响了和削弱了民族进步和发展的动力;⑤影响了社会各行各业以及各个领域的正常交流相互促进。⑥造成了政令不畅、各自为阵、人心涣散的政治氛围。

再次,我们特别要看到,近年以来,世界各国始终都在加强对公务员的管理工作,其目的在于预防和惩治各种腐败现象,维护社会公共利益。随着许多发达国家的进一步发展,暴露出了在公务员管理上的一系列问题,特别是腐败问题在很大程度上扰乱国家正常经济秩序的同时,又极大地败坏了社会风气,进而引起民众对政府的信任度下降。对此,1978 年和 1993 年美国针对公务员的道德建设分别颁布了《政府道德法》和《美国行政部门雇员道德行为准则》。1999 年又对其进行修订和完善,而且,到 1999 年,美国有 30 多个州针对国家工作人员颁布了自己州的道德法规。日本规定任何一名在职公务人员,都是代表政府在行使公共权力,在执行公务时,不得损害其职务信用,不得有玷污全体公职人员的行为。《瑞士联邦公务员法》规定:“公务员无论对上级、对同事、对下属或对公众都应讲求礼貌。”英国、法国、德国、韩国、澳大利亚、加拿大和新西兰等国都针对国家公职人员的道德建设制订了相应的法律法规。

因此我们可以毫不夸张地说,加强作风建设也是当今世界的一种政治潮流。

第二,落实到位,务必抓出成效。习近平总书记指出:“实践证明,抓作风建设最重要的是讲认真。各级党组织要弘扬认真精神……尤其要在坚持抓严、认真抓实、切实抓长上下功夫,真正做到让党员、干部思想上受教育、作风上有转变,让广大群众感到变化、感到满意。"①

第三,充分发挥人民群众的力量。人民群众是历史的创造者,也是真正的英雄。只有充分发挥人民群众在作风建设中的主动监督、积极参与、敢于批评的强大作用,才能保证作风建设真正有实效、出成效。

第四,加强制度建设,树立制度的威信。这里的制度建设应该重点是制度的刚性建设。要杜绝制度的弹性,彻底消除制度可能给人造成投机的空间,保证制度实施中的真正公正公平,从而树立制度的威严,从根本上消除权钱交易、权权交易、权色交易、权利交易的土壤。

党的十八大以来,我党已经通过一系列重大举措和不断加强制度建设来全面加强党的作风建设,并取得了良好效果,事实表明:①"四风"得到有力遏制,党风明显好转;②经济转型平衡推进,市场泡沫得到有效监控;③政治日益成熟,全党意志更加统一;④"四个全面"布局稳步推进,国家形象好。⑤打掉了一批"老虎",拍死了一群"苍蝇"。特别是通过全面加强党的作风建设,使我们深刻地认识到:每一只老虎和苍蝇都是作风不严的典型;每一个先进事迹、每一次的成功都是作风严谨的结果。

马克思恩格斯在168年前的《共产党宣言》中明确指出:"让统治阶级在共产主义革命面前发抖吧。无产阶级在这个革命中失去的只是锁链,他们获得的将是整个世界。"统治阶级为什么会在共产主义革命面前发抖?无产阶级在这个革命中为什么失去的只是锁链,他们获得的将是整个世界?就是因为无产阶级拥有了自己的具有坚强作风的领导政党和无私奉献精神的成员,他们用坚定的信念,指导着人民

① 《习近平春节前夕赴内蒙古调研看望慰问各族干部群众向全国各族人民致以新春祝福》,载《人民日报》,2014年1月29日。

与反动的统治阶级进行坚决的斗争，指导着自身为实现伟大的共产主义理想进行不懈的奋斗。也因此，中国共产党的缔造者之一李大钊先生满怀豪情地说："试看将来的环球，必是赤旗的世界。"今天，时代在发展，社会在前进，人民在觉悟，历史在迈进，我们相信，伟大的中国共产党在以习近平同志为核心的新一代党中央集体的英明领导下，党的建设一定会迎来一个全新的未来！我们相信：只要我们全党上下一心，全面从严加强党的作风建设，那么，未来的世界在我们的手中一定会更加绚烂辉煌！"雄关漫道真如铁，而今迈步从头越！"让我们从自己做起，明纪律、守规矩、强信念、严作风。

适应作风新常态，培育为政新心态

刘甜甜①

新常态是当今使用频率较高的一个词语，作风建设向上向好已成为不可逆转的大势，面对这种新常态，能否形成和保持一种新心态，是对广大党员干部的一个新考验。

一、准确理解作风新常态的涵义

适应新常态，就要准确理解新常态，要弄清新常态提出的背景，准确把握新常态的内涵，因为只有知其然才能明方向，才能尽快适应新常态、引领新常态。

（一）新常态的涵义

2014 年 5 月，中共中央总书记习近平在河南考察时首次提及“新常态”。当时，他说：“中国发展仍处于重要战略机遇期，我们要增强信心，从当前中国经济发展的阶段性特征出发，适应新常态，保持战略上的平常心态。”②“新”就是“有异于旧质”；“常态”就是固有的状态。新常态就是不同以往的、相对稳定的状态。这是一种趋势性、不可逆的发展状态，意味着中国经济已进入一个与过去 30 多年高速增长期不同的新阶段。

---

① 刘甜甜，女，中共邵阳市委党校科研处研究生。

② 《习近平首次系统阐述“新常态”》，载《新华网》，2014 年 11 月 9 日。

由它的涵义可以看出,新常态主要针对经济领域阐述的,但又绝不限于经济方面。从经济出发的新常态走向,一定会在政治方面有所展现。经济新常态必然要与政治新常态结伴而行。由习近平总书记倡导和构建的政治新常态,包括法治、作风、民主、党建等内容。

(二)作风新常态的表现

对作风建设"新常态"的理解,要把重点放在"新"字上,从以下三个方面进行把握。

1. 面对的形势"新"

(1)选择加强作风建设作为从严治党的"起手式",出台关于改进工作作风、密切联系群众的八项规定,选择"四风"问题作为加强作风建设的着力点,分两批在全党开展党的群众路线教育实践活动,着力解决人民群众反映强烈的形式主义、官僚主义、享乐主义和奢靡之风问题,把作风建设不断引向深入,为作风建设"新常态"打好了良好基础。

(2)党的十八大以来,党中央强化了党要管党、从严治党,形成了反腐高压态势,为加强作风建设强化了"外势"。选择坚决查处和通报曝光作为释放信号、强化震慑的有效手段,从公款吃喝、公款旅游、公车私用等具体问题抓起,从元旦、春节、五一、十一等时间节点抓起,严肃查处违规违纪行为,并通过中央纪委网站对典型案例进行指名道姓公开曝光。十八大以来平均每天有 396 名中共党员和公职人员受处分,真正用铁的事实打消了人民群众心中"改作风会不会是一阵风"的疑虑。

(3)我国已经进入经济增长换挡期、经济结构调整阵痛期、前期经济刺激消化期的"三期叠加"阶段,新老问题和矛盾的凸显,正在影响制约着经济发展和社会稳定。

2. 工作的要求"新"

(1)工作要求更高。在前期加强作风建设已经取得新成效、形成新局面的基础上,党中央反复强调“作风建设永远在路上”,提出了把打“攻坚战”和“持久战”有机结合起来,坚持不懈抓好作风建设的明确要求。

(2)群众期盼更高。随着加强作风建设不断取得成果,随之而来的是广大人民群众对党员干部和公职人员改进作风的期盼越来越高、要求越来越多、监督越来越严。大家期盼着我们广大党员干部多为他们办实事,办好事,解决他们遇到的问题。

(3)纪律标准更高。作风建设“新常态”下,各项纪律要求将更加严格。来自各方面的压力将不断加大。中餐不准饮酒了,山珍海味没得吃了,高档餐馆不能去了,公车、公款不能私用了,出差补贴标准严格规范了等。

3. 出现的问题“新”

在加强作风建设取得新成绩的同时,也出现了一些新问题新挑战。

(1)对“新常态”要求认识不到位,顶风违纪。这些顶风违纪的官员就是对作风建设“新常态”认识不到位,缺少对自己严格要求的主观意识,结果踩了“红线”、闯了“雷区”,教训十分深刻。

(2)对“新常态”要求理解不到位,满腹牢骚。作风的转变,不可避免地让一些习惯了“传统节奏”的人难以适应,有些党员干部和公职人员认为抓工作纪律过于严格,由此满腹牢骚,甚至对加强作风建设产生抵触情绪。这说明他们对“新常态”没有理解,对“新节奏”没有主动适应、积极改变,而是怀念过去那种“一张报纸一包烟,优哉游哉过一天”的悠闲日子。

(3)对“新常态”要求执行不到位,阳奉阴违。“新常态”下作风问题的表现形态日趋隐蔽化,穿上了隐形衣。比如,明目张胆大吃大喝的人少了,但部分公款吃喝转入“地下”,“不吃公款吃老板”“不进会所进社区”,这些所谓的“企业食堂”“家宴”的奢华程度丝毫不亚于豪华会所。其中不乏一餐饭受处分、一顿酒挪位子、一次违规丢帽子的案例。面对红线,违规饭局仍禁而不止,这表明一些党员干部还没有绷紧纪律这根弦。

总之,党的十八大以来,在加快形成作风建设“新常态”方面,党中央是下了决心、出了实招、动了真格。

二、积极探索培育为政新心态的途径

心态是一种品德、一种修养,是对外界事物和现象的基本人生态度,是世界观、人生观、价值观、道德观等基本人生观念的心理表现。对领导干部而言,心态不仅影响自身的外在形象,而且透过一言一行、一举一动影响着周围的同志,影响着工作氛围,影响着政治生态。作风新常态下更需要为官者培育一种新心态来主动适应。

(一)适应新常态需要新心态

1. 以进取的心态对待事业

(1)要有无私奉献的精神,坚持一切以事业为重,做到局部服从整体,个人服从集体,干事创业,绝不能把党的宗旨抛到脑后,淡忘了自己的身份,淡忘了肩负的职责。

(2)要有敢于担当的勇气,敢于面对困难、面对挑战,绝不做不思进取、不尽责任的人,习近平总书记特别强调干部要敢于担当,李克强总理反复要求官员要守土有责而不要尸位素餐。

(3)要有真抓实干的作风,在其位、谋其政、尽其责,“空谈误国、实干兴邦”。“为官不易”的新常态下党员干部更需要恪守职责,远离“庸、懒、散”,去掉“为官不为”的标签。强化干部“有错无为皆问责、不换状态就换人”的理念。解决党员干部等着干、混着干、浮着干的现象和不作为、虚作为、乱作为的问题。促使党员干部敢于攻坚克难,不断积聚干事创业的正能量。

2. 以感恩的心态对待组织

(1)要充分相信组织,坚决在政治上、思想上、行动上与党中央保持一致。

(2)要感谢组织培养,每个党员干部都要看到个人的成长进步除了自身努力外,也离不开组织培养。

(3)要执行组织决定,在任何时候、任何情况下,都要自觉置身于党组织之中,而不能从思想行动上"游离"于党组织之外,无论进退留转,都是组织的需要、工作的需要、发展的需要、人民的需要。

3. 以公仆的心态对待群众

(1)要牢记为人民服务的宗旨,身在其位,必谋其事,时刻以"人民群众对美好生活的向往就是我们的奋斗目标"勉励自己。

(2)要放下"官架子",转变"高姿态",走进群众、联系群众,服务群众,能够和群众同吃一锅饭、同坐一条凳,"以百姓心为心"。

(3)要求真务实,把为群众干实事作为工作的要求和准则,真正做到"民之所好好之,民之所恶恶之"。

4. 以豁达的心态对待同志

(1)要真诚待人,同志之间要做到开诚布公、坦诚相见、真诚相处。

(2)要相互理解,善于换位,多考虑别人的难处,多理解别人的言行,多一点忍让、礼让、谦让。

(3)宽容待人,宽容是一种气度和胸怀,一个人可以包容多少人,就能团结多少人,就能领导多少人。要切实做到容人、容言、容事、容错,既要容人之长,更要容人之短。

5. 以平和的心态对待自己

(1)要知足常乐,作为领导干部要有"莫为浮云遮望眼"的胸怀,对于政治待遇和物质待遇,在内心应该有一种真正的知足感。

(2)要学会辩证地认识自己,既不能妄自菲薄,更不能盲目自信,要善于发现和发挥自己的优势和长处,对待工作和生活要树立自信乐观的态度,也要善于认识和弥补自己的缺点和不足,时刻保持平常心和进取心。

(3)正确认识工作中的挫折,诚如月有阴晴圆缺,领导干部在事业发展的道路上,不可能总是顺风顺水,有时也会遇到挫折、委屈乃至失败。

(4)要有积极乐观的心态,学会逆向思维。有时看似一件坏事,其实换位思考、逆向思维后可能是一件好事,例如《一个秀才考试的故事》。有位秀才第三次进京赶考,住在一个经常住的店里。考试前两天他做了三个梦,第一个梦是梦到自己在墙上种白菜,第二个梦是下雨天,他戴了斗笠还打伞,第三个梦是梦到跟心爱的表妹躺在一起,但是背靠着背。

这三个梦似乎有些深意,秀才第二天就赶紧去找算命的解达,算命的一听,连拍大腿说:"你还是回家吧。你想想,高墙上种菜不是白费劲吗?戴斗笠打雨伞不是多此一举吗?跟表妹躺在一张床上了,却背靠背,不是没戏吗?"秀才一听,心灰意冷,回店收拾包袱准备回家。

店老板非常奇怪,问:"不是明天才考试吗,今天你怎么就回乡了?"秀才如此这般说了一番,店老板乐了:"哟,我也会解梦的。我倒觉得,你这次一定要留下来。你想想,墙上种菜不是高种吗?戴斗笠打伞不是说明你这次有备无患吗?跟你表妹背靠背躺在床上,不是说明你翻身的时候就要到了吗?"秀才一听,觉得更有道理,于是精神振奋地参加考试,居然中了个探花。

这个故事告诉我们,积极的人,像太阳,照到哪里哪里亮,消极的人,像月亮,初一十五不一样。想法决定我们的生活,有什么样的想法,就有什么样的未来。生活就像一面镜子,你朝它笑它也笑,你朝它哭它也哭。

(二)培育新心态的路径选择

作为新时期的领导干部,如何面临新挑战、培育新心态、适应新常态？要在以下五个方面下功夫。

1. 强化公仆服务意识

(1)加强对官员的公仆思想和服务意识教育。在当下高压反腐和从严治党的形势下,加强对官员的公仆思想和服务意识教育显得异常紧迫。因为官员的权力是人民赋予的,俸禄是纳税人提供的,所以官员的职责就是要尽职尽责为人民做事。如果只拿工资不干实事,那么即便不贪不占,也是对党的事业和人民利益的不负责任。

(2)树立"权力即责任"的基本原则与理念。权力和责任是相对应的,掌握一定权力,必须相应地承担一定责任。滥用权力"乱作为"和掌握权力"不作为",都要承担相应的法律责任和由此引起的后果。习近平同志在担任浙江省委书记时,曾撰写过一篇题为《要拎着"乌纱帽"为民干事》的文章,明确提出"每一个领导干部都要拎着乌纱帽为民干事,而不能捂着乌纱帽为己做官"。今天读来,这段话依然振聋发聩,令人深思。毫无疑问,增强一心为民的公仆情怀,保持昂扬向上的进取心,保持干事创业的精气神,对领导干部而言,既是职业操守,也是做人境界。

2. 加强个人修养

(1)要勤学,争做读书学习的模范。古人云:"求木之长者,必固其本,欲流之远者,必浚其源。"学习是固本之举,是源头活水。随着全面建设小康社会进程的加快,领导干部面临的责任更重、标准更高、要求更严,学习已成为成长进步的第一需要。在学习过程中要树立三种理念:一要树立"学习为本"的理念,以理论上的高修养来促进政治上的成熟;二要树立"终身学习"的理念,使学习成为一种责任、一种追求、一种境界;三要树立"工作学习化、学习工作化"的理念,坚持学以致用,学以修身,注重理论联系实际。

(2)要善思,争做开拓创新的模范。一是要养成独立思考和辩证思考习惯,学会敏锐地观察各种新变化,分清是非,甄别真伪,认清良莠,客观全面准确地评价事物;二要养成自我反思的习惯。荀子曰:“吾日三省吾身,则知明而行无过已”。邵阳市开展的干部心态教育活动中,用“扪心三问”引导干部自我反思:一问“我为党和人民做了什么”,二问“党和人民给了我什么”,三问“我为邵阳发展做了什么”。通过扪心自问,广大干部纷纷进行自我反思,问出了差距,问出了责任,问出了使命,问出了平和、健康心态。

(3)要实干,争做求真务实的模范。领导干部必须具有强烈的事业心和责任感,要像“老黄牛”一样,既要抬头看路瞄准方向,又要脚踏实地埋头苦干,要以一流的工作业绩服务一流的经济发展。一是要有求真务实的作风,始终坚持深入实际,知实情、说实话、办实事、求实效;二是要有严谨细致的态度,尽心竭力,一丝不苟,做到提供信息真、反映情况快、传递政策准、协调工作好;三是要有甘为人梯的精神,树立吃苦耐劳、无私奉献的精神,保持平常心态,不计得失,扎实细致地做好自己的本职工作。

(4)要慎行,争做清正廉洁的模范。一是要常省为官之道。始终坚持权为民所用、情为民所系、利为民所谋;二是要常怀律己之心。始终坚持自重、自省、自警、自励,工作上高标准,生活上低要求;三是要常修立身之本。以诚为本,说话心口归一,办事知行统一,为人表里如一;以善为本,听得进逆耳忠言,忍得住埋怨指责;以公为本,襟怀坦荡,光明磊落,公正无私。

(5)要善比,争做感恩知足的模范。我们要学会纵向比较,而不要一味地横向比较,要学会向后看一看,看一看自己的过去曾是多么的平凡,看一看以往的生活曾是多么的清寒,或者不看自己,去看看身后的人也行,看看还有很多人尚在努力拼搏想达到你现在的状态。

2015 年 3 月 24 日,邵阳市召开政府职能转变和机构改革动员大会,以持续心态教育,促进政府机构改革为主题。会上,覃勋宏、禹洪峰、李如意、皮绍娣、袁玉辉分别作了心态教育典型发言。邵阳市扶贫办主任、党组书记覃勋宏，跑遍了全市12个市县区所有贫困乡、村，哪里最贫困，哪里最需要，他就扑向哪里，为人朴实，工作踏实。市人社局党委副书记、副局长禹洪峰，不计名利、敢于担当，曾先后三次主持市人社局全面工作，从不向组织提任何要求。中共邵东县委常委、组织部长李如意，历任两个县的组织部长，担任组织部长将近9年，任副处级领导15年，始终能够保持知足、感恩、平和的心态，立足岗位履职尽责，工作富有成效。市兽医局副局长皮绍娣，本是化工专业，大学毕业被分配到市房检站当兽医，但她干一行爱一行专一行，由外行变内行，由内行成为邵阳市兽医界的技术权威。洞口县罗溪瑶族乡乡长袁玉辉，自参加工作起，先后在洞口县的月溪、江口、桐山、大屋、罗溪这些偏远山区乡镇工作了整整24年，洞口县所辖8个山区乡镇，他工作过5个，但一直无怨无悔。这样时常向后看，你会为自己现在拥有的一切感到知足、快乐。

3. 加强行政文化建设

文化氛围是影响人的思想和行为的重要社会环境，思想是行动的先导，有什么样的思想支配，就有什么样的行为。因此，作风新常态下，广大领导干部必须继承和发扬爱岗敬业、感恩知足的精神，着力加强行政文化建设，努力营造一种崇廉鄙贪、崇勤鄙慵的文化氛围，营造一个良好的从政环境。良好的文化氛围一旦形成，能够从情感上、心理上影响、引导、决定着领导干部的行为，督促广大领导干部廉政勤政，良好行政文化氛围的形成，会由内向外、潜移默化的熏陶滋润周边的人，可以使人们在获取信息的过程中，自觉不自觉地接受其他同事的熏陶，起到“润物细无声”的作用。

4. 加强制度建设

（1）建章立制，尽快树立“明规则”。随着新一届中央领导强力反腐，“老虎”“苍蝇”一起打，特别是大老虎相继落马，我们基层干部感觉很振奋。现在反腐深入人心，整个官场风气正了很多。风清气正后干部就不会想着跑官要官了,对于那些想做事而又没什么背景和关系的干部来说,现在正是大有可为的时候。官场风气逐渐改善的同时,也让一些党员干部感觉很困惑,甚至不知所措。东北一个县级市市委书记说:"我们曾用了3年多时间跑下来一个大桥项目,'跑部钱进'那也是没有办法。全国那么多项目申报,不去跑就不可能轮到你。现在不敢'跑部钱进'了,我们的工作方式也得改变,有时真不知道该怎么跑项目了。"

之所以很多党员干部感到困惑,不知何去何从,因为他们看到潜规则被打破,又担心没有彻底打破,体制机制没有完全改变,心里面没底,很矛盾很纠结。因此,潜规则的链条断了,现在要及时抓住两个关键环节:一是加强反腐败,二是要建章立制,明规则必须尽快树立起,制度建设必须加强。

(2)加快推进薪酬制度改革。很多党员干部认为现在工作应酬压力小了,幸福感增强了,但基层公务员薪酬增长却很慢,没有赶上经济社会发展的节奏。公务员的薪酬应该与经济社会发展有合理的关联度。

(3)加快建立正向激励机制。过去很多官员认为只要上了一定的行政级别,各种反腐调查就到不了自己身上。现在这种局面完全打破,过去的安全感都没了。

湖南省一位县委书记说,一些地方干部现在确实有这样的心态,认为多一事不如少一事。"基层干部确实很累、压力很大。一方面要面对上级的考核,拿我自己来说,就要面对10多个一票否决的事项;另一方面来自征迁、维稳等方面的压力也不小,稍微不小心就可能被人告。"因此,职业安全感的链条断了,应该尽快通过政府机构改革、行政体制改革建立正向激励机制,在党员干部中培育起健康的组织文化。

5. 强化权力监督

加强公仆服务意识是必要的,加强制度建设也是必需的,然而,最根本的措施还是要将权力置于广大民众的监督之下。其关键是要做到以下两点：

（1）在官员选拔问题上要强化群众的话语权，使官员真切感受到自己手中的权力来自于人民，因此必须对人民负责。权力的本源并非是某个上级领导，所以不能只对上级领导负责。

（2）对公权力的运行要强化群众的监督，应对官员"不作为"要让公众监督有作为。如此看来，对官员工作成绩的评价及"不作为"的问责，人民群众应该成为主体，群众的意见应作为官员绩效考核或是否对"不作为"行为担责的主要参考依据。

近年来一些地方实行"民评官"的实践探索都充分表明，广大群众的监督才是最有效的监督，才能使官员真正不敢懈怠。

总之，在作风"新常态"下工作要求确实高多了，所以暂时有所不适应还可以理解，但不能一味抱怨。"牢骚太盛防肠断，风物长宜放眼量"，作为领导干部，应该要善于从长远看问题，从自身找原因，要看到自己同党和人民要求之间的差距；要认真把握自己、规范自己，以更好的精神状态、更强的责任意识、更严的纪律标准，依法依纪依规履行好各项职责；要及时调整心态，尽快学会在这样的"新常态"下开展工作，实现自己的"转型升级"，争取在新的条件下、按照新的标准要求，有更大的作为。

正家风是领导干部的必修课

肖坤洗[①]

当前，我们正在全党开展“两学一做”学习教育活动，学党章党规，学系列讲话，做合格党员。近两年来，习近平总书记多次谈到家风。2015年2月17日在中共中央、国务院举行的春节团拜会上，习近平总书记指出：“不论时代发生多大变化，不论生活格局发生多大变化，我们都要重视家庭建设，注重家庭、注重家教、注重家风”，“使千千万万个家庭成为国家发展、民族进步、社会和谐的重要基点”[②]。十天后的2月27日，春节长假刚上班不久，习近平总书记在主持中央全面深化改革领导小组第十次会议时再次强调“领导干部的家风，不是个人小事、家庭私事，而是领导干部作风的重要表现。各级党委（党组）要重视领导干部家风建设，把它作为加强领导班子和领导干部作风建设的一项重要内容，定期检查有关情况”[③]。

短短十天时间，作为党和国家的最高领导人在两个重要时间节点、两个重要场合都谈到家风。2016年1月12日，习近平总书记在十八届中纪委六次全会上又一次指出：“领导干部要把家风建设摆在重

---

① 肖坤洗，男，中共邵阳市委党校科研处副处长，副教授。

② 《习近平：在2015年春节团拜会上的讲话》，载《光明日报》，2015年2月18日。

③ 《习近平主持召开中央全面深化改革领导小组第十次会议》，载《光明日报》，2015年2月28日。

要位置，廉洁修身，廉洁齐家”，①可见，总书记把家风特别是领导干部的家风提到了何等重要的高度。

一、总书记讲话的深刻内涵和背景

总书记的讲话思想深邃，观点鲜明，他告诫我们，家庭是国家发展、民族进步、社会和谐的重要基点，领导干部的家风是领导干部作风的重要表现，各级党委（党组）要把家风作为领导干部作风建设的一项重要内容，并提出了定期检查的明确要求。每个人特别是领导干部都要注重家风。

总书记的这些话语不是随口而说的，而是经过深思熟虑之后精心选择时间和场合才说出来的。这针对了一个严峻的现实问题，就是十八大以来，随着全面从严治党不断向纵深推进，随着反腐力度的加大和反腐工作的深入，落马的贪官越来越多，职位越来越高，但他们都有一个共同的特征，或对配偶子女疏于管教；或对他们打着自己旗号的所作所为听之任之，甚至放任纵容；或为亲属经商提供便利；或对他们的违法乱纪行为百般包庇袒护，使原则在亲情面前变通、底线在人情世故中失守，最终陷入“全家腐”。一言以蔽之，就是家教不严，家风不正。在这样的背景下，总书记关于家风的论述是高屋建瓴，意义深远，是大处着眼，小处着手。这个“大处”就是党风廉政建设、反腐倡廉的大事，“小处”就是我们初看起来好像是个人私事、家庭小事的家风，他告诫了我们：加强领导干部的家风建设是从源头上根治腐败的有效举措。每一名领导干部都要把家风建设摆在重要位置，既加强党性修养，廉洁修身，又廉洁齐家，培育好家风，在管好自己的同时，对亲属子女和身边工作人员严格教育、严格管理、严格监督。

① 《习近平在十八届中央纪委二次全会上发表重要讲话强调：坚持全面从严治党依规治党，创新体制机制强化党内监督》，载《人民日报》，2016 年 1 月 13 日。

二、家风是领导干部修身治家履职的基石

（一）从治家看，优良的家风是一个家族兴旺的明灯

家风在中国传统文化中源远流长，在今天北京的一些老四合院里，仍然能看到"忠厚传家久，诗书继世长"之类的门联。家风，是一个家庭或家族长期以来形成的传统风气和风尚，是由家长的形象、追求、喜好、品质、道德、家教等构成的，它形成家庭的思想体系和行为规范，承载着一个家庭或家族的生活方式、生活态度、文化氛围、理念、价值观和人生观等，家风从无形之中、细微之处，影响下一代，事关一个家庭家族的兴衰。

好的家风和不好的家风都会影响到后代。在美国历史上曾有这样两个家族，一个是爱德华家族，其始祖爱德华是位博学多才的哲学家，一生勤奋好学，为人严谨，为子女树立了良好的风范。他的8代子孙中有13位当过大学校长，100多位教授，80多位文学家，60多位是医生，还有1人当过副总统，1人当过大使，20多人当过议员。另一个家族是珠克家族，其始祖珠克是远近闻名的酒鬼和赌徒，毕生玩世不恭，浑浑噩噩，无所事事。他的8代子孙中有300多人当过乞丐和流浪者，400多人酗酒致残或夭亡，60多人犯过诈骗和盗窃罪，7人是杀人犯，总之没有一个是有出息的。由此可见，家风的好坏直接决定子女的成才与否，而且不仅是一代。与李鸿章、左宗棠、张之洞并称为"晚清四大名臣"的曾国藩，虽是晚清一位极具争议的人物，既有"中兴名臣"的美称，又有"卖国贼"的恶名，可谓毁誉参半，褒贬不一，但他的家书、家训却是得到一致的认可。他特别重视家风，他说"一个家族要长久兴旺，靠权利、靠财富都难，但良好的家风可以"。他在祖辈的基础上进一步完善了曾氏家风，并形成了一个完整的体系，要求营造"孝友之家"（对长辈孝顺，对兄弟姊妹友好），倡导"一勤天下无难事"，他认为勤既是为官之道，亦是处世之道，他以勤治军，

以勤治家,更以勤修身。在他的言传身教下,曾氏后人谨遵家规,严于律己,曾氏家族人才辈出,出现了曾纪泽、曾纪鸿、曾广钧、曾广铨等杰出人物。

(二)从修身看,良好的家风是领导干部严以修身的熔炉

2015年4月中旬,中共中央办公厅印发了《关于在县处级以上领导干部中开展"三严三实"专题教育方案》,部署安排在县处级以上领导干部中开展"三严三实"专题教育活动。严以修身是"三严三实"的基础。做到严以修身,除了党纪国法的刚性约束,还要靠家规家风的潜移默化。

良好的家风形成后就会变成家庭的行为规范,规范家庭成员的言行举止,对家庭成员起到教化和熏陶作用,对领导干部而言,就会形成一种正向的约束,给其脚下划出红线,头上悬起警戒线,正如古人所言"木受绳则直,人守规则正"。而如果没有良好的家风,领导干部就可能让自己和家庭成员变得"任性",其行为就会恣意妄为,就会倚"门第"而自骄,仗"势力"而妄为,借"优越"而自堕。一些领导干部犯错误、犯罪,往往与家庭成员的怂恿(所谓"枕边风""膝下雨")密切相关,或者说与家庭成员的首先犯错误、犯罪密切相关。在这些案件中总可以看到,一些居心不良的人要与领导干部拉关系,要拉领导干部下水,往往先与领导干部的家庭成员拉关系,先拉领导干部的家庭成员下水,往往先抛出"关心家庭生活"的敲门砖。

而被朱元璋赐以"江南第一家"的郑义门先后有173人为官,官位最高者位居礼部尚书,却没有一人因贪墨遭罢官,就在于其家族长达168条的家规《郑氏规范》中规定了外出做官的子孙一旦被发现有贪赃枉法的,就要被宗族开除,死后牌位也不能进入祠堂,这种在大家族中"削谱黜宗"的处罚,很管用。

(三)从履职看,家风是领导干部作风的重要表现

古人讲:"修身齐家治国平天下",这是封建士大夫阶层实现人生

价值的最高目标，在这三者中，“身修而后家齐，家齐而后国治，国治而后天下平”，“欲治国者，先正其家”。可见，修身、齐家之于治国、平天下关系重大。如果领导干部连自己和家属子女都不能管住管好，又如何能够担负起“治国平天下”的历史使命？领导干部的家风，不是个人小事、家庭私事，而是领导干部作风的重要表现。领导干部的家风和其个人作风是互相依存、互为表现的，干部的作风包括思想作风、工作作风、生活作风、领导作风和学风，这些都可以从其家风上反映出来。一个干部如果其家风好，必然根红苗正，品行端正，律己严格，在家孝顺父母，夫妻恩爱，教子有方，在单位自然好学上进，工作务实，作风民主，关爱同事。试想，如果一个干部出身于一个热衷于靠拉关系走后门的家庭，他的工作、他的职位都是靠拉关系走邪道得来的，其走上领导岗位后，也必然不会好好学习、努力工作，整天就会琢磨怎么去走捷径，把心思放在阿谀奉承巴结讨好领导上。可以说，家风好，作风自然好，家风不正，作风肯定难好。

（四）从影响看，领导干部的家风是党风政风的风向标

家庭是社会的基本细胞，家风相连成民风，民风相融汇国风。俗话说，“村看村，户看户，群众看干部”，一方面，领导干部的家风好坏，其配偶、子女在社会上的言行举止如何，群众是十分关注的。人民群众往往会从领导干部的家人及私生活上对党风和政风做出判断。另一方面，领导干部的家风也会影响整个社会风气，领导干部有好的家风就会以其特有的示范和导向作用带动广大党员、干部和群众保持良好的家风，千千万万个家庭的风气好了，就会促进整个社会风气的好转，促进形成好的政风。

三、领导干部培育良好家风的途径

（一）重视家风

领导干部要有忧患意识，不能把家风看成小事，看成可有可无的

事,要认识到家风对于家庭的发展和延续是至关重要的,是社会精神文明的细胞、社会和谐进步的脊梁、国家繁荣昌盛的前提和基础。领导干部在家庭中起着举足轻重的作用,要通过自己的言行带头形成良好的家风,一个家庭需要家风来支撑。

习近平总书记2016年1月12日在十八届中纪委六次全会上指出"领导干部要把家风建设摆在重要位置,廉洁修身,廉洁齐家"①。2015年10月修订颁布的《中国共产党廉洁自律准则》已将"廉洁齐家、自觉带头树立良好家风"列为党员领导干部廉洁自律规范的重要内容。

(二)创制家规

家规是家风的文字体现,是治家教子、修身处世的重要载体,是中华民族传统文化的重要内容。

一是要从中华传统家风家教中汲取营养。在充满温情和智慧的家规中汲取精华,去其糟粕,延续和弘扬中华传统家教文化。父母长辈融化在爱之中的家教,是最能融入我们血脉的东西。解读一下历史,不难发现,许多长盛不衰、地位显赫的家庭家族,定会有各自兴旺发达的秘诀——家训,它贯穿于整个家庭或家族辉煌的始终。良好的家风可以塑造出人高尚的品格、高雅的举止,成为人人向往的道德典范,一枝独秀、鹤立于整个社会"圈子",为众多人、众多家庭所效仿。岳母为儿刺字"精忠报国","忠"为岳家之家风;林则徐勤俭持家,生活简朴,他认为"贤而多财,则损其志;愚而多财,则增其过",崇尚"俭"为林家之家风;曾国藩以"勤"为人生第一要义,他说"天下古今之庸人,皆以一惰字致败","一勤天下无难事",崇尚"勤"为曾家之家风;诸葛亮教诲儿子修身养德,"夫君子之行,静以修身,俭以养德,非淡泊无以明志,非宁静无以致远",祖孙三代被后人誉为"三世忠贞"。

① 《习近平在十八届中央纪委六次全会上发表重要讲话强调:坚持全面从严治党依规治党,创新体制机制强化党内监督》,载《人民日报》,2016年1月13日。

包拯严厉要求后代不犯脏滥，不违其志，否则就不是包家子孙，死了也不得葬在包家祖坟。在我国传统的家教文化中，还形成了独具特色的家训制度。浙江师范大学政法学院教授毛策认为，中国的家训制度大致有三个历程，第一个是《颜氏家训》，第二个是宋代司马光的《家范》，《颜氏家训》和《家范》的共同特点是理论性较强。第三个里程碑是《郑氏规范》，《郑氏规范》比较注重家规的操作性，它是被明朝朱元璋亲赐"江南第一家"牌匾的浙江浦江郑义门的传世家训，这一家族创造的传奇在于：自北宋崇和元年(1118)至明天顺三年(1459)合族同居历时340余年，以孝义治家闻名于世，延续15代300余年不分家，鼎盛时期3000余人同吃一锅饭，郑义门先后173人为官，官位最高者位居礼部尚书，却没有一人因贪墨而遭罢官。如今，郑义门是全国重点文物保护单位、浙江省廉政教育基地和浙江省爱国主义教育基地。那么，是什么使这个家族有如此强大的凝聚力？是什么让这个家族有如此旺盛的生命力？支撑郑义门的支柱就是这部名叫《郑氏规范》的家规，它历经几代人创制、修订、增删，共168条，涉及家政管理、子孙教育、婚丧祭祀、生活学习、为人处世等方方面面，堪称世上最全的家庭管理规范，包含了善治家、敬祖先、尚节俭、重教育、睦乡邻、崇清廉等内容，郑氏先人虽已不在，但郑氏家训包含的生活态度、道德修养、学识涵养仍适用于现代家庭乃至整个社会。

二是要从历代名人、老一辈无产阶级革命家的家风家教中汲取养分。革命先烈方志敏说过这样一段话"清贫、洁白、朴素的生活，正是我们革命者能够战胜许多困难的地方"。还有一些中外知名的大企业家，虽然拥有亿万财富，但仍然保持着勤俭持家、艰苦创业、热心慈善、兼济天下的家风，也值得我们学习借鉴。

三是要融入社会主义核心价值观的内容。社会主义核心价值观有国家、社会、个人三个层面，共24字，我们应把个人层面的"爱国、敬业、诚信、友善"8个字融入自己的家规当中去。

中国伦理学会会长万俊人认为:"由于各家有各家的规矩训诫,家教方式、程度和效果不同,故而各家的家风也会相互见异。但家教、家风的内涵却互有重叠。一般来说,勤俭治家、诚实为人、宽厚处事、崇学尊礼、温良恭让、善良宽容等,当是诸家治持教养、光耀门庭的基本美德伦理。"①

(三)严于律己

领导干部要注重"修己身",从"严以修身、严于律己"入手,以身作则,当好家庭成员的表率,绝不能以自身失修败德带坏家风,祸害家人。所谓"其身正不令而行,其身不正,虽令不从"。领导干部在家庭乃至家族中往往都是核心人物,其一言一行都是家规的模板、家风的旗帜,只有以身作则,恪守家规、传承家风,才能为家人做出榜样,才会有威严、有说服力。领导干部正己身就要用党纪来律己,用国法来律己,用道德来律己,切实做到"七慎":

一是慎独,就是在独处之时,能够谨言慎行,不做有违道德、纪律和法律的事情。二是慎微,就是要在细微之处能够保持警惕、警觉、警醒,不以善小而不为,不以恶小而为之。小节上把持不住,就会"小洞不补,大洞吃苦",就会"千里之堤,溃于蚁穴"。从近年来查处的领导干部违纪违法案件看,腐败分子走上违法犯罪的道路,大都是从道德品质上出问题开始的,而道德品质上的问题又是从不健康的生活情趣开始的。三是慎权,就是要正确对待权力,权为民所赋,权为民所用,用权受监督。对权力要有敬畏之心,始终保持战战兢兢、如临深渊、如履薄冰的谨慎,绝不能把公共权力异化为谋取个人私利的工具。四是慎利,就是要正确对待利益,把物质利益想得透一点,看得淡一点,要正确处理好个人利益与群众利益的关系,无论何时何地,无论做什么事情,都要把人民群众的利益放在第一位,个人利益服从人民利益。要真正做到公私分明,"君子爱财,取之有道"。五是慎友,就是要谨慎

① 万俊义:《也说家教家风》,载《光明日报》,2014 年 3 月 3 日。

交友,净化自己的生活圈、朋友圈,交真友,交净友,不交无德之友,不交无义之友。六是慎言,就是要言而有信,不要口无遮掩,讲不负责任的话、不切实际的话、无原则的话,要知行合一、言行一致。七是慎行,就是要规范自己的行为举止,不该去的地方不去,不该沾的东西不沾,不该做的事不做,始终保持高尚的道德情操和健康的生活情趣。总之,要做一个毛泽东同志在《纪念白求恩》一文中讲的"一个高尚的人,一个纯粹的人,一个有道德的人,一个脱离了低级趣味的人,一个有益于人民的人"。

(四)善待亲情

爱家庭爱家人乃人之常情,领导干部也不例外,但要爱得恰当。正确对待亲情,一是要做到一个"严"字,寓爱于严,爱得有度。有些领导干部对家属子女的情况不过问,不教育,听之任之,甚至对他们的所作所为装糊涂,在大是大非面前丧失原则立场;有的宽严失度,对家属子女严格不足,溺爱有余,一味满足家属子女的无理要求,对其违法乱纪行为采取默认、宽容态度;有的对家属子女的问题不是积极配合组织调查处理,而是百般包庇袒护,帮助开脱责任;还有的领导干部自身就不过硬,不但自己违法违纪,还纵容唆使家属子女胡作非为。这些做法,导致了家风不正,严重损害了领导干部的形象,在群众中造成极坏影响。毛泽东同志曾强调:"恋亲不为亲徇私,念旧不为旧谋利,济亲不为亲撑腰。"领导干部要正确对待亲情,做到"发乎情,止乎礼",关爱不溺爱、善待不纵容,管好自己不出事、管好家人不添乱、管好下属不掉队。要加强对配偶子女和身边工作人员的教育约束,不断提高他们的道德水准和法纪观念。二是要做到一个"廉"字,知足感恩,守住清廉。要感恩组织的培养,要感恩家人的付出,牢记"一人不廉全家不圆"的古训,领导干部守住清廉,就是对家人的关爱,对家人最好的回报,领导干部自己不出事,整个家庭乃至家族才会平平安安。古人讲"广厦千间,夜眠八尺;良田万顷,日食三餐"。明朝朱元璋曾给下属官吏讲过“一口井”的故事，老老实实做官，守着自己的俸禄过日子，就好像守着一口井，井水虽不满，但可天天汲取，用之不尽。可见，廉官清正，方能荫泽后代，贪官敛财，从来祸及子孙。

03

问题聚焦篇导读

党校是党性锻炼的熔炉，同时也是党委和政府的智库。党员干部到党校来学习理论，增强党性修养，最终还需要将理论用于实践，提升解决实际问题的能力。

随着经济新常态的到来，我国国民经济和社会发展面临一系列新情况、新问题，如政府如何去适应新常态，调整自身行为，切实提升依法行政能力；如何创新社会管理，提高社会治理能力；如何坚持改革开放，提高经济发展质量等。研究和解决这些问题，有利于促进我国社会全面进步，经济发展又好又快。

社会科学的研究应坚持问题导向，有的放矢，力戒空谈。发现和研究本地发展中存在的问题，为党委和政府相关部门的决策当好参谋，这是党校理论工作者的研究方向之一，也是每一名党校学员应该思考的问题。

《问题聚焦篇》共收录中共邵阳市委党校主体班相关教学专题七个，内容涉及政府行为调整、乡村治理、社团管理创新、依法行政、邵阳工业发展、邵阳开放型经济建设及“互联网＋”在邵阳的发展对策。

经济基础决定上层建筑。在经济新常态下政府行为必须实现两个转变，即从重经济管理向重公共管理转变、从重管制向重服务的转变，调整政府行为、适应经济新常态的关键是要抓好党的建设以及发展民主政治和依法治国。

国家治理的现代化必然包含乡村治理的现代化。现阶段乡村治理现代化还存在着理念陈旧、机制不全、目标不明、资源缺乏、手段单一等诸多问题，要推进乡村治理现代化就必须树立现代化的乡村治理理念，完善乡村治理现代化机制和明确治理目标，增强治理能力。

群团组织在我国革命、建设和开放的各个历史时期都发挥积极作用，新形势下群团组织在社会管理方面存在着诸多问题，必须加强和改进党的群团工作，推动社会管理创新。

行政诉讼对于保护公民基本权利、规范和监督行政权力、化解行政争议有积极意义。只有依法规范行政行为，提高依法行政水平，同时把握行政诉讼流程，才能提高党政机关行政应诉能力。

工业在国民经济中占主导地位，邵阳经济落后主要是邵阳工业的发展相对落后。研究邵阳工业发展落后的原因并提出具体对策，有利于邵阳工业加快发展。

在邵阳这样的欠发达地区，要适应国际国内环境，实现富民强市，后发赶超还必须加快推进开放型经济的发展。邵阳发展开放型经济面临机遇和挑战，只有抓住机遇，面对挑战，迎难而上，全面提升开放型经济发展质量，才能使邵阳真正实现后发赶超。

在互联网迅猛发展的今天，如何抓住“互联网+”这场科技革命的机遇，加快邵阳的发展，这个问题值得每个邵阳人认真思考。

本篇的各位作者对相关问题的研究都比较深入，文章既有理论深度，又有实践的可操作性，认真阅读，有助于提升党政干部的理论素养，同时为解决现实问题提供借鉴。

经济新常态下政府行为的调整

刘向阳①

经济进入新常态,意味着经济从传统的低效率、高消耗的两位数的增长进入高效率、低成本、可持续的中高速增长阶段,这种经济发展方式的转变能不能取得预期的效果,在很大程度上取决于政府行为的调整能不能到位。

一、经济新常态下政府行为调整的必要性

(一)政府行为调整是实现经济新常态的客观要求

新常态这个词最初使用,是本轮金融危机爆发以后,当时国际上用它来描述发达国家经济与金融状况。从 2013 年开始,新常态被反复用来描述我国经济的新形势。

习近平总书记指出:"中国经济呈现出新常态,有几个主要特点:一是从高速增长转为中高速增长。二是经济结构不断优化升级,第三产业消费需求逐步成为主体,城乡区域差距逐步缩小,居民收入占比上升,发展成果惠及更广大民众。三是以要素驱动、投资驱动转向创新驱动。"②

---

① 刘向阳,女,中共邵阳市委党校管理教研部副主任,副教授。

② 习近平:《共建面向未来的亚太伙伴关系——在亚太经合组织第二十二次领导人非正式会议上的开幕辞》,载《光明日报》,2014 年 11 月 12 日。

在习近平总书记讲话的基础上,2014 年年底召开的中央经济工作会议分别从消费需求、投资需求、出口、市场竞争等九大方面,全面阐述了经济发展新常态下的九大趋势性变化。这九大趋势性变化说明,"我国经济正在向形态更高级、分工更复杂、结构更合理的阶段演化。"①所以对新常态,我们可以理解为告别过去的那种依靠高投入、高消耗推动经济增长的方式,是"转变经济发展方式的新表述"。既然是经济发展方式的转变,这里头必定包含政府与市场的重新定位的问题,包含着政府行为调整的问题。

(二)政府行为调整是政府职能定位的必然选择

对于政府职能定位,十八届三中全会的决定有一个突破性的进展,就是强调"市场在资源配置中的决定性作用"。这对于政府来讲,既有一个角色转换问题,也有一个职能的转变问题。《决定》明确指出:"政府的职责和作用主要是保持宏观经济稳定,加强和优化公共服务,保障公平竞争,加强市场监管,维护市场秩序,推动可持续发展,促进共同富裕,弥补市场失灵。"

二、经济新常态下政府行为调整的内容

(一)实现从重经济管理向重公共管理的转变

政府适度收缩或者说弱化经济行为,强化公共管理行为,改变过多地依靠权力、依靠行政手段配置资源的状况,应该是经济发展新常态的重中之重。政府应从微观的经济活动中退出来,转向为社会提供更多更好的公共服务。这意味着政府敢于主动退出一些领域,把某些主导经济发展的动能更多地让位给市场和社会,并为逐步退出创造条件。

首先要加大国企改革的力度。我们国有部门比重大,占有的资源多,不仅占据公共领域,还占据竞争性领域。不仅影响民营企业的发

① 新华社记者:《中央经济工作会议在北京举行》,载《光明日报》,2014 年 12 月 12 日。

展活力,也影响到居民消费比重的升降,并进一步影响对经济发展的拉动。因此,加大对国企改革的力度就显得非常重要。关于这个问题,早在1998年的行政体制改革中,国家就曾提出要让国有资本逐步从竞争性领域退出的思路,但后来这方面实施得并不理想。国有企业的总体数量大大减少了,但是在竞争性领域的垄断问题、贪腐问题等,没有解决。所以,党的十八届三中全会提出来要“积极发展混合所有制经济”,未来主要是混合所有制主导。这意味着要对国有企业进行一系列大的改革,也只有这方面的改革相对到位,才可以为民营经济的发展提供更大的空间,为政府适度收缩经济职能、退出某些竞争性领域创造条件。十八届三中全会公布之后,央企和地方国企,都已经开始“混合所有制”的实践。国有企业的具体改革方案,2015年9月13日已正式对外公布,《指导意见》发布以后,新一轮国企改革将全面启动。如果这些改革方案能够很好地实施的话,将为民营企业的发展提供很大的空间,将有助于国有资产退出竞争性领域,适度收缩政府职能局面创造条件。

其次是深化财税改革。党的十八届三中全会提出的土地和户籍制度等关键领域的改革,缩小了地方政府征用土地的范围,限制了地方政府的一些权力,但这个问题要从根本上解决,还得靠推动财税制度改革。否则,地方政府依赖土地财政的状况将会继续。所以,财税体制改革要到位。2014年6月30日,中央政治局会议审议通过了《深化财税体制改革总体方案》,重点是3个方面的改革:

一是建立事权与支出责任相适应的制度。(1)合理划分中央与地方事权和支出责任。过去,中央政府和地方政府承担的责任和各自财政是不匹配的,地方政府相对来讲承担的事物过多,但是财力有限。地方承担了60%的社会事务和公共事务,而它拥有的财力只有40%,财力和承担不匹配,地方政府不得不通过出让土地来增加财政收入。如果不改革财税制度本身的话,地方对土地财政的依赖很难改变。

(2)政府建立规范的财政转移支付制度,增加常规性的转移支付,减少专项转移。常规性转移支付比较规范,较少人为的色彩。实行专项转移支付的情况下,钱都在各个部委手里。地方要上项目就要跑各部委,这就是“跑部钱进”。据了解,原来政府的转移支付中,专项转移占到48%,常规转移占到将近52%,专项转移比例较大,因此,未来改革应大量缩小专项资金,增加常规性的转移支付。这个改革目前处在规划之中,也许在不久的将来可以得到推进。(3)培植地方政府财源。土地财政受到抑制以后,地方政府的财政将有很大损失,需要开辟新的税源。如果没有这些改革,想改变地方政府对土地财政的依赖、抑止政府过度主导经济发展的冲动是很困难的。

二是改进预算管理制度。改进预算管理制度能够有效规范政府投资行为,规范地方政府债务。从最近一年多国家出台的制度来看,有两大举措可以有效约束政府行为。第一个举措是实行中期财政规划管理。2014年9月26日发布了《国务院关于深化预算管理制度改革的决定》,随后,在2015年1月24日,国务院印发了《关于实行中期财政规划管理的意见》,根据这两个重要文件精神,财政部门要会同其他部门研究、编制“三年滚动财政计划”,一旦这个“三年滚动财政计划”开始执行,各级政府和重大项目有关的部门都要听从这个规划的安排,和大项目相关的部门和账目都会持续性地被公开,能够在一定程度上约束政府花钱,克服短期行为。第二大举措是允许地方政府发债。于今年开始实施的新《预算法》,作为预算管理的法律规范,有一个很大的亮点,那就是允许地方政府发债。修改前的《预算法》规定,“地方政府不得发行地方政府债券。”事实上却形成规模巨大的地方债。中国社科院财经战略研究院8月3日发布的中国政府资产负债表显示,截至2013年底,我国政府负债超过56万亿元,同比增长近两成。据专家分析,地方政府债务的攀升是重要因素,所以光靠堵是堵不住的。最好的方式就是允许地方政府自主发债,筹资建设基础设施。当然,新预算法规定,政府可以发债,但必须满足 5 个条件。这些规定,既让地方政府的资金缺口有了合理、合法、可以公开招募资金的渠道,又把地方债给管起来了,让它不至于发展到不可收拾的地步。目前,地方政府债券自发自还试点已经启动,地方债"新政"顺利实施,PPP 模式掀起热潮。当然,地方政府发债还需要很多配套措施,包括中央政府的预警体系建设、财政(破产)重建制度建设。另外,中央银行也要加强独立性,防止由于货币供给过度导致的货币幻觉。地方政府要加强自我约束,地方人大要对地方发债进行审核、问责,中介组织也要发挥作用,商业银行也要加快去国有化的步伐。总而言之,通过预算管理制度的改革措施如果能够实施到位,应该能够遏制政府的过度投资行为,防止地方性债务的扩张。

三是完善税收制度改革。完善税制改革的目标是建立"有利于科学发展、社会公平、市场统一的税收制度体系","充分发挥税收筹集财政收入、调节分配、促进结构优化的职能作用";配合税制改革目标,出台了一系列改革的重大举措。如改革重点锁定六大税种,包括增值税、消费税、资源税、环境保护税、房地产税、个人所得税。2015 年以来,税收改革通过调节税率、实行税收优惠等多方面,作用于微观经济活动,维护经济平稳运行。

(二)实现从重管制向重服务的转变

政府要向市场、社会放权,作用和职责回归到加强公共服务,保障公平竞争,加强市场监管,维护市场秩序上来。政府对经济管制过多,会带来一系列问题。一是带来产能过剩,还以增加审批的方式设租寻租。此外还带来的另外一个问题就是带来大量的短期行为,使得企业只考虑眼前不考虑长远。企业经营者把更多的精力放在了同政府打交道,不会考虑市场和消费者。新华网 2013 年 2 月 26 日的报道称,2013 年中欧国际工商学院对 1214 位中外企业高管进行有关中国商务的问卷调查,最后得出"90% 的受访高管认为与中国政府搞好关系对其企业重要或者非常重要”的结论；另有53%的外企宣称，在中国为了维持关系投入的资源比在本国市场还多。所以，政府要做的就是规范市场和企业行为，提供良好的环境条件。

一是进一步简政放权，减少行政审批。行政审批和行政许可的面过宽，审批事项过多，审批程序不规范，审批中的自由裁量权过大，审批中的大量暗箱操作成为政府腐败的温床。尽管这些年来，我国已经进行了多次审批制度改革，取得了明显成效，但与经济社会发展的需要还有一定距离。应规范政府权力行使，减少政府对企业的过多干预，打造简约型政府。具体说来，要围绕构建“四张清单一张网”的思路，对政府管理经济的角色进行改造。所谓“四张清单一张网”，就是政府的权力清单、责任清单、企业的负面清单以及政府公共财政专项资金使用清单，同时构建政府社会管理和公共服务网。浙江省在全省打造的“四张清单一张网”，过程很有创意。比如政府的权利清单，先让各个政府部门将所有权力逐项上报，然后通过专家组及编制、法制部门联合进行多轮审查和评审，经过几上几下，最后将省政府各部门的一万两千多项权力减少、缩减为四千多项。再加上责任清单和企业的负面清单以及财政专项资金的使用清单，大大规范了政府权力行使，减少了政府对企业的过多干预。2015年8月底，国家审计署发出公告，要求在全国复制推广浙江“四张清单一张网”的做法。我们期待通过这一做法，能够减少管制。

二是建立公平竞争的市场环境。要注重的是营造创新环境、搭建公平竞争的平台、制定相关的规则等。包括建立统一的市场体系、打破行政壁垒、开放金融、开放服务业、反对垄断。从当前的实际来看，政府需要做的第一个方面，要对民营企业网开一面，特别是民营企业的市场准入问题。2015年9月24日，国务院发布《关于国有企业发展混合所有制经济的意见》，鼓励非公有资本参与国企改革，有序吸收外资参与国有企业混合所有制改革。《意见》表示，要分类、分层推进国有企业混合所有制改革。而电力、石油、天然气、铁路、民航、电信、军工等领域改革,要开展放开竞争性业务试点示范。第二个方面,要解决民营企业融资困难。对民营企业的融资状况,全国人大代表、经济学家辜胜阻近年做过一个调查,调查发现:"我去年到了 20 多个省调研,发现只有约 10% 的小微企业从银行获得了贷款,但利率普遍上浮约 30%,90% 的小微企业要靠民间借贷,融资成本在 25% 左右,应急式的过桥贷款利率更高达 40%。"融资成本过高,企业的利润空间本已很狭窄,再被这么一挤占,小微企业还怎么生存? 为什么要搞小的金融机构、民间金融机构,在很大程度上就是为了解决民营企业融资难的问题。因为如果民营企业做不好,我们经济发展会受到很大的制约。

三是保护民营企业的产权。根据英国《金融时报》的调查,被采样的中国中小制造企业(员工人数 20—2000 人,年收入 0.2 亿—4 亿元)有 55.6% 表示 2015 年第一季度的收入持平,甚至下滑;有 77.8% 的企业打算转行。中小企业作为中国经济的主要支柱(提供 50% 以上税收,80% 以上新增就业),为什么"活不下去"? 从根本上说,是因为产权保护不利、中小企业融资成本高。还有一组数据,今年另外是民间投资部分是下降的。比如房地产,房地产投资下降了大概 10 个点,原来 19.8%,变成了 10.5%。但是我们看看房地产对外投资将近 8000 亿。一些民营企业家把资金转移到海外,民营企业家把资金转移到海外是认为国内的环境不安全。这些调查材料显示,对民营企业产权保护不力,已经影响民营企业家投资的积极性和民营经济发展,还有我们现在的混合所有制改革也面临着民营产权保护问题。

当然,保护私有产权绝非容易的事情。这方面媒体也经常有报道。不过,我们欣慰地看到,十八届三中全会提出一个重大论断"公有制经济产权不可侵犯,非公有制经济产权同样不可侵犯"。十八届四中全会也提出:"健全以公平为核心原则的产权保护制度,加强对各种所有制经济组织和自然人财产权的保护，清理有违公平的法律法规条款。”“改革法院案件受理制度，变立案审查制为立案登记制，对人民法院依法应该受理的案件，做到有案必立、有诉必理，保障当事人诉权。”另外，“最高人民法院设立巡回法庭，审理跨行政区域重大行政和民商事案件”，目的就是“解决行政诉讼立案难、审理难、执行难等突出问题”。当然，尽管这些规则的执行力度还有待考察，但是我们的政府能做到有针对性地拿出改良措施，还是值得充分肯定的。我也希望政府能够凭借强大的执行力，推动民营企业的产权保护。

三、经济新常态下政府行为调整的关键

要破除政府行为调整的障碍，必须上下联动，这是政府行为调整的关键。因为单从政府这个视角来看，政府行为调整属于行政改革，处在整个政治体制的下端，它能解决的是转变职能、降低成本、提高效率的问题。政治体制还有上端几个更核心的要素，这上层的几个要素，更具有决定意义。

一是党的建设。有些政府官员的行为，从表面上看，是政府行政行为的问题，但后面隐藏的是官员选拔制度，而官员选拔制度在我国不是一个行政问题，而是一个政治问题，因为党管干部的原则。我们知道，无论哪个层级的地方官员，任期一般都是五年，而五年后对官员的升迁考核主要依据是在当地主政期间的 GDP 数据。在这种情况下，大部分政府官员的选择不会是简政放权、调整经济结构的实质性改革，因为这些改革难度大、周期长、见效慢。相反，集中手中权力和资源，上一些短期内容易出政绩的“大项目”则相对容易得多。所以怎样建立新的绩效评价体系，改变官员的选拔和任命机制，从此突破选人用人制度的改革，是影响政府行为调整的重要因素。

二是民主政治的发展。无论是国有企业改革行政审批制度改革，还是财政税收制度改革，公民的财产权利保护，所有这些政府行为调

整所涉及的、事关公众的切身利益。既得利益集团阻挠国企改革也好,部门利益的存在也好,或者政府不公开也好都是对公众利益的侵害。所以完善社会主义民主,保障公众的知情权、参与权、表达权、监督权这是绕不开的一个重大问题。其他国家的历史经验表明,更多的公众参与、更多的民主是解决这个难题的根本之路。

三是法治状况。有没有对宪法和法律的尊重,我们700多万党政公务员能不能打破传统的思维定式,能否树立法治思维,能不能依法施政,依法行政,与我国的法治状况有着很大的关系。十八届三中全会提出“坚持法律面前人人平等,任何组织或者个人都不得有超越宪法和法律的特权,一切违反宪法法律的行为都必须予以追究”。四中全会提出“任何组织和个人都必须尊重宪法法律权威,都必须在宪法法律范围内活动,都必须依照宪法法律行使权力或权利、履行职责或义务,都不得有超越宪法法律的特权”。并且对于如何实施,十八届四中全会做出了新部署,让我们看到了树立宪法法律权威的希望。

所以政府行为调整需要上下联动,不能只在行政层面做文章。从以往的教训来看,孤军作战,缺乏配套性举措是一个主要原因。所以如何防止单打独斗,形成合力,这很重要,须从政治体制的上端进行相应的改革措施,即加强党的建设,完善社会主义民主,完善社会主义法治。只有这样,才能避免政府行为调整的措施进行到一定程度后难以继续推进的情况发生。

乡村治理现代化的思考

孟一凡①

十八届三中全会提出全面深化改革的总目标是完善和发展中国特色社会主义制度、推进国家治理体系和治理能力现代化。在我们这样一个农村人口仍占多数的国家,乡村治理不只是农村内部的自我管理和发展问题,更关系到党在农村的执政基础、国家治理体系和治理能力的现代化建设。因此,如何构建符合中国特色的乡村治理体系、提升乡村治理能力,无疑是推进国家治理现代化的重要议题。

一、乡村治理是国家治理现代化的应有之义

(一)国家治理现代化必然包含乡村治理

国家治理现代化是一个包括各部门、各层次治理的有机整体。中国是一个发展中农业大国,构建中国特色的乡村社会治理机制,实现乡村社会治理现代化是推进国家治理现代化的题中之意。

新中国成立之初,乡村治理是人民公社体系,以三级所有、队为基础,是以行政手段指挥生产、以经济组织形式代替政权组织形式的模式。改革开放以后,农村实行联产承包责任制,经济体制的这一变化要求政治体制与之相适应,不能再沿用"人民公社"的模式来管理,因此实行了战略化调整。1983 年在农村重新恢复乡政府,1987 年全国

① 孟一凡,男,中共邵阳市委党校副校长,副教授。

人民代表大会常务委员会又通过了《村民委员会组织法(试行)》,并于1987年开始试行,逐步在全国农村普遍建立了村民委员会,用“乡政村治”的模式代替了人民公社模式。所谓“乡政村治”,包含“乡政”和“村治”两个层面的内容,“乡政”即国家在乡镇设置最低一级政府,代表国家对乡村进行管理;“村治”即村民自治,在农村成立自治组织,实行民主选举、民主决策、民主管理和民主监督。乡政体现的是国家权力,而村治则是社会权力的化身,乡是政府,村是自治组织,以乡村治理、家庭经营为基础。

从这个演变过程可以看出,无论是从治理体系还是治理结构来看,乡村治理都是国家治理的基础和重要组成部分。

(二)国家治理现代化必然体现于乡村治理

国家治理体系,就是保证党领导人民有效治理国家的制度体系。它包括人民代表大会制度这一保证人民当家作主的根本政治制度,中国共产党领导的政治协商制度、民族区域自治制度、基层群众自治制度等基本政治制度,以及经济、政治、文化、社会、生态文明和党的建设等各领域的体制机制、法律法规。这些构成了一整套紧密相连、相互协调的国家制度,是党领导人民治理国家的基本依托。

乡村治理体系就是落实国家制度体系,规范乡村权力运行和维护社会秩序的一系列制度和程序。当前改革全面深化阶段,广阔的农村地区是实现国家治理的关键区域,不容忽视。要动员中国农村人员积极参与社会治理,发挥主观能动性,结合各地实际情况,灵活调整,贯彻落实国家的各项方针政策。农村社会组织是乡村治理的主体,包括:农村经济组织、农村政治组织、农村科教文卫组织、农村宗教组织、农村医疗组织、农村群众性社会团体组织等主要组织类型。由于立足于基层农村社区,面对的主要服务群体是广大农民,农村社会组织在协调政府、市场、民众不同社会主体的关系上,特别是在实现农民利益需求的有效表达、提升农村社会组织自主程度和村民的现代民主观念以及推动乡村良性治理格局形成等方面发挥着极其重要的社会功能。

二、乡村治理现代化面临的问题

改革开放后，现代国民经济体系的建立让国家放松对农村资源的汲取，并逐渐尝试如何让农村走向“现代化”，乡村治理现代化往往是伴随着市场化进行的家庭联产承包责任制改革，实际上是在坚持土地集体所有的基础上对土地经营制度的改革，农民拥有了生产经营自主权和对自身劳动力的自由支配权，这种自由流动资源的合理配置需要市场化来实现，一方面，政府非常重视农村问题，不断推进农村现代化；另一方面，农业剩余与无限的现代化需求之间的矛盾成为了当前乡村治理要解决的突出问题。

（一）治理体系不健全

1. 治理机制不完善

民主和法治是人类社会治理的基本路径，是推进乡村治理的制度性保障。当前乡村社会治理的制度安排要么缺失，如农村社会治理多元主体参与的体制机制和村民的诉求表达、矛盾调处、权益保障机制等几乎没有；要么过于简单笼统，没有操作性，如对民主选举的问题，村委会成员选举机制不完善，对“拉票贿选”等不合法现象没有刚性约束，以至于一些村委会换届选举中，出现了拉帮结派、选票作弊的行为。对民主参与的问题，《村民委员会组织法》规定村民会议、村民代表议事会、村民理财小组是农村村务决策的机构，但事实上决策往往由少数干部说了算，农民利益诉求的表达渠道不畅。对民主管理的问题，村务公开制度得不到有效落实，尤其是农村财务管理、征地补偿、低保发放等存在一定的不规范。对民主监督的问题，村民监督小组流于形式，问责制度基本处于空白的状态。正是由于治理机制的缺失与滞后，使得各治理主体不能通过合法的方式、民主的形式、制度化的渠道有序地参与到农村社会治理之中来。

2. 治理目标不明确

乡村治理必须围绕一定的目标来进行。但在广大乡村，不仅每一个地方的实际情况不同，“治理”的目标会是多样、变动的，而且参与治理的不同组织、不同个人，都有不同的目标诉求。没有目标的共识，不仅难以达到治理的预期效果，甚至有可能加剧社会的分裂与对抗。调查发现，尽管所有村委会办公室墙上张贴了村委会职责或工作目标，但千篇一律的是经济发展指标、计划生育指标、养老保险医疗保险覆盖率、综合治理指标等，而对于村民共同关注的如农村公共设施建设、财务公开、民事纠纷调处、救灾救济等事情，很难看到。

3. 治理组织不健全

按照《中国共产党农村基层组织工作条例》的规定，乡镇党委与村党组织是领导关系，村党组织与村委会也是领导关系；按照《村民委员会组织法》的规定，乡镇政府与村民委员会是指导关系。从基层的实际运作来看，乡镇党委、政府大都是一体运作，常常以乡镇党委名义对村党组织和村委会发号施令，以党组织之间的领导关系代替乡镇政府与村委会之间的指导关系，而村委会有时则以自治指导关系来对付。同时，由于乡、村两级组织的权力来源和合法性基础的不同，也导致了党的政治领导权和村民自治权之间存在着交叉与冲突、争斗与协调的现象和问题。

(二)治理能力不够强

1. 治理理念陈旧

一是官本位思想比较严重。中国是一个具有两千多年封建社会历史的国家，至今在乡村干部中仍然残留“官本位”的思想，虽然“村干部”并不是真正意义上的政府官员，但是“村干部”手中所掌握的权力却直接关系到农民群众的切身利益，很多的“村干部”利用手中的这些权力，在村里说一不二，在农村事务管理过程中，方式方法简单粗暴，缺乏服务意识。

二是现代化治理理念缺乏。总体来说，乡镇政府工作人员及农村干部的整体素质水平还有待进一步的提高，特别是一些村干部，缺乏没有乡村现代化治理意识，缺乏基本的管理水平和能力，大多是凭经验、凭势力、凭家族地位开展工作，工作方式单一，违法办事时有发生。

2. 治理资源缺乏

一是人力资源不足。以家庭联产承包责任制为核心的集体经济和农业技术的推广让农民从沉重的经济枷锁中解放出来，产生了剩余劳动力，再加上城乡户籍制度的改革，推动了乡村人口的外流，乡村人口外流影响着农村本身的治理进程，乡村人口流动对乡村文明转型提供了契机，但从另一个角度上看乡村社会面临的“治理性困境”，又是乡村人口流动作用的结果。流动标志着人力、资金、技术及需求等资源的重新组合，经济和社会发展需要以流动作为前提条件，国家有效治理乡村社会也需要以流动为基础。改革开放以来，中国的农村人口经历了从不离土不离乡——离土不离乡——离土又离乡的阶段，农民离土离乡，在外出务工的过程中可以不断更新观念，学习和积累新技术，然后返乡改造传统农村的面貌并使其步入现代化的正轨，这种现象确实存在，但在许多乡村依靠流动人口外出再返乡并重建乡村的愿望难以成真，相反资金、人才、知识等资源向城市的大量涌入，导致乡村社会发展的“空心化”。乡村发展的“空心化”是指支撑乡村可持续发展和文明转型的资金、技术、知识、人才和需求等资源大量流失，乡村治理可利用的手段严重匮乏，从而使乡村发展陷入困境，土地和劳动力是传统乡村的主要资源，乡村建设的稀缺资源是在年龄、知识、才能等方面占优势的乡村精英，但同时他们也是乡村流动人口的主体，首先能挣脱土地束缚的就是乡村精英的大量外流，导致农村人口呈现出“三六九”结构，即妇女、儿童、老人，在这种情况下，农业生产方式只能维持原有的简单再生产。乡村组织自身所能控制的人力资源十分有限，特别是高素质的人才极度缺乏，大量的农村“精英”在改革开放的大潮中走出乡村,致使目前乡村治理中出现了“要人没人”的困境。

二是财政资源不足。一方面,乡镇作为最基层的一级政权,一级财政单位已经名存实亡,乡镇每年从上级获得的转移支付,根本不够维持运转。另一方面,大部分村集体没有任何财政资源。国家向下转移资源基本上不到达村这一级,如果村里也没有集体经济,村里每年的办公经费会很少。

3. 治理手段单一

实现乡村社会治理的现代化,必须坚持综合治理,运用行政、法律、经济、教育、道德等多种手段综合进行。然而,目前乡村治理综合运用多样化的治理手段受到多种因素影响,整体效果大打折扣。如对许多农村的矛盾纠纷,村里只能以“做思想工作”的方式对当事人进行简单的教育和劝说。如果解决不了问题,再采取传统单一的高压行政手段,由此导致农村的矛盾纠纷在村一级不能得到及时有效的解决,村民对村级组织调解纠纷的能力不大满意,便将解决矛盾的希望寄托于上一级政府,于是直接到省政府甚至中央的越级上访的现象越来越多。

三、努力推进乡村治理现代化

根据不同时期不同的政治发展需要,国家多次调整和变更乡村治理结构,从传统社会到近现代社会,中国乡村治理结构的历史演进实质上经历了从统治型到管理型再到公共治理型的转变,这是国家将乡村治理权力回交还农民的演变过程,社会主义新农村建设新时期以至未来的中国乡村治理结构必将呈现出乡村治理主体多元化与乡村治理方式规范化的显著特征。这两大显著特征要求一种新的乡村治理方式——政府主导型乡村治理现代化。那么怎样实现乡村治理现代化呢?

(一)树立乡村治理现代化理念

1. 坚决克服官本位思想

尽管在多元主体参与中,党具有领导地位,但治理理念是听取多方意见,共同治理。特别是作为乡级治理者,每天都要解决具体问题,直接面对老百姓,如果把自己当作管理百姓的官员,态度傲慢、一派官僚作风,不但无法使其他参与主体献言献策,反而会拉开党和群众的距离,村级治理的效果反而适得其反。因此,乡镇基层的领导干部、工作人员以及村干部要树立全心全意为人民服务的意识,贯彻落实群众路线,在乡村治理中坚持服务理念,杜绝官本位思想。

2. 转变传统的治理理念

传统的管治理念在我国已根深蒂固,要实现治理现代化,首先是人们的治理理念要现代化,即治理者思想层面的治理意识与价值观必须现代化。这不仅需要党和国家转变执政理念,完善制度建设、继续坚持并深化民主建设与依法治国;还需要在社会民生的价值观中,形成确立、维护、运行国家治理理念的行为与道德规范。这就要求我们必须加大对乡镇干部和村干部在现代治理理念方面的教育培训力度,树立现代化的乡村治理理念。

3. 培养农民的现代公民意识

建立一个成熟的公民社会,实现农民的现代转型,就必须培养农民的现代公民意识与自主治理能力,社会主义公民意识的基本构成包括独立的主体意识、积极的法治意识、自觉的权利义务意识、合理合法的民主平等意识、传统与时代结合的公德意识以及顺应全球化潮流的国家意识,农民只有具备了健康全面的公民意识,才能充分发挥其主体性,提高自主治理能力,积极参与到治理中去。这一方面要注重教育,为农民的现代公民意识培养和自主治理能力提高提供智力支撑,培养农民政治文化素质。因此,必须有针对性地开展农村的教育事业,优化教育结构。另一方面,积极构建参与型政治文化,为农民现代意识培养和自主能力提升提供制度保障。这实际上是在乡村积极营造治理参与文化,提供给农民一个将其现代公民意识转化成现实运作的实践基地,增强政治民主,扩大基层民主,是在法律保障的前提下赋予农民更广泛的民主自由权利;同时扩大民主参与的形式,注重民主监督。农民在实练场所中获取了政治技能并形成良好的政治人格,提高了自主治理乡村的能力,从而会有效地推动乡村治理的民主化进程。

(二)健全乡村治理现代化体系

1. 完善乡村治理现代化机制

现代治理理念与传统的统治观念最本质的差异在于,统治的主体一定是社会的公共机构,而治理的主体既可以是公共机构,也可以是私人机构,还可以是公共机构和私人机构的结合。治理是政治国家与公民社会的合作、政府与非政府的合作、公共机构与私人机构的合作。近年来,国家从管理转向了治理,实行"乡政村治",乡村治理主体的主要成分有:一是乡级治理主体,它主要有乡级党组织、乡人大、乡镇政府;二是村级治理主体,它主要有村党支部、村民委员会、专门委员会、村民小组、农民合作组织、村民个人。这些成分共同致力于乡村公共领域各项事务的治理,此外,企业、非政府组织、新闻媒体等也构成乡村治理主体。乡村治理主体的多元化将使乡村转入多元共治后,更能有效摆脱治理性困境,更能有针对性地解决乡村治理的诸多问题。同时要注意加强以下几个方面的领导:一是要明确党组织的领导核心地位。以坚持党的领导、发扬民主和依法依规相结合为原则,进一步理顺村党组织、村委会、村集体经济组织的运作机制。二是要明确村民会议或村民代表会议在村民自治体系的权力中枢地位。村民会议或村民代表会议掌握村级公共事务决策权,所有重要村级事务均要由村民会议或村民代表会议讨论决定。三是要强化村务监督委员会的监督地位。要按照新《村组法》要求,全面建立村务监督委员会,进一步加强村级民主监督,真正使村民监督“村干部”和村务落到实处。

2. 明确乡村治理现代化目标

乡村治理最核心、最基本的目标,就是要维护乡村居民的基本权利和社会的公平正义。首先,应当是财产权利。在城市化进程中,农民土地财产权利保护问题日益突出,已经成为影响社会和谐稳定的重要因素。其次,应当是社会保障权利。城市化中面临的一个重大问题就是如何解决全国两亿多农民工的基本公共服务,这是新型城市化的要求,也是乡村治理现代化一个要求。再次,应当是公共参与权,在现代社会,公共事务事关每个人的切身利益,每个人都有平等的参与权,这才是现代化的乡村治理。

3. 健全乡村治理现代化组织

一是要加强村民自治组织建设。要积极探索从个人领导到组织领导再到集体领导的发展模式,逐步实现由村干部治村到村委治村,最后真正实现村民自治。要充分调动农民政治参与、共建共享的积极性和主动性,落实群众的知情权、参与权、表达权、监督权。二是要着力培育壮大农村基层社会组织。在现阶段农村应大力培育专项社会组织,重点培育和优先发展公益慈善类、社会事务类、公共服务类、文化体育类村级社会组织。

(三)增强乡村治理现代化能力

1. 转变治理方式

一是探索以村落为基础的农村管理新格局。第一,按照“地域相近、产业趋同、利益共享、规模适度、便于管理、群众自愿”的原则,因地制宜组建村落,变单一行政型治理模式为服务型治理模式。第二,在村“两委”的指导下,通过组建农村志愿者协会和各种服务组织,把拥有共同资源、利益诉求比较一致的村民组织起来,依法管理自己的事务。二是探索以村村联合为载体的联村管理新格局。在不变更原有行政村组织形式、土地及财产所有权及债权债务的情况下,本着“群众自愿、就近便利、优势互补”的原则,由两个以上行政村进行联合,设立联合党总支,实行联村管理,从而实行强强联合、强弱联合。

2. 发掘治理资源

一是要发掘乡村治理的人才资源。要注重从农村致富能手、专业合作组织负责人、外出务工经商返乡的党员、复员退伍军人、优秀民营企业经营管理人才中选拔思想政治素质好,发展致富能力强、协调管理能力强的优秀党员为村党组织书记,打造一支能力素质高的乡村治理人才队伍。二是要发掘乡村治理的财政资源。政府要落实支农政策,加大财政投入,继续增加支农资金的投入,在主导产业和优势产品做大做强的基础上,按照“公司 + 基地 + 农户”和订单产业化的运作模式,加强专业合作社建设,培育市场中介,树立市场品牌。基层农业部门、农技部门等可以利用人才、技术优势发展为专业合作组织,此外也可以通过成立行业协会等将农民组织起来进行农业的现代化建设。坚持把基础设施建设和社会事业发展的重点转向农村。三是要发掘乡村治理公共服务资源。公共服务问题的复杂性决定了必须综合选择不同的治理工具来解决某一公共问题,这并非单一的政府能够完全解决。这就意味着在农村公共产品供给和公共服务方面,政府并不是唯一的提供者,要改革农村公共服务供给机制,有力引导市场和社会力量积极支持社会主义新农村建设。政府要在明晰一定产权关系的前提下,给予适当的政策优惠和经济补贴,鼓励乡村社会积极进行招商引资,兴办企业,保证增加积累和增强经济实力,并在此基础上提升乡村集体投入农村公共产品的能力,可以采取公办民助、民办公助、公退民进等方式积极引进民间投资,支持企事业、中介组织、个人等社会资金进入农村公共产品,从而达到扩大农村公共产品融资方式的目的,通过公共服务市场化,由市场主体供给部分农村公共产品与公共服务。

3. 规范治理手段

一是要明确工作职能。要明确乡镇职能。强化乡镇公共服务职能,变全能政府、管理政府为有限政府、法治政府和服务政府。要明确基层党组织职能。基层党组织要把工作重点放到凝聚群众共同奋斗上来,动员组织党员群众推进农村经济社会全面发展。要明确村委会职能。要充分履行《村民委员会组织法》规定的职能,实行民主选举、民主决策、民主管理和民主监督。二是要理顺组织关系。在农村各种组织关系中,首先,要理顺乡镇与村的关系。合理划分乡镇权力,规范乡镇行政行为,明确乡、村两级之间的财权和事权。其次,要理顺村党组织与村委会的关系。要努力实现"两委一体化",即实现村党组织书记和村委会主任"一肩挑",村"两委"成员广泛交叉任职,从根本上解决"两委"关系不和谐的问题。三是要完善运作机制。第一,坚持统分结合。基层党组织要充分发挥组织领导、统筹协调的作用,支持其他治理主体开展工作。第二,坚持协调制约。各治理主体之间要普遍建立既相互协调又相互制约的工作机制。如在乡镇党委和政府关系上、乡村关系上、村"两委"关系上、村"两委"与村集体经济组织等关系上,都要建立相应的工作流程和议事规则。

发挥群团组织作用,推动社会治理创新

刘淑芳①

2015年7月6日至7日,中央举行了党的群团工作会议,这次会议可以说在群团工作历史上前所未有。表现为三个方面:这是第一次中央级别的群团工作会议。中央七常委全部出席会议,会议上习近平总书记做了重要讲话。新华社为这次会议播发的信息,长达3000多字,新闻联播播放新闻的时间足足有10多分钟。以上这三点足以说明中共中央对群团工作的重视。

中央为何如此重视群团工作呢? 大家知道,中国共产党联系群众、组织群众的方式,一方面是通过自身的党组织联系发动群众,另一方面就是通过跟社会各阶层有密切联系的群团组织,群团组织是党联系群众的桥梁和纽带。做好群团工作有利于扩大党的群众基础,巩固党的执政地位。

中央这次会议通过了《中共中央关于加强和改进党的群团工作的意见》,会上习近平总书记强调,群团事业是党的事业的重要组成部分。事实证明,新形势下,党的群团工作只能加强、不能削弱,只能改进提高、不能停滞不前。我们必须根据形势和任务发展变化,加强和改进党的群团工作,把工人阶级主力军、青年生力军、妇女半边天作用和人才第一资源作用充分发挥出来,把13亿多人民的积极性充分调

① 刘淑芳,女,中共邵阳市委党校管理教研部讲师。

动起来。我们必须从巩固党执政的阶级基础和群众基础的政治高度，抓好党的群团工作，保证党始终同广大人民群众同呼吸、共命运、心连心。

本文就是以这次大会通过的意见精神为指导，探讨学习如何发挥群团组织作用推动社会治理创新的。

本文主要介绍三个方面的内容：群团组织的概述；新形势下党的群团工作存在的问题；加强党的群团工作，推动社会治理创新。

一、群团组织的概述

（一）群团组织的定义及特点

群团组织，是“群体性社团组织”的简称，是指由中国共产党组建的，主要有工会、青年团、妇联，工商联、残联、文联、关工委等，帮助党联系这方面的群众，并帮助做好他们的思想工作，向党反映这些群众的愿望和要求的组织机构和社会团体组织。

在新形势下研究群团组织，必须要明确我国群团组织的特点——官民双重性。

（二）群团组织作用的历史演变

习近平总书记多次强调，在中国发展的各个历史阶段，要在党的领导下，积极发挥工会、共青团、妇联等群团组织的作用，动员广大人民群众坚定不移地跟着党走，为党和人民事业发展做出巨大贡献。

下面我们就按照习近平总书记讲话的精神，从革命、建设、改革三个阶段来梳理一下群团组织在不同阶段的主要职能，这里主要以工青妇三个群团组织为代表展开介绍：

1. 在革命战争期间，群团组织主要是以政治斗争为主的政治组织

在我国的群团组织中，工会和共青团是最早成立的群众组织，它们是随着党组织的建立而建立，并逐步发展壮大起来的。

1920年8月,陈独秀、李达、俞秀松等人最早在上海发起成立了我国第一个共产主义小组。同年11月,在刚刚成立的上海共产主义小组领导下,上海机器工会正式成立,成为我国第一个现代意义上的工会组织。1925年5月1日,在党的领导下,全国第二次劳动大会在广州召开,宣布成立中华全国总工会。

这一阶段的工会以维护工人的物质利益和政治权利,解决劳资纠纷,提高工人生活水平为基本任务。通过发起工人运动,推翻反动政权,改变被剥削被压迫地位,求得民族独立和人民解放。工会领导工人发起了五卅运动、京汉铁路大罢工、省港大罢工、安源路矿大罢工等,这些工会运动震惊了世界。

共青团作为我国优秀青年分子和党的后备力量的大本营,也是随着共产主义小组的成立而成立的。在上海共产主义小组成立后,为了更好地宣传共产主义,团结教育广大青年,陈独秀安排俞秀松组建了社会主义青年团,成为共青团的早期组织。1922年5月5日在广州召开了中国社会主义青年团第一次代表大会,标志着中国共产主义青年团正式成立。

在这次大会上提出了"中国社会主义青年团为中国青年无产阶级的组织,即为完全解放无产阶级而奋斗的组织",初步确立了共青团的性质、地位和作用。

1922年,中共中央设立妇女部,任命向警予为第一任中央妇女部部长。向警予,湖南湘西叙浦县人,中国共产党创始人之一,也是一位女权领袖。1923年6月,中共三大通过了向警予起草的《中国共产党第三次全国代表大会妇女运动决议案》,议案中明确提出,"女子应有遗产承继权""结婚离婚自由""男女工资平等""男女社交自由""男女教育平等""男女职业平等"等有关男女平权、保护妇女权益的条例,并提出"全国妇女运动大联合"。

2. 在国家建设期间，群团组织是以组织动员群众为主的准政府型组织

工会：在建立了计划经济体制之后，工人阶级登上了历史舞台，成为企业和国家的主人，这一时期工会工作以生产为中心，代表职工参与管理企业、国家和社会事务，通过工会把广大职工团结动员起来，特别是以劳动模范身上的那种爱岗敬业、无私奉献、艰苦奋斗的时代精神为号召，推广先进经验，开展劳动竞赛，组织工人积极参加生产建设。

共青团：这一时期的共青团肩负着统一青年思想，引导教育和组织动员青年充分发挥党的助手和后备军作用，为国家建设服务的重要职责，并按照青年特点，建立适合青年的生产组织形式，在开展扫盲，在支援国家重点建设、经济建设中发挥带动作用。

妇联：妇联在这个时期主要是团结和教育妇女热爱祖国，努力在各个生产战线上、各项建设工作中和家庭里积极为社会主义事业服务，同时组织群众开展互助互济活动，积极发展群众性的妇女儿童福利事业，关心和保护妇女儿童的合法权益。

3. 在国家改革发展过程中，群团组织是以管理和服务群众并重的社团型组织

党的十三大报告对工青妇等群团组织的改革提出了明确要求，指出："工会、共青团、妇联等群众团体历来是党和政府联系工人阶级和人民群众的桥梁和纽带，在社会主义民主生活中具有重要作用。要理顺党和行政组织同群众团体的关系，使各种群众团体能够按照各自的独立特点独立自主地开展工作，能够在维护全国人民总体利益的同时，更好地表达和维护各自所代表的群众的具体利益。群众团体也要改革组织制度，转变活动方式，积极参与社会协商对话、民主管理和民主监督，把工作重点放在基层，克服官气和行政化倾向，赢得群众特别是基层群众的信任。"这就为新时期群团组织调整职能、发挥作用指明

了方向。具体来说,群团组织在社会治理中发挥了以下几个方面的作用。

(1)服务社会

由于社会发展加快,社会治理的任务日益繁重,面对多元社会结构、多种社会需求,政府需要群团组织参与社会公共服务,为广大群众提供齐全、优质的公共服务。

那么,群团组织提供社会服务活动的主力军是谁呢?是志愿者,志愿者就是那些在自身条件许可的情况下,在不谋求任何物质、金钱及相关利益回报的前提下,合理运用社会现有的资源,志愿奉献个人可以奉献的东西,为帮助有一定需要的人士,开展力所能及的、切合实际的,具一定专业性、技能性、爱心性服务活动的人。

有这样一群志愿者行走在关爱老兵的途中。新闻报道 2015 年 5 月 19 日《关爱抗战老兵志愿者在行动,用爱温暖抗战老兵最后的岁月》,关爱抗战老兵公益志愿者组织以网络为载体开展活动,致力于寻找、记录和资助散落在全国范围内的参加过抗日战争中的老兵,并以最大的力量从精神和物质两个层面,给老兵们以微薄的抚慰和力所能及的援助。志愿者为患癌老兵筹集治疗费;中秋节志愿者上门慰问老兵;志愿者为 70 多位老兵送终等。

在武冈市也有一批来自义工联合会的志愿者们发起"寻找你身边的抗战老兵"公益活动,该组织新发现健在的抗战老兵 19 名,定期分批对老兵进行走访慰问,参与组织百岁老兵龚亲龙老人的百岁寿辰,12 名抗战老兵欢聚端午,产生了良好的社会反响。正是因为有志愿者在关爱帮助这些老兵,志愿者的一系列活动也引起国家相关部门对抗战老兵晚年生活的重视,在 2015 年 8 月 11 日,民政部、财政部发出通知,在纪念抗战胜利 70 周年之际,向部分健在的抗战老战士发放一次性生活补助金 5000 元。群团组织在为社会服务的同时还能够搜集民情,发声引起相关部门重视,调整政策更贴民心,提升治理更贴民意。

(2)规范行为

群团组织中的行业协会发挥着协助政府完善行业制度、规范行业行为的作用。

日前,中国电影制片人协会、中国电影文学学会、中国电影导演协会、中国电影表演艺术学会和中国电影发行放映协会联合发出禁毒倡议,呼吁纯洁队伍、严明纪律,对那些屡教不改的从业人员限制其参与电影创作,并请社会舆论给予监督。这份倡议书强调了行业协会组织对从业人员的行为进行规范、自律,在强调重艺的同时还要重德。

各类行业组织要让社会成员按照社会规范、行业规范正常有序的生活和工作,这既是行业组织自身发展的内在需要,也是社会治理的客观要求。

(3)表达诉求

群团组织作为政府和公民之间的桥梁和纽带,更能捕捉到不同人群多样化的需求,并且通过合法渠道有效满足。比如工会,工会的基本职责在《工会法》中是这样被定义的:"维护职工合法权益是工会的基本职责……工会必须密切联系职工,听取和反映职工的意见和要求,关心职工的生活,帮助职工解决困难,全心全意为职工服务。"工会就是工人表达合理诉求、维护合理权益的组织。

这就是群团组织发挥表达诉求的作用,一方面群团组织代表所属群体理性、合法地表达其利益要求,实现有效的下情上传;另一方面,群团组织通过与政府积极的沟通和交流,把政府的方针政策积极有效地做好上情下达,与不同群体进行利益协调和对话。

(4)社会监督

近年来,我国群团组织有了很大的成长,逐渐显示出对社会公共事务的影响力,通过它的影响促使公共决策更科学化,对政府行为起到规范和监督作用。

(5)维护稳定

群团组织要利用自身独特的优势和作用,多办与群众休戚相关的实事好事,多解决热点难点问题,使群团组织成为党委和政府政策的宣传员、助推政府工作开展的服务员、反映群众心愿和社会呼声的维权员。

宣传员:群团组织要把党的政策方针层层宣传到位,一方面积极利用各类宣传月、主题周(日)、文化节宣传党的政策法规,另一方面要以弘扬主流价值观、倡导正确人生观、宣传积极的事业观为重点,通过体验教育、实践教育、互动教育等富有群团特色的活动载体,提升宣传教育的实效,使广大群众知政策懂法律,建起联系党群、干群关系的思想纽带。

服务员:新时期基层群团工作的成效大不大,关键看服务发展的作用大不大,这是一根硬"标尺"。要扣紧"服务"这个关键词,以转型升级、沿海开发、重点工程建设为切入点,主动服务中心工作、助推发展。

维权员:群团组织是所联系对象的"娘家"。联系对象有哪些现实困难、有什么思想波动、有哪些正当的利益诉求,群团都要加强调查研究,第一时间掌握,及时帮助化解。

以上就是改革开放时期群团组织在社会治理中主要发挥的服务社会、规范行为、表达诉求、社会监督和维护稳定的五大作用。在迅速变化发展的社会里,由于群众需求日益多元化,受社会环境和传统习惯的影响,以及受组织自身存在的某些问题制约,群团组织很多时候还沿用原有体制机制的工作方法,没有及时做出调整,导致群团组织在影响力和凝聚力上有所下降,出现了一些问题。

二、新形势下群团组织在社会管理方面存在的问题

(一)"四化"现象严重,作风建设不硬

近年来,有些群团组织"四化"现象严重,群团工作出现了脱离群

众的不良倾向。表现为,机关化、行政化、贵族化、娱乐化。

"四化"倾向存在的实质是脱离群众的问题。必须深刻认识到这些问题的存在,在人民群众中造成不好的影响,损害了群团组织的形象,在一定程度上影响和制约了群团事业发展。借用全国政协委员朱征夫的话来说,这些群团组织往往"戴市场的帽子,拿政府的鞭子,坐行业的轿子,收企业的票子,供官员兼职的位子"。

不想抓、不愿抓、不会抓群团工作,群团组织机关化、行政化、贵族化、娱乐化"四化"倾向长久发展下去,势必无法贴近群众、感受群众、服务群众,作风建设亟待改进。

(二)工作方法单一,创新意识不强

当前一些群团组织对下级群团尤其是一线群团的组织运作往往只是依靠自上而下的行政干预方式来推动;在活动开展过程中经常"变换频道",一些抓基层打基础的长期工作品牌反倒"忽冷忽热",难以长期坚持。一项工作由于人手短缺、资源紧张、计划失当,往往开了一个头就偃旗息鼓,或者把工作的"兴奋点""精彩点"又转向了其他地方,造成群团组织在组织功能发挥上受限,在服务群众、为民办事等方面不尽如人意,作用发挥不够充分。

(三)出现越位缺位现象,职能界定不清

一是群团组织越位承担一些具体工作,二是群团组织在某些工作领域往往出现缺位问题,三是群团组织对下属团体的指导和管理上出现了错位问题。

群团组织现阶段出现的这些越位、缺位和错位问题,如果不能很好的解决,最终会影响群团组织作用的发挥,进而影响群团组织的凝聚力和吸引力。

(四)自身建设滞后,干部素质不高

一是在组织覆盖上,出现群团组织建设不到位的情况,特别是在市场经济发展后新出现的一些单位和领域。

2010年10月,沃尔玛、三星、戴尔、肯德基、麦当劳等一批知名的跨国企业在中国被全国总工会点名批评,批评的原因是这些著名的跨国企业在中国已经存在多年,却一直没有建立工会组织或者是工会组织不健全。该消息经新华社播出后迅速引起舆论的全面跟进。面对全国总工会的公开批评以及媒体的频繁追问,这些企业终于开始开口讲话,不过他们的"辩解"竟然惊人地相似,比如"职工志愿结合,企业无权组建""没有组建工会的惯例"。面对这些企业为自己辩解的理由你认为能够成立吗? 他们的真正目的是什么? 司马昭之心路人皆知。工会是由劳动者组成的特殊的社会组织,是劳动者利益的代表,工会的存在,是以劳动者代表的身份。这些跨国企业之所以不成立工会,目的就是当员工合法权益受到侵害时,没有工会为员工撑腰维权,企业可以轻易逃避责任。没有工会,工人的合法权益就失去了一个重要的保护伞。

二是在队伍建设上,有些单位和领域虽然已经建立了群团组织,由于对群团领导班子和队伍建设重视不够,出现了大量的群团干部兼职现象。

三是群团工作在社会管理中发挥的作用不明显,参与领域不充分,参与深度不到位,有的基层群团组织仅仅发挥了"活动群团""福利群团"的作用。

四是群团工作宣传力度不够,在宣传的目的、内容和方式上,没有紧密结合群团工作的特点进行宣传,导致群众对群团组织的认同感不足。

五是群团组织在阵地建设和资源保障方面还有待进一步加强。

三、加强和改进党的群团工作,推动社会管理创新

(一)遵循"三个原则",发挥群团组织桥梁纽带作用

第一个原则是必须坚持党的领导。

1. 坚定不移走中国特色社会主义群团发展道路

群团组织要始终把自己置于党的领导之下,始终同党中央在思想上政治上行动上保持高度一致,把政治性贯穿于群团组织建设和发展的全过程,全心全意依靠工人阶级和广大人民群众,最大限度地把人民群众团结在党的周围,打造抵御国内外敌对势力干扰破坏和“颜色革命”的铜墙铁壁,夯实党执政治国的群众基础。所以,改进群团工作第一点就是要坚定不移走中国特色社会主义群团发展道路。

2. 加强党委对群团工作的组织领导

坚持党的领导还要加强党委对群团工作的组织领导,各级党委要明确对群团工作的领导责任,健全组织制度,完善工作机制,从上到下形成强有力的组织领导体系。具体来说,可以从以下方面开展:

(1)群团组织实行分级管理,受同级党委和各自上级组织双重领导。

(2)地方党委要建立和完善研究决定群团工作重大事项制度。

地方党委有关工作会议应该请工会、共青团、妇联等群团组织主要负责人参加或列席。

第二个原则是必须坚持服务大局。

群团组织是党直接领导的群众自己的组织,为群众服务是群团组织的天职。当前,我国处于改革攻坚期和矛盾凸显期,经济社会发展中的不稳定、不确定因素增加,群团工作面临着一些新情况、新挑战,服务意识迫切需要加强。

1. 服务对象多元化

随着改革开放深入发展,在原有“两阶级一阶层”中分化产生了私营企业主、个体工商户等新的社会阶层,并出现了失地农民、农村留守人员、农民工、劳务派遣工等群体。据统计,2013 年全国农民工总量 2.69 亿,其中外出农民工 1.66 亿。另据全国总工会的调查,全国劳务派遣人员总数已高达 3700 多万人,占职工总数的 13.1%。社会阶层不断分化,新的社会群体不断涌现,群团工作对象日趋多元。

2. 服务内容多样化

当前,经济成分、分配方式、就业方式和生活方式的多样化,广大群众价值取向和利益诉求的多样化,利益诉求从相对单纯的重物质需求逐步转向重精神需求,从基础的生存需求逐步向民主权利需求拓展。其中,比较突出的一个问题就是社会贫富差距和公平正义问题。

2015 年 1 月,习近平总书记新年第一个调研的地点选择了云南,强调坚决打好扶贫开发攻坚战,提出扶贫开发“贵在精准,重在精准,成败之举在于精准”。精准扶贫,面对贫困地区的发展滞后,面对困难群体更多更强烈的诉求,群团组织作为党联系群众的桥梁和纽带,要积极投身扶贫工作,给予更多的关注和帮扶。

首先,妇联要当好妇女同胞的“娘家人”,不折不扣地抓好各项针对妇女群体的惠民措施落地,千方百计帮助困难妇女渡过坎坷生活中遇到的困难。

其次,扶贫必扶智。团委要当好“护苗人”,积极配合教育等职能部门,加大困难家庭孩子和留守儿童关心帮扶力度,让穷孩子也能够接受良好教育,用知识改变“代际贫困”。

再次,工会要充分发挥“工人之家”作用,坚持多深入基层企业和员工之中听取工人的心声,想工人之想,急工人所急,多为基层员工办好事、做实事,让工人们有归属感。

3. 服务环境多变化

市场经济、社会变革、群众诉求、舆论监督等构成了群团工作的复杂环境,导致群众工作的复杂程度和难度明显加大。

“黄荆岭,石头壳,缺少水田,光棍多,讨十个媳妇,五个跟别个。漫山遍野的石头地里,长出粗粝的黄荆条。”这首民谣是邵阳县黄荆乡真实的写照。黄荆乡位于邵阳县中西部,地势高,土壤贫瘠,交通闭塞,村民收入低,据统计,目前全乡有贫困人口 4890 人,占总人口的

23.23%,共有失母儿童123人。2015年8月初,新华社湖南分社记者撰写的《无妈乡》系列报道播发后,相继被腾讯、网易等国内媒体平台推送转发,引发社会各界和网民的热议。

"无妈乡"的出现,妈妈们的出走,基于贫穷,但又不止于贫穷。"无妈乡"是市场经济发展下,社会变革出现的产物。群众诉求复杂多变,舆论监督更全方位,这也导致了群团工作的复杂程度和难度明显加大。基于这样一种服务环境的多变,群团组织工作的方式方法也要顺势而变。

"无妈乡"报道一出来,中国儿童少年基金会积极响应,开展"有爱就有家,关爱失母儿童"的公益活动:一是在邵阳县捐建8个"儿童快乐家园",标准为10万元一个;二是为123名生活困难儿童筹集每人每年3000元的学习以及生活费用;三是在邵阳当地或附近地区征集"爱心家庭""爱心妈妈"与"失母儿童"结对子,进行一对一的关怀照顾和定期探访;四是征集"儿童快乐家园"志愿服务者,组织开展多种公益活动;五是与湖南当地高等院校及专业机构合作,组织心理专家定期对"失母儿童"及其他留守儿童开展心理疏导和服务。

8月12日,湖南省妇联携手广东东莞市妇联,组织湖南省妇女儿童发展基金会、东莞市邵阳商会及志愿服务机构、邵阳市妇联在邵阳市邵阳县黄荆乡开展一场名为"走进黄荆乡——关爱特困留守儿童现场会"的爱心帮扶活动,现场包括省妇联副主席周迎春、邵阳市委副书记刘事青在内的19位爱心家长自愿结对帮扶,成了15名特困留守儿童的"爱心父母"。湖南省妇联捐款8万元,邵阳市妇联捐款4万元,帮助成立黄荆乡留守儿童关爱服务中心。东莞市妇联和东莞邵阳商会送去了价值18万余元的爱心款和书籍、学习用品。

第三个原则是必须坚持服务群众。

我们应该清醒地看到,当前党面临的挑战和考验前所未有,其中最大的风险是脱离群众。党的根基在人民,党的血脉在人民,党的力量在人民,党的成败在人民,执政党一旦脱离群众,得不到群众的支持,被群众所抛弃,不仅背离党的宗旨,失去存在的价值和意义,而且还会危及自身的存亡。

《孟子》说过:"得天下有道,得其民,斯得天下矣。得其民有道,得其心,斯得民矣。得其心有道,所欲与之聚之,所恶勿施尔也。"

意思是说,要想取得最高统治权,在于获得民众的拥护;要想获得民众的拥护,在于获得民众的认同;获得民众认同的方法是民众所喜欢的,就为他们聚积起来;民众所厌恶的,就不要加在他们头上。

任何一个执政党,只要脱离了群众,丧失了民心,最终都会被人民群众毫不留情地抛弃。共产党是这样,其他党也是这样,古今中外,概莫能外。

共青团上海市委书记徐未晚说,习近平总书记提醒我们要重点解决脱离群众的问题。脱离了群众,群团工作就成了无源之水、无本之木。广大群团组织要增强自我革新的勇气,抓住巩固和拓展党的群众路线教育实践活动成果、开展"三严三实"专题教育的时机,深入推动思想教育、问题整改、体制创新,转变思想观念,强化群众意识,改进工作作风,提高工作水平。"知群众、懂群众、爱群众",与群众"面对面、手拉手、心贴心",从群众期待中找使命感,从群众认可中找存在感。

必须坚持党的领导、必须坚持服务大局、必须坚持服务群众,只有遵循好这三个原则,才能推进群团工作再上一个台阶,才能发挥群团组织桥梁纽带作用。

(二)打造四大平台,构建"大群团"工作格局

一是建立融合资源手段的"共享平台"。建立同政府相关部门的信息沟通制度,充分发挥劳动关系协调委员会、未成年人保护委员会、妇女儿童工作委员会等作用,推动解决涉及职工、青年、妇女儿童等切身利益和群团工作的重大问题。

二是建立推动民生改善的"惠民平台"。进一步加强惠民帮扶中

心(站、点)规范化、制度化建设,推动惠民帮扶中心窗口单位把帮扶资源、帮扶力量、帮扶手段整合到"中心",在困难群体帮扶救助工作中构建全方位联动平台,努力形成"全面覆盖、分级负责、上下联动、区域协作"的帮扶工作体系,为更多群众提供多元服务。

三是建立保障群众权益的"维权平台"。整合和优化各个群团组织维权工作资源和手段,把工会的平等协商集体合同制度、省(城)际维权网络、法律维权微博和网络舆情制度,以及共青团、妇联等群团的维权岗、维权热线、法律援助中心等集中整合,逐步形成触角覆盖所有群众的维权网络,最大限度地维护群众的合法权益。

四是建立提升群众素质的"活动平台"。整合工人文化宫(俱乐部)、青少年活动阵地、妇女儿童活动中心、残疾人专项服务设施、科普基地等公益性群众活动阵地,优化配置群团培训基地、师资队伍、培训资金等资源手段,加强群团网络平台建设,增强群团组织正面引导群众、有效服务群众的能力和水平。

(三)培养担当精神,加强群团干部队伍建设

1. 加强作风建设,打造"事不避难"的群团干部

首先群团组织要转变自身角色,主动作为,培养"事不避难、迎难而上"的担当精神。

早在20世纪30年代,毛泽东同志就指出,"我们队伍里边有一种恐慌,不是经济恐慌,也不是政治恐慌,而是本领恐慌。"①什么是"本领恐慌"?就是面对新形势、新情况、新问题,不思、不求、不问,不能很好地适应、不能透彻地研究、不能从容地解决,因缺乏知识、缺乏技能、缺乏本领而担忧、惶恐。

2. 顾全大局,培养敢于担当的魄力

如何才能更好地把广大群众团结起来,更紧密地围绕在党的周围,把党的决策部署变成群众的自觉行动,是每一个群团组织需要认

---

① 《毛泽东文集》第二卷,人民出版社1993年版,第178页。

真思考和解决的问题。当前,有些群团组织的工作人员,缺乏必要的集体荣誉感和职业自豪感,认为群团工作与中心任务相距甚远,干多干少无关紧要。这本身是一种错误的思想认识,一种狭隘的价值观念,是缺乏大局意识和全局观念的表现。对此,需要群团组织彻底走出遇事观望、独善其身的“小天地”,培养立足全局、着眼长远的“大担当”,自觉接受党的领导,自觉依法依章程办事,在国家整体利益和长远利益面前,敢于抛开部门自身的局部利益和眼前利益,服务中心、顾全大局、敢于担责。

3. 凝心聚力,培养善于担当的实力

面对这种新形势、新任务、新考验,群团组织要与时俱进,开拓创新,充分发挥思想上和行动上的引领作用,争当贯彻党的群众路线的“领头雁”,争做落实党的决策部署的“排头兵”。身为群团组织的工作人员,也要做到在把握工作方向时讲政治,在开展群众工作时讲团结,在倾听群众呼声时讲方法,在反映群众意愿时讲奉献。放弃贪图安逸、求稳怕乱的“太平官”念头,为动员群众力量,维护和谐稳定做出应有的贡献。

(四)完善群团干部选拔管理机制

全面推进群团组织建设,加快群团队伍发展,进一步促进群团组织的稳定与发展。群团干部如何选拔?《关于加强和改进党的群团工作的意见》对此做了明确规定,概括起来就是六个方面:

适当增加——考察推荐要广泛听取群众意见,结构要合理优化,工会、共青团、妇联负责人中基层一线代表人士的兼职比例应该适当增加。尊重群团组织民主选举结果。

保持稳定——选拔群众工作经验丰富、在所联系群众中威信高的同志,推荐作为群团组织主要负责人人选,并要保持领导干部任期内稳定。

注重一线——从企业、农村、城乡社区等基层一线选拔优秀人才充实群团干部队伍。

兼职、聘用——选好配强基层群团组织负责人,更多采用兼职、聘用等方式吸引优秀社会人才加入群团工作队伍。

跨系统多岗位交流——推进群团干部跨系统多岗位交流,加强群团组织与党政部门之间干部双向交流,把群团工作岗位作为提高干部做群众工作能力的重要平台。

参照公务员法管理——改进群团干部参照公务员法管理工作,支持群团组织根据自身工作特点按规定考录和遴选机关工作人员。

通过一系列机制的完善,加强群团组织领导班子建设,努力打造政治坚定、团结务实、群众拥护的坚强领导集体。

强化依法行政行为,提升行政应诉能力

王珂珂①

现代法治精神要求对行政机关行使国家权力的过程依法予以强有力的外部监督和约束,于是产生了"以权力制约权力"的行政诉讼制度。行政诉讼既是对行政机关行使行政权力的有效监督与制约,也是反映行政机关依法行政状况的一面镜子。

《中华人民共和国行政诉讼法》2014 年 11 月 1 日通过修改,2015 年 5 月 1 日施行。《最高人民法院关于适用〈中华人民共和国行政诉讼法〉若干问题的解释》2015 年 4 月 27 日发布,5 月 1 日施行。2015 年 5 月 1 日起,修改后的《行政诉讼法》正式施行。新行政诉讼法贯彻了三中全会、四中全会决定精神,对全面推进依法行政,将是一股强大的推动力。新行政诉讼法是行政诉讼法施行 20 多年来首次大修,以后,"民告官"渠道将更加畅通,给行政机关带来了新的机遇和挑战。

一、明确行政诉讼意义,增强依法行政意识

(一)保护公民的基本权利

行政活动是最直接、最经常性的国家管理活动,涉及每一个公民的方方面面,与公民的切身利益息息相关。由于强大的国家权力作用,行政机关及其工作人员对处于弱势的行政相对方——公民、法人

---

① 王珂珂,女,中共邵阳市委党校法学教研部研究生。

或其他组织很容易产生超越职权、滥用职权、显失公正、以权谋私、随意执法等违法违规现象，损害行政相对方的合法权益。公民、法人或者其他组织与政府机关及其工作人员产生纠纷，那么就要寻求途径解决。

行政诉讼法第二条、第三条分别对行政诉权的范围和诉权保护作出了相应规定。《行政诉讼法》第2条："公民、法人或者其他组织认为行政机关和行政机关工作人员的行政行为侵犯其合法权益，有权依照本法向人民法院提起诉讼。"第3条："人民法院应当保障公民、法人和其他组织的起诉权利，对应当受理的行政案件依法受理。"

即当行政主体的违法失职行为侵害公民、法人和其他组织的合法权益时，公民，法人或其他组织可通过行政诉讼方式，请求人民法院运用司法权这种国家权力来使自己的合法权益得到救济。

公民进行起诉的最终目的是恢复原状或获得赔偿救济。当行政机关及其工作人员的具体行政行为使公民的人身、财产等合法权益遭受损害时，根据《行政诉讼法》第九十八规定："行政机关或者行政机关工作人员作出的行政行为侵犯公民、法人或者其他组织的合法权益造成损害的，由该行政机关或者该行政机关工作人员所在的行政机关负责赔偿。"若公民对行政机关的处理赔偿请求的结果不服，可以向人民法院提起诉讼，以行政诉讼的方式来解决行政赔偿纠纷，保证自身的请求赔偿权。

（二）规范和监督行政权

在我国刑事诉讼、民事诉讼和行政诉讼三大诉讼中，行政诉讼调整的是不平等主体之间的行政法律关系，行使审查监督各级行政机关行政行为的合法性的重要职责，体现的是司法权对行政权的监督与制约机制。

2014年5月，就长沙市征收路桥费问题，湘潭大学法学院5位博士先后向长沙住建委、长沙市财政局和长沙市政府提交了《政府信息公开申请书》,申请公开长沙市贷款建设的桥梁有哪几座,各桥梁投资单位的名称及具体投资金额;长沙市所有路桥通行费年度收支明细情况;尚未偿还的用于建设的桥梁贷款总额、债权人单位名称、债务数额及事实依据等。收到回复后,因对申请公开路桥费相关信息的回复不满意,湘潭大学法学院胡肖华、欧爱民等10余名师生将长沙市住建委、长沙市财政局和长沙市政府告上法庭。10月21日,长沙市岳麓区人民法院对此正式立案。

2008年,湘潭大学6位法学博士针对湘潭大桥收费制度,状告湘潭市政府"信息不公开"。时任湖南省领导曾两次到湘潭大学与他们协商此事。此案最终没有开庭,6名法学博士放弃诉讼。不过,湘潭市政府最终在第二年正式发文取消路桥费。湘潭市政府决定主动承担建桥所剩的还贷任务,路桥车辆通行费年票制提前至2009年结束。

这种质疑大桥超期收费,状告政府及其职能部门的行为,实质上是以实际行动推动政府依法行政,有利于规范和监督行政权力的行使,建设透明、公开的法治政府。

(三)化解行政争议

与行政权行使直接相关的社会矛盾横跨了我国当前社会矛盾的各个类型,而且是其中居于主导地位的、有巨大社会影响和潜在社会危害的一类社会矛盾。而行政诉讼的目的和本质就是解决行政争议,化解行政机关与相对人之间的社会矛盾,控制和规范行政权的行使,维护和保证相对人合法权益。因此,解决行政争议,化解与行政权行使直接相关的社会矛盾是行政诉讼的基本目的和功能。

由于一些内部、外部原因,旧行政诉讼在化解社会矛盾方面还存在一些问题,这些问题也在很大程度上制约了行政诉讼功能的发挥。

据统计,现在我国每年涉及行政争议的信访案件400万—600万件,而其中行政诉讼案件只有十几万件,信访案件大大超过行政诉讼案件和行政复议案件的数量,这是很不正常的。清华大学法学院教授何海波称,一个理想的制度设计是:全国如有1000万行政复议案件,那么有100万为行政诉讼案件,信访案件只有10万件,那才是正常的。而进入了诉讼程序的行政争议,根据2014年的统计,行政诉讼的上诉率达到75.82%,是刑事诉讼上诉率的6倍,民事诉讼上诉率的2.4倍。行政诉讼的申诉率为8.5%,是刑事诉讼申诉率的6倍,民事诉讼申诉率的6.3倍。

在这种形势下,新行政诉讼法出台的意义在于,着力突破行政诉讼面临的体制、机制性障碍,努力实现化解行政争议。那么,新修改的行政诉讼法如何破解"立案难,审理难,执行难"这"三难"来保护公民权利,化解行政争议?

1. 百姓可以顺利打开"立案"大门

长期以来,行政诉讼饱受诟病的一个重要方面就是"立案难"。最高法院的数据显示,近年来全国法院年均受理行政案件仅有十几万件,而2015年一年全国法院受理的案件总和超过千万件。过去,一些法院特别是基层法院,总有"办法"把行政案件拒之门外。比如,有的法院接到起诉书,既不登记也不给收据,只是说"回去等通知"。这一等,可能是几天,也可能是几个星期,甚至几个月。好不容易等到通知了,有的法院会说材料不全,给打回来。等补好法院需要的材料,法院可能又会说还缺别的什么材料,又给打回来,普通老百姓打行政官司的艰辛可想而知。

新修改的行政诉讼法从多个制度设计层面,为老百姓打开"立案"大门,畅通"立案"渠道。新法首先扩大了受案范围,将对征收、征用及其补偿决定不服的,行政机关滥用行政权力排除或者限制竞争的,违法集资、摊派费用的,没有依法支付最低生活保障待遇或者社会保险待遇的行政行为纳入了受案范围。对公民权利的保护不再仅限于人身权和财产权,是这部法在制度建设上的一个进步。受案范围扩大了,但法院碍于行政机关的压力不立案怎么办?新法对此明确规定:

“行政机关及其工作人员不得干预、阻碍人民法院受理行政案件。”那么,到了立案的最后一个实施环节——递交诉状,还会不会受阻?对此,新法除规定书写起诉状确有困难的可口头起诉外,还明确:“法院在接到起诉状时对符合法律规定的起诉条件的,应当登记立案。不能当场判定的,应接收起诉状,出具书面凭证,七日内决定是否立案。”新法同时规定:“对于不接受起诉状、接受起诉状后不出具书面凭证,以及不一次性告知当事人需要补正的起诉状内容的,当事人可以向上级法院投诉,上级法院应当责令改正,并对相关人员依法给予处分。”新法的这些具体规定,将进一步规范法院的立案工作,切实保障公民能依法立上案,用法律的武器维护自身合法权益。

2.“审理难”,是行政诉讼的三大难之一

老百姓顺利立上案后,最盼望的就是法官能做出公正判决。很多案件法院虽然受理了,但往往是程序空转,案件久拖不决,根本解决不了实际争议。新修改的行政诉讼法在立法目的中明确提出要解决行政争议。行政诉讼本来有三大功能:监督行政机关依法行政、保护行政相对人合法权益和解决行政争议,即监督、救济、解纷。过去仅注重行政诉讼的监督和救济功能,而忽视了它的解纷功能。把“解决争议”纳入行政诉讼目的是对行政诉讼性质、功能正确认识的结果,为扩大行政诉讼调解的适用范围提供了立法目的依据。为了更好地解决争议,新法增加了调解制度。原来行政诉讼不能调解,现在这个原则虽然还坚持,但规定有关行政赔偿、补偿等例外情形可以调解,这对于解决争议将起到重要作用。

行政案件主要的管辖体制是属地管辖,由于地方法院的人、财、物都受制于地方政府,“民告官”也就成了烫手的山芋,导致一些案子不能判、不好判、不敢判。为了减少地方政府对行政审判的干预,新修改的行政诉讼法引入了集中管辖和提级管辖两种方式。一是规定高级法院可以确定若干基层法院,跨行政区域管辖一审行政案件;二是对县级以上地方政府提起诉讼的案件,由中级人民法院管辖。中级人民法院也可以跨行政区域管辖一审行政案件。这是解决司法公正,防止地方对司法进行干预的重要制度,也符合四中全会的精神。今后有了这些制度的保证,法院能够排除外来干扰,独立、公正地审判好行政案件。

"告官不见官"是行政诉讼实践中面临的一个尴尬,这也让办案法官颇感无奈。来出庭的都是作为行政机关代理人的律师,他们既不了解具体工作,又什么都做不了主,老是要回去商量,反复开庭,浪费司法资源,也让起诉的老百姓怨声载道。对于这个突出问题,新法明确规定:"被诉行政机关负责人应当出庭应诉。不能出庭的,应当委托行政机关相应的工作人员出庭。无正当理由拒不到庭的,法院可以将拒不到庭的情况予以公告,并可以向监察机关或被告上级机关提出依法给予其处分的司法建议。"修改后的法律把行政机关负责人应当出庭应诉,放到了非常重要的位置。这也是特别强调,老百姓"告官要见官",行政首长出庭应诉,一方面可以缓解官民矛盾,另一方面也有利于案件的解决。

针对行政复议中维持率较高的情况,为了让复议机关履行职责,新法明确规定:"经复议的案件,复议机关决定维持原行政行为的,作出原行政行为的行政机关和复议机关是共同被告;复议机关改变原行政行为的,复议机关是被告。"实践中复议机关为了不当被告,维持原行政行为的现象比较普遍,导致行政复议制度未能很好发挥作用。这一修改有利于加强、促进复议机关履行法律职责、干预纠错,对该撤销的应该撤销,该变更的应该变更。同时有利于改变长期以来行政复议因许多地方和部门复议机关做"维持会"而导致复议公信力严重下降的现实困境。

3. 执行难怎么办

行政首长出庭应诉了,法院也判了,但行政机关就是不执行法院判决,行政诉讼走到最后一步又被卡住了,怎么办?针对“执行难”问题,即行政机关拒绝履行判决、裁定、调解书的,新法增加三项规定:一是对行政机关负责人按日罚款;二是将拒绝履行的情况予以公告;三是社会影响恶劣的,可以对该行政机关直接负责的主管人员和其他直接责任人员予以拘留。虽然“拘留”会慎重使用,但直接按日罚行政机关负责人、在媒体上进行公示,还是非常有力度的。行政机关负责人碍于面子和社会舆论压力,肯定会积极履行的。

二、规范依法行政行为,提高依法行政水平

近年来,行政诉讼案件逐年上升,公民撤诉和败诉率呈下降趋势。“怕当被告、怕出庭、怕败诉”成为行政机关的通病。行政机关在行政诉讼中体现出依法行政意识薄弱、行政应诉能力差等问题,是进一步推行依法行政的障碍。因此提高执法水平,转变执法观念和意识,强化依法行政已经成为行政执法者的必然选择。

(一)树立法治思维,落实合法行政

法治,追根溯源是追求公平、公正、公开。法治思维就是将法治的诸种要求运用于认识、分析、处理问题的思维方式。树立法治思维,要求我们坚守法律底线,不断增强法治意识,学会用法律手段和方法开展工作,在处理问题时把法治意识放在第一位,形成习惯性思维,做知法、守法、用法的模范。而我们说到合法行政是管理社会的底线:权力的取得须获得法律授权;权力的行使不与法律相抵触。如何做到合法?第一,首先依照宪法行政,上位法高于下位法。在我们的实践运用中,不同层级的法律在适用的时候常常发生冲突,我们遵循的是上位法高于下位法的原则:宪法的效力 > 基本法律的效力 > 行政法规、规章的效力 > 地方性法规、自治条例、单行条例的效力。宪法是母法,具有最高法律效力。为了弘扬宪法精神,建设法治中国,2014 年 11 月 1 日十二届全国人大常委会 11 次会议表决通过设立每年 12 月 4 日为

宪法日,宪法的重要程度也可见一斑。第二,主体合法,内容合法。①主体合法:行政主体是作出具体行政行为的行政机关,也是行政诉讼案件的被告。主体合法是行政行为合法的首要条件。无行政主体资格,则无行政行为能力。如果行政主体不合法,行政诉讼案件就应撤销,或者不是行政诉讼案件。具备行政诉讼被告主体资格的重要条件之一,就是享有行政权力并实施相应的行政管理活动。其次,不能越权执法。职权的行使只能在法定职责范围内,不能超出职责范围。(越权违法无效)一是违反职能分工;二是违反层级分工;三是违反地区管辖。②内容合法:指作为的内容不能违反法律的强制性规定。如关于城市房屋拆迁争议的案件,主管部门给当事人的答复是:“只能对其实施货币化安置”。违反了《城市房屋拆迁管理条例》中“被拆迁人可以选择拆迁补偿方式”的强制性规定。第三,适用法律正确。经过审理查实后所应用或适用的法律符合案件事实和法律的要求。

(二)遵循执法程序,切实规范行政

《湖南省行政程序规定》第66条规定:“行政机关执法人员在调查时,执法人员不得少于2人并应向当事人出示行政执法证件。行政机关执法人员不出示行政执法证件的,当事人有权拒绝接受调查和提供证据。”第70条规定:“以利诱、欺诈、胁迫、暴力等不正当手段取得的证据材料,不得作为行政执法决定的依据。”所以要养成按程序办事的习惯,明确按程序办事的基本要求,真正做到作出行政决定时符合法定程序,实施行政行为时遵守法定程序,使依法行政、依法办事的理念转化为自觉行动。现实中,由于程序不当,一些地方经常出现随意执法甚至违法乱纪的情况,不仅损害了法律正确实施,并且严重挫伤了公众对法律、对公平正义的信心,从而贬损了政府的公信力、执行力。

(三)坚持执法为民,推进和谐行政

1. 坚持以人为本

我国唐代政治家魏征提出“水可载舟,亦可覆舟”的思想。中共中央总书记习近平也多次在谈话中强调要树立以人为本的理念,坚持“权为民所用”。我国的法律随着时代的发展在不断变化,以人为本的理念更强了。所以,行政执法者也应当形成这方面的意识,首先,行政部门在制定相关规章制度过程中采取听证等途径多听听人民群众的声音。其次,执法人员在具体执法过程中树立以教育为主原则,行政执法只要不涉及重大事故、国家安全、生命健康、公共秩序等大是大非,应“教育从重,处罚从轻”,要体察民情,顺察民意,珍惜民力,要充满感情地与人民群众打交道。

2. 倡导和注重理性文明执法

理性文明执法是人民群众对于执法活动的强烈要求。试想一下,如果执法人员态度和蔼,动之以情晓之以理,不仅可以化解相对人对立的情绪,减少与相对人的冲突,同时还能减少当事人再次违法的可能性。为此,执法人员应当始终做到仪容整洁、言行文明、举止得当、尊重他人,使各种执法活动真正为广大人民群众所充分理解和接受。

3. 切实做到便民利民

便民利民从人民群众的需求和感受出发,让行政执法增加不少“人情味”。要在不损害实质性法律利益和不违反法定程序的前提下,尽可能为人民群众行使权利和履行义务提供各种便利,不断改革和完善各种执法程序和执法手续,科学、合理地设置执法流程,减少当事人的负担。执法人员要牢固树立服务意识,寓管理于服务之中,用主动、热情和高效的服务,赢得人民群众对执法活动的配合和尊重。

(四)确保责权统一,坚持严格行政

十八届四中全会提出,加强对政府内部权力的制约。对财政资金分配使用、国有资产监管、政府投资、政府采购、公共资源转让、公共工程建设等权力集中的部门和岗位实行分事行权、分岗设权、分级授权,定期轮岗,强化内部流程控制,防止权力滥用。完善政府内部层级监督和专门监督,改进上级机关对下级机关的监督,建立常态化监督制度。完善纠错问责机制,健全责令公开道歉、停职检查、引咎辞职、责令辞职、罢免等问责方式和程序。

行政机关依法履行经济、社会和文化事务管理职责,要由法律、法规赋予其相应的执法手段。行政机关违法或不当行使职权,应当依法承担法律责任,实现权力和责任的统一。依法做到:执法有保障、有权必有责、用权受监督、违法受追究、侵权须赔偿。我们怎么做,才不会被问责呢?其一,预防是头等大事:预防出错、出事、出大事。其二,严格按程序办事:程序不能省略、不能错乱。预防与程序,就是要求执法人员必须严格执法:"做正确的事,正确地做事。"

三、把握行政诉讼流程,提高行政应诉能力

(一)应诉准备

发生行政诉讼是单位的大事,不能交给几个应诉人员就算完事,法院的传票一到,是有时限规定的,在规定的时间内要将材料全部提交给法院,超过这个时限,法院就拒绝接受了,并认为具体行政行为没有证据,造成败诉。因此,应诉工作要有分管领导亲自抓,成立应诉班子,做好三项工作:首先,要确定出庭人员。从实践来看,聘请一位优秀的律师可以起到事半功倍的效果,一是律师对行政法律法规比较熟悉,知晓诉讼程序;二是律师有良好的司法资源;三是律师协助应诉,有利于提高单位工作人员的应诉能力,培养单位应诉专业队伍。第二项工作是由办案机构或者登记机构负责案件材料的归档、装订、编写档案目录、编页码等工作。一般每套材料准备两个卷宗,一个是证据卷,一个是政策、法律、法规卷。两卷为一套,每套材料一般要准备一式三份(一份原卷,二份复印卷),一份复印卷交法院、一份复印件交应诉人员,原卷作为法庭查阅原件和举证时使用。第三,确定应诉策略。由负责应诉的领导主持,可以由应诉人员提出思路,集思广益,明确应诉的基本思路和原则。在明确策略后,对具体的问题应交由应诉人员，充分发挥他们的主观能动性、灵活性和应变能力。在行政诉讼中，应诉人员应当注意一些程序问题，包括当事人是否适格，诉讼请求是否属于法院主管范围，案件是否应当由受诉法院管辖，有无超过法定的起诉期限等，如有这些情况应当在答辩的时候阐明相关事实，请求法院驳回原告起诉。

（二）法庭审理

关于庭审程序，行政诉讼法未明确规定。在司法实践中，大体分为以下几个阶段：

1. 开庭预备阶段。主要任务是核对诉讼参加人和参与人名单、资格和权限，宣布合议庭组成人员和书记员告知当事人诉讼权利义务，询问当事人是否申请回避。

2. 审理对象及争议焦点的揭示阶段。

3. 合法性审查阶段。这一阶段是庭审的重心。法庭一般要依次进行五项审查：①主体审查，主要是审查参与诉讼的原被告是否适格。（是不是正当当事人，有没有资格参与诉讼）②事实审查，即审查被诉的行政行为是否有充足的事实根据，证据是否确凿；③法律适用审查，即审查被诉的行政行为是否适用法律正确；④程序审查，即审查被诉的行政行为是否符合法定的程序；⑤目的审查，即审查被诉的行政行为是否有滥用职权的情况存在。在上述每一项审查过程中，一般先由行政机关举证，其后由原告和第三人质证，然后进行交叉质证和辩论，最后由法官进行认证或认定。

4. 法庭辩论阶段。主要任务是在审判人员主持下，当事人各方行使自己的辩论权利。由当事人各方最后从整体上评价被诉行政行为或不作为的合法性，重新审视各自的诉讼主张（包括撤回、放弃或变更诉讼主张）。

5. 合议庭评议阶段。主要任务是在法庭辩论结束后，审判长宣布休庭，由合议庭全体成员对本案进行评议，并确定对案件的判决意见。对于合议庭认为属于重大疑难案件的,提请院长交审判委员会讨论决定。审判委员会的决定,合议庭必须执行。

6. 宣判阶段。主要任务是公开地向当事人各方宣读判决的主要内容,在一审判决中应当明确告知当事人上诉权,并明确说明上诉权行使期限和方式,并向当事人各方送达裁判文书。

(三)庭审的举证、质证和抗辩

举证:行政诉讼举证责任是单方责任,即举证责任由被诉的行政机关单方承担,行政机关在做出具体行政行为前应当有事实依据,有法律依据。只有事实依据充分、法律依据正确、程序合法,才会得到法院的维持。

质证:在法庭调查过程中,双方当事人就法庭上所出示的证据进行辨认、质疑、说明、辩论,以证明这些证据的证明力。质证关键在于审查证据的"三性":

证据的客观性,即证据必须客观存在,不以人的意志为转移。怀疑、推测、猜想、估计都不能作为证据。

证据的关联性,即证据必须与案件有关联。所谓有关联,指证据必须与案件存在客观联系,并能证明案件的真实情况。

证据的合法性,即证据必须由法定人员依法定程序收集或提供,并经查证属实。

抗辩:对抗并说明对抗的理由。即主张本案事实不符合的"法律规范"的"适用范围"。如在过错侵权诉讼中抗辩就要主张无过错,不存在因果关系,无损害结果。经审查认为抗辩理由成立,法庭将认为本案不适用该法律规范,作出原告败诉、被告胜诉的判决。

无论是举证、质证,还是抗辩,都要求熟悉行政诉讼中的证据制度,能够灵活运用各种证据制度。行政诉讼证据的材料有书证、物证、视听资料、电子数据、证人证言、当事人的陈述、鉴定意见、勘验笔录、现场笔录。在证据制度这一块,需要了解以下三点:举证责任的分配;

证据的收集与调取;证据的可采性。

1. 举证责任的分配

举证责任由被诉的行政机关单方承担,行政机关在举证中最重要的是——主要证据要充分确凿。例如在成某与重庆市食品药品监督管理局綦江区分局等工商行政处罚案中,分析被告行政机关重庆市食品药品监督管理局綦江区分局举证提供的证据是不是充分能证明作出的行政处罚决定的执法过程符合主体适格,程序合法,法律适用正确。

2. 证据的收集与调取

在诉讼过程中,被告不得自行向原告和证人收集证据。被告经人民法院准许可以补充相关的证据:①做出具体行政行为时已经收集证据,因不可抗力(台风、洪水、地震)等正当事由不能提供的;②原告或者第三人提出新的反驳理由、证据。

在诉讼过程中,为了更充分地保护处于劣势的原告方的合法利益,人民法院有权要求当事人提供或者补充证据,也有权向有关行政机关以及其他组织、公民调取证据。但是,人民法院原则上不能用自己调取的证据证明被诉行政行为的合法性。

3. 证据的可采性

可采性也指证据的合法性,指证据必须为法律所容许,可用以证明案件的待证事实。在赖某诉厦门市公安局交通警察支队湖里大队行政处罚案中,争议焦点:交通民警依法一人适用简易程序进行处罚,在没有其他旁证和监控资料的情况下,执法交警一人的证词是否可以认定案件事实?要做出结论,需要解决三个问题:

(1)关于交警陈述的真实性问题

《最高人民法院关于行政诉讼证据若干问题的规定》第56条规定,法庭应当根据案件的具体情况,从以下几个方面审查证据的真实性:

①证据形成的原因；

②发现证据时的客观环境；

③证据是否为原件、原物，复制件、复制品与原件、原物是否相符；

④提供证据的人或者证人与当事人是否具有利害关系；

⑤影响证据真实性的其他因素。

本案中，对于原告对被告提供的交警林某的陈述及当庭证词提出的质疑，法院综合考虑案件的具体情况后认为，执勤交警当时确系依法履行职能，且与原告赖某并无法律上的利害关系，亦无法定的应当回避的情形，也无相反证据否定其客观真实性，没有证据可以否定执勤交警陈述的可信度。因此认定交警林某对事件过程的陈述是具有真实性的证据。

（2）关于执法交警陈述的证明力问题

《最高人民法院关于行政诉讼证据若干问题的规定》第 63 条规定："国家机关以及其他职能部门依职权制作的公文文书优于其他书证……"

普遍认为，这条规定确立了我国行政诉讼中最佳证据规则。最佳证据规则的含义是，数个证据对同一事实都有证明力，不同的证据证明了相反的事实主张，在此情况下，以制定规则的方式明确规定法官如何确定各有关证据证明力大小的规则。该条第（1）项之所以认定公文文书具有优于其他书证的证明效力，是因为公文文书的制作必须依职权进行，有严格的法定程序，其合法性和真实性有国家公信力保障。

基于相同的法理，执法交警作为拥有行政处罚权的公职人员，在没有相反证据质疑其真实性的前提下，他就当场行政处罚事实所做的当事人陈述的证明力，应具有大于相对人的陈述的地位。（当然，行政执法人员就当场行政处罚事实所做的当事人陈述，并非绝对优于相对人的陈述。因为法律毕竟没有明文规定，而且当事人陈述可能杂糅了其主张、意见或情绪性表达，存在不确定的因素，故当允许当事人提供相反证据推翻。)本案中,法庭正是基于此,最终采信了执法交警的陈述作为定案依据。

(3)关于行政诉讼中当事人对其主张的案件事实的证明所要达到的标准问题

证明标准,指负担证明责任的一方提供证据要得到认可所要达到的程度。《行政诉讼法》第32条规定,被告对做出的具体行政行为负有举证责任。由于本案中对案件过程的唯一证明是交警的陈述,并无其他直接且确实充分的证据加以印证,因此,法院在审理的过程中对被告行政机关是否尽到举证责任的判断颇为谨慎。

不同于刑事诉讼和民事诉讼中较为确定的证明标准,行政诉讼证据的证明标准无法一概而论。学理上一般认为,行政案件证明标准的高低,原则上取决于被诉具体行政行为对原告权益影响的大小。对于涉及限制人身自由、大额罚没等对行政相对人人身、财产权益影响较大的具体行政行为的案件,可以比照适用刑事案件的“排除合理怀疑”证明标准(要得到认可,公诉机关必须形成证据链条,证实从开始到最后全部犯罪过程,中间环节不得有任何破绽纰漏);对于行政裁决类行政案件,因其是行政机关作为中立方对平等主体之间的民事纠纷作出裁决而引起诉讼,类似于对民事案件的审判,可以比照适用民事案件的证明标准。对于像本案这样的案件,则可以适用优势证明标准。

所谓优势证明标准,诉讼过程中,双方当事人所列举的证据都不足以证明案件事实,法庭按照证明效力有明显优势的一方当事人提供的证据认定案件事实。

采用简易行政程序的即时性行政处罚、行政强制措施案件,涉及案情一般较为简单,事实较为清楚,对相对人权益也不会造成太大的侵害。但这种案件往往很难有“数个种类不同、内容一致”的证据来加以相互印证,例如执法警察听到司机违规鸣笛,看到驾驶员在驾驶汽车过程中使用移动电话时,要及时纠正这些突发的交通违法行为,则会面临取证难题。交通警察发现交通违法行为后应当及时纠正,如果必须先取证再纠正违法,则可能既无法取得足够的证据,也无法及时纠正违法行为,甚至还可能在现场影响车辆、行人的通行。对于此类案件,要求适用刑事案件的排除合理怀疑标准,不仅要求过高,可能无法实现行政执法的目的,也影响了行政管理的效率,产生消极的社会后果。

基于上述理由,法院最终认定,采用简易程序单独执法的行政执法交警的陈述,只要没有相反证据否定行政执法人员陈述的客观真实性,且没有证据证明执法人员与相对人之间存在利害关系,可以作为最终认定案件事实的依据。在简易程序行政诉讼案件中采用优势证据标准,体现的不仅是法院对行政机关事实认定结论的适当尊重,更是简易程序中所侧重的秩序维持价值。

新常态下的邵阳工业发展

唐　为[①]

现代工业集聚了先进技术、科学管理元素和一定规模的资本,始终是先进生产力的重要代表。我市在全省经济排位处于相对靠后状态,根本原因是工业发展落后。对此,市委、市政府有十分清醒的认识,提出了“民营突破、兴工强市”战略。本专题就我市工业发展的历史沿革、我市工业发展落后的原因分析以及促进我市工业发展的对策建议做粗浅探讨,以期抛砖引玉,找到促进我市工业发展的良方妙法,促进我市工业的快速发展。

一、我市工业发展的历史沿革

我市工业发展大体上划分为四个阶段:新中国成立前萌芽期;“一五”“二五”打基础;三线建设大发展;改革开放后相对落后。

(一)新中国成立前萌芽期

新中国成立前的邵阳工业,基本上由以手工业为主的作坊和设备简陋的小厂组成,经营分散,规模甚小,近代工业尚处于萌芽和起步阶段。1949 年,邵阳境内有 200 多家工矿企业,当年工业增加值占 GDP 的比重仅 3. 5% 。

① 唐为,男,中共邵阳市委党校经济教研部主任,副教授。

（二）基础建设阶段

我市工业的基础建设阶段涵盖“一五”“二五”时期。

“一五”时期(1953—1957 年)，根据国家产业布局，我市被列为全国工业重点建设城市之一。我市工业在大力发展国营工业的同时，加强对私营工业企业和手工业的社会主义改造，对私营工业企业由国营商业部门通过加工订货、收购、包销产品等形式给予扶植，并逐步实行联营、公私合营。到 1957 年，国家在邵阳投资 1465 万元，先后新建、扩建群力煤矿、资江烟厂、邵阳汽车修理厂、市建筑材料厂等 12 家国有企业。至此，邵阳共有工矿企业 645 家，当年工业总产值 11392 万元，为 1949 年的 6.2 倍。1957 年末工业增加值占 GDP 的比重达到 7.4%。

“二五”(1958—1962 年)及 3 年调整时期：我市工业曲折发展，经历了百万人大办钢铁，建立土炼铁炉 20143 座、小高炉 97 座，同时开办煤矿、金矿、铅锌矿以及石油厂、造纸厂、水泥厂等一批工矿企业，把邵阳市区小江湖电厂异地扩建为邵阳电厂，各县相继建立社办农机、农具厂 490 多家，我市政府除办铁厂外，还采取土法上马，以厂带厂等办法办起了市化工厂、市水泥厂、市染料厂、市化学食品厂、市罐头食品厂等数十家工业企业，着手兴建全省首家中型机械化糖厂——邵阳市糖厂，还把大部分手工业生产合作社经过归并后转为地方国营工厂。在 3 年调整期间，政府投资 1603 万元，加强对部分轻工、化工、建材、纺织等企业的技术改造，将设备填平补齐，经过调整后的所有工矿企业，开始显示生机和活力。到 1965 年，邵阳共保留工矿企业 552 家，当年完成工业总产值 16542 万元。

（三）大发展时期

1965 年，邵阳地区被国家划定为“三线”(即战略后方)建设地区。

“三线”时期，国家陆续投资 3.27 亿元，兴建了一批大中型骨干企业，有邵阳纺织机械厂、邵阳第二纺织机械厂、红日机械厂、湖南印刷机厂、邵阳纸板厂、湖南新华印刷二厂、湖南半导体器件厂、湘江专用材料厂、中南制药厂、邵阳合成洗涤剂厂、邵阳纺织厂、邵阳水轮发电机厂、邵阳冷库、新邵卷烟厂、邵东焦化厂、邵东石膏矿以及068工程指挥部所属各厂等。同时对邵阳矿灯厂、邵阳造纸厂、邵阳机械厂、市化工厂、市染料厂、市水泥厂、市制药厂、市织染厂、市电池厂、新邵印刷机械厂、牛马司煤矿、群力煤矿、石下江电厂、隆回造纸厂等企业进行扩建,邵阳工业装备水平大为提高,整体实力显著增强,尤其是机械工业已成为市内最大的支柱产业,对推动地方“五小”(小钢铁、小机械、小化肥、小煤窑、小水泥)工业发展发挥了重要作用。到1970年,全市完成工业总产值2.69亿元,全部工业企业个数869家。

“四五”期间(1971—1975年),通过新建、扩建和技术改造,全市工业技术装备水平极大提升,工业经济整体实力显著增强。小江湖、龙须塘、城东、城南、江北5个工业区初步形成。至此,邵阳市作为在全省乃至全国有重大影响的工业基地的地位已经形成,到1975年,全市拥有工业企业1301家,实现工业总产值6.06亿元,占当时湖南省工业总产值的10%以上。其中机械制造业成为全市的最大支柱产业,产值占总量的28.3%。

“三线”建设时期是邵阳工业迅猛发展的时期。1978年邵阳工业增加值占GDP的比重达到27.8%,全市GDP总量在全省名列第4位。

(四)相对落后阶段

改革开放以来,由于国家宏观政策调整,加之交通区位条件限制,国家对邵阳工业的投入越来越少,邵阳工业发展相对缓慢。2001年,国家用于邵阳工业企业的投资仅2.07亿元,只占全省工业投资的2.3%。邵阳工业在国内、省内的地位和影响逐步下降。工业经济发展后劲不足,工业增加值占GDP的比重逐年下降,2002年只有20.7%。2002年我市规模工业完成增加值23.48亿元,占全省的比重只有3.3%,总量在全省14个市州的排位已从“三线”时期的第4位退居到第11位。

工业增加值比重及GDP排位比较表

年份	1978	1980	1985	1990	1995	1997	2000	2002	2005	2010
工业增加值占全市GDP的比重(%)	27.8	28.4	27.8	25.3	20.3	18.5	20.1	20.7		
GDP在全省的排位	4	4	5	6	6	7	8	9		

上表反映出,随着工业在我市经济中占比的逐渐降低,我市经济在全省排名也是逐渐靠后的。

近五年我市全部工业实现增加值及占GDP的比重

年份	2010	2011	2012	2013	2014
工业实现增加值(亿元)	237.85	312.83	339.88	373.16	407.19
全市GDP(亿元)	730.33	907.23	1028.41	1130.04	1261.61
工业增加值占GDP的比重(%)	32.57	34.5	33	33	32.3

上表反映出,近五年我市工业经济在全市经济中所占的分量是不突出的。

近五年我市规模工业增加值及在全省规模工业增加值中的占比

年份	2010	2011	2012	2013	2014
规模工业增加值（亿元）	211.26	294.13	348.7	414.67	407.19
在全省规模工业增加值中的占比（%）	3.59	3.63	4.07	4.25	

上表反映出，近五年我市工业经济在全省工业经济中所占的份额是比较小的。

二、我市工业发展相对落后的原因分析

我市工业由20世纪80年代初的辉煌到现在的相对落后是由系列原因造成的。造成我市工业相对落后的主要原因有三个：国家发展战略的调整转移、区位条件欠优、政府引导扶持不力。

（一）国家发展战略的调整转移

始于十一届三中全会的改革开放政策，党中央确立了新时期的基本路线，核心内容是一个中心、两个基本点，即坚持以经济建设为中心，坚持四项基本原则，坚持改革开放。邓小平同志提出了对世界形势的正确判断，即和平与发展是世界主题。改革开放初期，我国生产力发展水平十分低下，绝大多数人民没有解决温饱问题，大力发展社会生产力，提高人民的物质文化生活水平，是摆在我党面前十分紧迫而又艰巨的任务。百业待兴，百废待举，怎样实现发展呢？中央实际上是实施了“梯度开发”理论。

梯度开发理论最早起源于哈佛大学教授弗农等人提出的“工业生产生命周期阶段论”。后由经济学家胡佛等结合社会实践总结发展为区域经济开发理论，其理念包括有在区域经济发展次序上应优先支持

和促进高梯度地区经济的发展,从而取得较高的经济效益,带动和促进低梯度地区经济的发展。

"梯度开发"理论在我国的实践当中是在资源十分有限(主要是资金)的前提条件下,先集中资源发展区位条件较好的沿海地区,等沿海地区得到一定发展后,再发展中、西部等区位条件相对较差的地区。改革开放30多年来,从沿海开发到沿边开发、再到沿江开发、大西部开发、中部崛起,我国经济发展基本上是按照"梯度开发"脉络展开的。

在改革开放新形势下,我市的区位条件是既不是沿海地区,也不是沿江地区,又不是沿边地区。所以,在国家扶植发展上由原来的重点发展对象变成相对被忽视地区,国家在我市的资源投入急剧减少,造成我市今天的工业发展相对缓慢。

(二)区位条件欠优

区位条件优劣在不同时期有不同的评判标准。正如我市20世纪六七十年代在当时国际国内环境条件下,经济社会发展的区位条件相对来说是属于优的区位条件,纳入了国家重点建设地区,但在和平时期,国家实行改革开放政策,实施梯度开发战略,我市的区位条件由优转劣。我市的区位条件既有先天不佳,又有后天不足。我市既不沿海、又不沿江、还不沿边,属于先天区位条件不佳;长期以来,我市没有空运、缺少铁运、公路建设滞后属于后天不足。对于区位条件先天不佳,我们无能为力;但对于后天不足,我们却可以积极有为。

2002年以前,我市没有高速公路,没有航空运输,铁路也处于盲肠状态,对我市工业发展形成巨大制约。不仅给新的招商引资带来困难,就连原来在我市安家落户的部属企业也没完全留住,068、红日机械厂相继搬走。继续留在邵阳的部属企业和地属企业不少由于"两头"(原材料供应、产品销售)在外,运输成本高、生产周期因运输不便而延长,造成经营困难。

区位条件欠佳,特别是交通运输不便对我市工业发展的制约是客观存在、显而易见的。对此,历届市委、市政府都有清醒的认识,都下定决心改善交通,争取高速公路、铁路客运货运、民用航空齐头并进,共同加速建设。

(三)政府引导扶持不力

我市工业发展相对落后,有上述两个方面的客观原因,但更主要的原因是我们市政府引导不力造成的。

一是企业改制的严重滞后贻误工业发展良机。

改革开放以来至党的十四大以前,困扰我国公有制企业发展的一个根本性重大问题是经营机制不活。期间经过多次改革,包括利税大包干经营、利改税第一步、利改税第二步。虽然经过多次改革,但公有制企业处于政府的附属地位没有改变,公有制企业吃大锅饭的基本格局没有变,公有制企业办社会的沉重负担没有变。直接后果是,在不断发展的市场经济条件下,相比民营企业,公有制企业经营日趋困难。中央对此有清醒的认识,认为公有制企业必须转变经营体制机制。党的十四大提出我们的改革目标是建立社会主义市场经济体制。党的十四届三中全会通过了《关于建立社会主义市场经济体制若干重大问题的决定》,明确了国有企业抓大放小、建立现代企业制度的改革方略。沿海省份紧跟中央部署,行动迅速,工业经济获得了快速发展。国有企业改制具体如何改,中央没有明确具体的规定动作,都是各地根据自己的实际进行摸索。企业改制,职工如何安置,企业债务如何处理,都是比较棘手的事。所以,我市公有制企业改制一直在等,在等国家的具体操作政策。在等的过程当中,别的地方已经在大踏步前进了,我市工业经济与其他发达地区的差距越来越大。直到 1997 年,市委、市政府才提出学山东诸城,下大力气进行国企改制。这个决定是正确的,但是遗憾的是更多地停留在口号上,没有多少实际性的行动,导致我市的许多国企在等待中关门停产。直到 2003 年,我市国企改革才迈出实质性步伐。我市国企改革比中央部署滞后十多年,直接结果是兄弟城市的工业经济在加速发展,我市工业经济在原地退步,差距越拉越大。

二是扶植企业做大做强乏力,影响我市企业竞争力。

市场经济是竞争经济。要在市场竞争中获得有利地位,企业必须做大做强。20 世纪 80 年代初期,我市不少企业是全省乃至全国有名的,如邵阳二纺机、邵阳一纺机均进入全国十大纺织机械生产企业行列,湖南印刷机器厂名列全国印刷机器生产厂家四强之一,邵阳液压件厂在全国排名第三,湖南汽车制造厂成为湖南省唯一的汽车生产厂家,中南制药厂生产的化学原料药占了全省同类产品的 50% 以上,我市酒厂的名气比湘西的湘泉酒厂大。但由于我们在扶植这些名企的过程中,要么是扶植不力,要么是扶植不当,使我市的这些著名企业相继没落。我们想把湖南汽车制造厂做大做强,由于盲目兼并,反而背上包袱,由辉煌直接走向关门停产。湘西的湘泉酒厂当时名气比我市酒厂小,但它早就是独立的上市公司,而我市酒厂最后被金六福集团收购兼并。在全国近三千家上市公司中,至今还没有一家我市独立的上市公司。扶植企业做大做强乏力,直接影响我市工业经济的顺利发展。

三是我市银企合作长期不畅,造成工业发展“供血不足”而影响发展。

企业是以盈利为目的的法人单位。企业盈利的实质是资本增值。资本在企业生产要素中处于基础性地位。资本对企业经营的影响就如血液对人体的影响一样,人少血或缺血就会影响健康,没有血液人就会死亡,企业缺少资本就会影响它做大做强,企业资金链断裂就会关门停产。曾经相当长的时期,我市银企合作关系不畅,各大银行对支持我市工业企业发展的资金贷款过少,影响我市工业企业大发展。各银行在我市的分支机构储蓄存款是由我市各法人单位和人民提供的,所揽存款在注重贷款安全的前提下应更多地贷向我市各实体经济单位。各银行分支机构对我市经济发展的支持程度用一个指标来反映,就是存贷比指标。但是,实际上相当长的一段时期,我市各银行在我市的存贷比指标偏低,低于40%(近两年有所提升),间接制约了我市工业经济的更快发展。

我市近五年金融机构存贷比(单位:亿元)

年份	2010	2011	2012	2013	2014
本外币各项存款余额	948.11	1116.19	1320	1510.68	1736.16
本外币各项贷款余额	348.54	425.4	525.85	645	752
存贷比	36.76%	38.11%	39.84%	42.70%	43.3%

上表反映出我市的金融存贷比是偏低的。长沙的金融存贷比在70%以上。

三、新常态下促进我市工业发展的对策建议

我国经济发展已进入新常态时期。经济发展的新常态既是不争的事实,也是中央的准确判断。新常态之"新",意味着不同以往;新常态之"常",意味着相对稳定。当前及今后一段时期,我国经济处于"三期叠加"时期,即增长速度换档期、结构调整阵痛期与前期刺激政策消化期。应对增长速度换挡、结构调整与刺激政策副作用消化的其中之一,都不是一件易事,更何况当前我国经济面临的是三项任务的叠加,是在全球经济增长低迷、甚至面临中长期停滞的外部环境中展开的。经济新常态从近期来讲就是经济发展面临下行压力,对我市经济发展来说就是面临着暂时从紧的经济发展环境。

我市作为全省经济社会相对落后的一个人口大市,到2020年全面建成小康社会,在全国经济新常态形势下,发展的任务尤为艰巨与迫切。

我市2014年的人均地区生产总值是2544.83美元,而全国人均

国民生产总值是6767美元,全省人均地区生产总值是5656美元,我市2014年人均国民生产总值是全国人均水平的37.6%,全省的45%;岳阳2014年地区生产总值和财政收入双双是我市的2倍多,常德分别是我市的2倍和1.6倍,衡阳分别是我市的1.9倍和2.1倍,郴州分别是我市的1.5倍和2.1倍;目前我市尚有98.3万人民没有脱贫。加快我市经济发展刻不容缓。

我市经济社会发展落后的关键因素是工业发展落后。2010年我市GDP总额为730.33亿元,同比增长14.6%,增幅近几十年来首次达到全省平均水平,关键因素是这一年我市工业发展速度很快,工业增加值237.85亿元,同比增长21.5%,增幅超过GDP6.9个百分点,工业在三次产业的比重上升了8%。

2014年全国、全省、我市三次产业结构表

中国	湖南	邵阳
9.2∶42.6∶48.2	11.6∶46.2∶42.2	21.8∶38.2∶40

可见我市工业发展既落后于全国平均水平4.4个百分点,又落后于我省平均水平8个百分点。按照市委书记郭光文同志的判断:我市工业比全国全省落后了10年时间。一个大的工业企业所创造GDP是上亿几十亿的;所上交的税收是成千万上亿的;所吸纳的劳动力就业是成千上万的;对相关行业的拉动是系列的。

市委书记郭光文同志在我市2015年经济工作会议上指出:经济新常态是全局之态,不是全部之态;是发展之态,不是停滞之态;是竞争之态,不是缓和之态;是积极之态,不是消极之态。又指出我市发展的重点是增加第二产业。在全国经济新常态形势下,如何落实“兴工强市”战略,需要我们找准问题、对症下药、攻坚克难、积极作为。

(一)大力加强基础设施建设,继续改善我市区位条件

市委、市政府深刻认识到区位条件对经济发展的重要性,高度重

视交通运输建设。继2002年潭邵高速开通后,邵永高速、邵衡高速、洞新高速相继建成通车,安邵高速也即将建成通车,大大提高了我市公路运输能力与效率;火车南站的建成与洛湛铁路全线通车,高铁邵阳北站的建成通车,彻底改变了我市铁路运输区位盲肠状况;武冈民用机场的立项与建设,拉开了我市蓝天遨游的序幕,翻开了我市交通运输史上崭新的一页。我市高速公路通车和在建里程由2006年的179公里增加到2014年的678公里,增长了3.8倍,总量居全省第三位;铁路通车和在建里程由2006年的104公里增加到2014年的324公里,增长了3.1倍;邵阳武冈机场新建工程和邵东军民两用机场改建工程步伐加快;资江航道疏浚和码头建设有序推进,水陆空立体交通网络已经初步形成。尤其是随着沪昆高铁邵阳段通车运营,使我们与"珠三角"和"长三角"等重要经济圈的联系更加紧密,为我们吸引大企业和大项目、提升承接产业转移水平、加快工业发展带来了较好的区位交通条件。当前及今后,我们要继续加强交通建设的力度,加快推进建设进度,为进一步改善我市区位条件,为工业更快更好发展,打下坚实的区位基础。加快安邵高速扫尾工作进度,确保年底通车;加快推进新白高速的前期准备工作,争取早日开工建设;加快推进邵坪高速、武靖高速建设,确保按期建成通车;加快火车南站的改建工作,争取市民能早日在市区登上南来北往的时代快车;加快武冈机场建设进度,确保市民能如期遨游市区蓝天;加快怀邵衡铁路建设进度,确保2018年如期通车;积极争取包海铁路、兴永郴铁路、冷邵铁路、娄邵城际铁路等铁路项目;积极争取新化至武冈、城步至龙胜等高速公路项目。

(二)大力加强平台建设,为工业更好发展筑巢引凤

平台建设一般是指工业产业园区建设。工业产业园区有统一齐备的基础设施(路、水、电、气、排污设施等);有一定的土地生产要素储备;有一定的标准生产厂房储备;有便捷、高效、优惠的政府服务。工

业产业园区是工业招商引资的凤凰巢。便捷、高效、优惠的政府服务吸引“凤凰”来巢;齐备的基础设施、土地生产要素储备、标准生产厂房储备能够促使“凤凰”快速入巢,尽快形成生产力,尽快产生经济社会效益。

近五年我市省级重点园区规模工业实现增加值占全部规模工业产值比重

年份	2010	2011	2012	2013	2014
园区规模工业增加值(亿元)	51. 37	79. 77	102. 1	162. 86	183. 22
占全部规模工业增加值比重(%)	24. 3	27. 1	29. 3	39. 27	45

可见,我市工业园区在促进我市工业发展中的作用日益凸显。

对我市来讲,还有更好的洼地平台,即湘商产业园区建设。湘商产业园是省政府为促进我市工业发展特设的工业产业园特区,是由省发改委、人力资源和社会保障厅、环保厅、财政厅、国土资源厅“一委四厅”联合特别支持的洼地工业产业园区。为促进我市工业更快更好发展,我们要尽快建好建成市、县、区 12 家湘商工业产业园。我市将在两年内规划建设 19 平方公里湘商产业园,建成 390 万平方米标准化厂房,计划招商 650 家企业入园。根据规划,“湘商产业园”建成后,到 2016 年,可实现工业总产值 200 亿元,完成税收 10 亿元,提供就业岗位 5 万个,成为“天下湘商”创新发展“绿地”。

(三)大力加强招商引资工作,发挥社会资本在工业发展中的决定性作用

国家经济发展的方略是抓大放小,对竞争性行业实行全面放开。我市作为地级市,不存在市属国家战略行业,所以,我市工业发展要充分发挥社会资本的决定性作用。

我市近四年国有企业实现增加值及占全市规模工业增加值比重

年份	2010	2011	2012	2013
国有企业增加值(亿元)	11.66	12.84	17.04	14.07
全部规模工业增加值(亿元)	211.26	294.13	348.7	414.67
占全市规模工业增加值比重(%)	5.5	4.4	4.9	3.4

上表反映出我市工业经济是以民营为主体。所以,促进我市工业做大做强必须大力加强招商引资工作,发挥社会资本在工业发展中的决定性作用。

近三年全市工业招商引资完成额、增长率与规模工业增长率

年份	2012	2013	2014
工业招商引资完成额(亿元)	107.9	124.21	142.12
工业招商引资增长率(%)	19.8	15.6	14.4
规模工业增长率(%)	14.9	12.4	11.6

上表反映出规模工业增长与工业招商引资增长是正相关的。

今后,我们要继续加强工业发展的招商引资工作,强化对招商引资工作考核,确保招商引资工作力度不减、措施不软,为我市工业加快发展添油助力、添色增彩。

(四)搞好工业发展顶层设计,引领我市工业更好发展

人类活动是有目的的实践活动。凡事预则立,不预则废。为促进我市工业更快更好发展,我们要根据我市实际,把握国际国内工业经济发展形势,合理确定我市工业的发展目标、发展方向、发展重点,制定并落实好政策保障措施。

1. 确定科学合理的工业发展目标

我市规模工业增加值由2006年的63.2亿元增加到2014年的491.05亿元,年均增长19.6%,增长了7.8倍,是我市主要经济指标增长倍数最高的。但是,全国和全省都到了工业化的后期,而我市却

还处于工业化中期之初,比全国和全省慢了十年时间。所以,我们必须加快工业增长速度,努力实现后发赶超,在全国经济新常态下,确保规模工业增加值年均增长达到12%以上。

2. 确定正确的工业发展方向

我市工业要大发展已经是全市人民的共识。根据国际国内形势,切合我市实际,正确确定我市工业发展方向,是确保我市工业更快更好发展的重要前提条件。方向问题始终是事物发展的根本性问题,正可谓是“失之毫厘,差之千里”。我们要把确定正确的工业发展方向作为加快我市工业发展的首选大事抓好抓实。

我市工业发展方向要做到三个面向:面向国际国内技术进步形势,大力实施科技创新;面向市场需求,大力调整产业机构,适应市场需求和竞争形势;面向我市实际,立足基础和市情,发挥比较优势。

(1)面向国际国内技术进步形势,实施科技兴工

科学技术是第一生产力,在工业发展中表现得尤为突出。人类历史上每一次工业革命都是由重大技术革命引发和引领的:18世纪蒸汽机的发明与应用,机械化生产代替了人类工业的手工作坊生产,催生了第一次工业革命(机械化)。世界由“蒸汽时代”进入“电气时代”催生了19世纪最后30年和20世纪初的第二次工业革命(电气化)。20世纪40年代末至20世纪70年代,以原子能、电子计算机、空间技术和生物工程的发明和应用为主要标志,涉及信息技术、新能源技术、新材料技术、生物技术、空间技术和海洋技术等诸多领域的一场信息控制技术革命催生了第三次工业革命(自动化)。当前,以工业互联网、智能制造为代表的新一轮技术创新浪潮,正在拉开第四次工业革命的序幕,有人把2015年视为为第四次工业革命元年。2014年的热门词汇“工业4.0”,是一个引起全世界关注的概念。2013年德国政府推出定义为“第四次工业革命”的《工业4.0战略》,工业4.0通过决定生产制造过程等的网络技术,实现智能制造,进行实时管理。智能制造中的生产设备具

有感知、分析、决策、控制等功能，是先进制造技术、信息技术的集成和深度融合。智能生产过程中，传感器、智能诊断和管理系统通过网络互联，由程序控制上升到智能控制，从而制造工艺能够根据制造环境和制造过程的变化，进行实时优化，提升产品的质量和生产效率。

由区位条件决定，河南、湖北、湖南、安徽、江西、山西等中部六个省份在承接沿海产业转移中具有地利条件，特别是我省的地利条件更优。但是，我们要深入考察，为什么会发生沿海一些产业的区域转移？沿海有沿海的独特优势：有比较便利的出海出口条件；有比较完整的产业配套链条；有比较完善的金融、科技服务系统。我们中部地区的优势主要是土地要素成本和劳动力成本相对沿海充足便宜。在当前我国人口红利逐渐消失的条件下，沿海部分外商投资企业要么把企业转移到印度、越南等土地、劳动力相对便宜的国家，要么是内迁到我们中部土地、劳动力相对便宜的地区。市场经济的市场调节有一个找平效应，随着沿海产业转移的规模逐渐加大，中部土地、劳动力相对便宜这些相对优势也会逐步消失。我市工业发展一方面要及时抓住沿海产业转移这个历史机遇，通过改善区位交通条件、完善平台建设、打造政策洼地，大力招商引资，促进工业发展；另外一个很重要的措施就是强化科技引领、实施科技创新驱动带动工业发展。可以说科技引领、武装工业发展更是根本大计、长远之策。财政、金融政策要在企业技术进步上鼓劲助力，企业要在技术创新上积极作为，打造出我市工业发展繁荣永续不断的源泉动力。

近五年我市工业技改投资完成额、增长率与高新技术产品实现增加值及占规模工业比重

年份	2010	2011	2012	2013	2014
工业技改投资完成额（亿元）	139.99	113.5	146.28		
工业技改投资增长率（%）	40.5	15.2	28.9		
高新技术产品实现增加值（亿元）	52.56	103.47	108.38	143	185

上表反映出近五年我市高新技术产品增加值占规模工业增加值的比重是不断上升的

(2)面向市场需求,提高竞争能力

企业通常流行一句话:没有过时的行业,只有落后的企业。市场需求包括产品创新,但同时也包括质优价廉和服务优良。现在市场经济已发展到了买方市场阶段。当然,我们可以通过产品创新去主动创造市场需求,但更多的是通过技术进步提高产品质量、降低产品成本、完善售后服务去赢得市场,提高企业竞争力。正如市委书记郭光文同志在2015年全市经济工作会上讲话指出的,“我们要牢固树立这样的产业理念,即只要是符合国家产业支持政策和符合国家节能减排要求的产业,有市场、有规模和有效益的产业,人民群众能够从中得到实惠的产业,都是我们要发展的产业。”

(3)面向现有基础,着力改造挖潜创新

市委书记郭光文同志在2015年全市经济工作会上讲话时曾指出:“面对我们大量的现有工业企业,正确的态度是在大力发展新产业、新产品、新技术和新业态的同时,对传统产业进行高端化、低碳化和智能化改造,让‘老树发新芽’,形成新的生产力。”

(4)面向我市实际,因地制宜发展工业

我市户籍人口818.98万人,常住人口721.94万人,人民的生产生活都会产生市场需求;我市拥有丰富的自然资源,现已探明的矿藏有87种、600多处,石膏储量居全国首位,煤、铁、黄金、花岗岩和大理石等五大矿种储量均居全省前四位;我市也具有丰富的农产品资源,如邵东县是中国黄花之乡和药材之都,新邵县是中国龙牙百合之乡,邵阳县是中国油茶之都,隆回县是中国金银花之乡,武冈市是中国卤菜之都、洞口县是中国蜜橘之乡,绥宁县是中国楠竹之乡、城步县是中国奶牛之乡、新宁县是中国脐橙之乡,与此同时,我们的草山面积全省第一,我们的森林面积全省第二。以上就是我市的实际,就是我市的比较优势。我市的工业发展要立足我市实际，紧紧围绕市场需求做文章；紧紧围绕资源深加工和提高附加值下功夫，不断提高工业对其他行业的拉动力和工业自身的竞争力。

3. 确定我市工业发展重点

要使我市工业获得跨越式发展，我们要遵循“大办工业和办大工业”的方针，把工作重点放在对现有规模工业做大做强上。

市场经济是竞争经济，特别是在现在买方市场经济条件下，市场竞争异常激烈。如何在激烈的市场竞争条件下获得有利地位，规模经营是必然选择。规模经营不论是管理能力、资本实力，还是技术水平，都有相对明显优势，在市场竞争中处于有利地位。长沙现在提出“总部经济”概念，即把国际国内的大型著名企业的总部吸引落户长沙。我市工业发展也要着力把现有的规模企业做大做强。

我市是老工业城市，虽然现在工业不是很强大，但门类比较齐全。国家工业分为40个门类体系，我们邵阳就有37个。我们现在拥有机械冶金、食品加工和造纸、建材、纺织、医药、化工、能源八大支柱产业，特别是像搅拌车、液压件和能源、酒类等在全省乃至在全国都具有一定的市场份额和经济地位。我们拥有规模以上工业企业892家，拥有规模以下企业3万多家。这几年，先后有16家世界五百强企业和20家中国五百强企业落户邵阳。我们要支持扶植三一重工、湘窖酒业、宝庆电厂、恒天九五、海螺水泥、九兴控股、维克液压、宝庆科肥、立得皮革、湘中制药、玉新制药、李文食品、三可食品、雨润集团、统一集团等一批规模企业做大做强。

4. 制定切实有力的政策扶植措施

市场经济条件下实行政企分开，要发挥市场在资源配置中决定性作用，但同时也要更好发挥政府鼓励、引导和政策扶植作用。政府对工业发展的引导和政策扶植作用主要体现在以下三方面：一是制定产业发展引导政策，确定鼓励什么企业发展、限制什么企业发展、禁止什么企业发展;二是制定工业发展财政税收支持扶植政策,包括各种专项资金扶植政策、财政贴息贷款扶植、税收返还、税收调整等;三是制定支持扶植工业发展的金融政策,对我市来讲就是政府搭桥牵线,促进银企合作,提高各银行在我市的分支机构的存贷比,加大支持我市工业发展的力度。

工业始终是社会先进生产力的重要代表,是社会经济发展的中坚力量。我市经济社会发展相对落后主要是工业相对落后。我们要群策群力、不遗余力做大做强工业,为加快后发赶超、实现富民强市目标打下坚实基础。

加快推进邵阳开放型经济发展

唐月香①

"开放型经济"这个概念第一次明确地提出来是在党的十七大报告中,十七大报告提出"拓展对外开放广度和深度,提高开放型经济水平"。十八大报告又进一步要求全面提高开放型经济水平,并成为"加快完善社会主义市场经济体制和加快转变经济发展方式"的重要领域之一。十八届三中全会关于"构建开放型经济新体制"这一新提法,既是对35年来我国开放型经济探索经验的继承与发展,也是在新时期、新形势下从制度层面对改革开放大政方针的具体化、蓝图化,发展开放型经济已经成为新时期我国经济发展的必然选择。

邵阳地处湘中偏西南,面积2.1万平方公里,人口820万。放在全省来看,人口全省第一,面积第二。然而,2014年,全市地区生产总值1261.6亿元,居全省第9位,财政收入117亿元,全省排名第8,与全省人口第一、面积第二大市的位置是极不相称的。也正是对此有清晰的认识,所以,市委、市政府提出了要实现后发赶超、富民强市的目标。如何实现呢?在当前的国内外形势下,要实现这一目标,必须进一步深化改革,扩大开放,坚持以开放型经济引领邵阳经济发展。

---

① 唐月香,女,中共邵阳市委党校经济教研部副教授。

一、为什么要加快推进邵阳开放型经济发展

(一)开放型经济的含义

经济学意义的开放型经济指一国与国外有着经济往来,如存在国际贸易、国际金融往来,也就是对外有进出口和货币、资本的往来,本国经济与外国经济之间存在着密切的关系。

开放型经济是与封闭型经济相对立的概念,是一种经济体制模式。在开放型经济中,要素、商品与服务可以较自由地跨国界流动,从而实现最优资源配置和最高经济效率。开放型经济强调把国内经济和整个国际市场联系起来,尽可能充分地参加国际分工,同时在国际分工中发挥出本国经济的比较优势。一般来讲,一个国家也好,一个地区也好,其经济发展水平越高,市场化程度越高,越接近于开放型经济。放眼全球,纯粹的封闭型经济基本是不存在的,只有开放程度大小的区别,尤其在经济全球化的趋势下,发展开放型经济已成为各个国家、地区的主流选择。

(二)为什么要加快推进邵阳开放型经济发展

我们可以从国际国内背景及邵阳发展实际两个方面来阐述:

1. 国际国内环境的必然要求

当前,全球经济危机的深层次影响还在持续,世界经济较长时间内处于变革和调整期;中国国内经济社会发展也步入加快转型期,呈现出一系列新的阶段性特征。在这样的背景之下,邵阳开放型经济发展也面临诸多问题和挑战:

(1)世界经济环境发生新变化,稳定和拓展外需面临比较大的制约。一方面,当前,世界经济总体保持复苏态势,但全球性通胀压力加大,欧美主权债务违约风险不断升级,中东局势动荡冲击世界经济,各种不稳定、不确定因素依然较多。可以说,未来几年世界经济后续增长仍然比较乏力,有效需求不足成为制约各国发展的一大瓶颈。另一

方面,发达国家实施扩大出口战略,推行产业回归和制造业再造,加速了全球要素重组和产业调整步伐。因此在世界经济调整复苏的大背景下,邵阳乃至全国对外经济面临的整体外部市场环境也将趋紧,国际竞争更加激烈。

(2)贸易保护主义持续升温,贸易摩擦压力不断加大。国际金融危机爆发以来,全球贸易保护主义有所升温。贸易保护的形式、手段也在发生变化,从具体产品层面的贸易纠纷向产业政策、制度体制等宏观层面延伸的态势更加明显。美国近年来对中国产品的贸易调查已从单纯指向价格的反倾销调查演变成为同时指向政府政策的反倾销和反补贴合并调查即"双反"调查。中国商务部统计数据显示,2012年全年共有21个国家发起针对中国的77起贸易救济措施,涉案金额为277亿美元,同比分别增长11.6%和369%。无论是发达国家还是新兴市场,采取行动限制进口或鼓励本国出口,这类贸易保护主义政策往往在经济不景气时显得最为严重。

(3)跨国投资前景不容乐观,双向投资面临诸多障碍。2010年,全球外商直接投资实现了较快复苏。但受国际金融市场不稳定、全球经济复苏势头依然脆弱,加上汇率大幅波动以及保护主义威胁等不利影响,新一轮国际投资高潮的出现尚存在诸多不确定因素。一方面,各国为增加国内就业、缓解社会矛盾,竞相通过提供资金支持、减免税收等措施,鼓励本国企业在国内投资和开展研发,国际引资竞争更加激烈。另一方面,中国企业在"走出去"过程中,也越来越多地面临投资保护主义的困扰。2011年,华为并购美IT公司三叶,未能通过美国外国投资委员会的安全审查。2012年,美国以国家安全为由,禁止华为和中兴在美投资。2012年9月28日,美国总统奥巴马以威胁美国国家安全为由,签发行政命令禁止三一集团关联公司Ralls公司(罗尔斯)在美国俄勒冈州一军事基地附近兴建4座风力发电厂,诸如此类,不胜枚举。因此,日益严峻复杂的境外政治经济形势,以及如何妥善处理中外文化差异等问题,是中长期内制约邵阳企业“走出去”的严峻挑战。

(4)国内结构调整步伐加快,传统比较优势逐步削弱。2010 年,中国人均国内生产总值已经超过 4000 美元。国际经验表明,人均 GDP 从 3000 美元向 10000 美元提升的阶段,既是中等收入国家向中等发达国家迈进的重要阶段,又是矛盾增多、爬坡过坎的关键时期。在这期间,各种生产要素成本上升,能源资源和生态环境约束强化,建设用地供应紧张,节能减排任务艰巨,经济和社会转型进程中需要解决的矛盾和问题相互叠加。2012 年中国劳动力供应进入“刘易斯拐点”,这意味着劳动力供给将由全面剩余转向局部和结构短缺。同时,随着资源性产品价格形成机制改革深入推进,资源性产品价格上涨也将成为中长期趋势。所有这些反映在开放型经济领域,一个突出问题就是传统的比较优势正在削弱,亟待培育新的参与国际竞争与合作的比较优势。

2. 是邵阳实现后发赶超、富民强市奋斗目标的必然要求

改革开放尤其是“十一五”以来,我们邵阳的经济建设自己跟自己比取得了可喜成绩。但从横向来看,形势不容乐观。当前,可以说是我们邵阳负重爬坡、实现后发赶超的关键时期。怎样实现后发赶超?必须走开放发展之路,加快发展开放型经济。

(1)只有大开放才能抓住大机遇。抓发展,首先必须善于抓机遇。如何才能抓住稍纵即逝的机遇呢?只有实行大开放,才能抓住大机遇。近年来,随着经济全球化深入发展和世界经济结构的深刻调整,国外优势企业和资本纷纷在寻找投资机会;在国内,沿海地区日益受到发展空间、土地供给、要素成本等因素的影响,产业向内地转移有加快之势。再加之国家加快中西部地区发展,武陵山片区扶贫开发,湘商产业园建设等,大好机遇接踵而至,邵阳只有进一步深化改革,扩大开放,敞开自己的怀抱,才能抓住这些机遇,促进发展。

(2)只有大开放才能促进大转型。随着智能化、大数据等技术的普及,移动物联网、高端装备制造等新产业发展迅速,以智能制造为主导的第四次工业革命已经开始,工业4.0的概念开始被国际社会广泛认同。国内,随着我国经济发展由高速发展向中高速发展转变,中国经济发展进入一种新常态,要求我们的经济发展由原来的出口导向和投资拉动型经济向需求导向和创新驱动转变。对于邵阳来讲,就要把握和顺应这样发展趋势,切实转变经济发展方式。转变经济发展方式是一场深刻革命,既需要"内动力",也需要"外驱力"。因此,要加快转变,必须扩大开放。长期以来,外向度不高一直是我市经济结构中的一条"短腿",特别是工业化、城镇化加速发展时期,利用好国际国内两个市场,满足发展对资本、技术、资源需求的任务越来越紧迫。要拉长"短腿",就必须走大开放之路。只有大开放,才能通过出口奖励、税收返还、转移支付等手段,用少量的财政资金,撬动省内外、境内外社会资金投入"八个建成"建设;只有大开放,才能通过建设对外贸易科技创新基地,扩大先进技术和关键设备的进口,支持企业技术更新;只有大开放,才能通过加快建设对外投资服务体系,培育跨国公司,促进邵阳的企业与产品走出湖南、走向世界,促进经济发展的转型升级。

(3)只有大开放才能实现大跨越。国际国内的发展经验表明,欠发达国家和地区缩小差距、后发赶超的一条成功经验,就是坚持对外开放战略,以大开放促进大赶超。改革开放30多年来,邵阳对外开放取得了巨大成就,但与沿海发达地区相比,邵阳开放型经济发展还不充分,对外开放的规模不大、结构不优、主体不增、产业水平不高。必须进一步实施大开放战略,全面提升开放型经济发展水平。只有这样,才能广辟发展空间,增强发展动力,提高竞争实力;才能有效参与国际国内经济技术的竞争,抢占发展先机,分享世界经济发展和科技创新的成果;才能加快发展和转变经济发展方式,逐步缩小与发达地区的差距,实现后来居上。

二、邵阳加快发展开放型经济面临的机遇和存在的问题

(一)面临的机遇

随着国际经济进入深度调整期,我国经济加速转型升级,邵阳加快发展开放型经济面临着难得的机遇与优势。

1. 内陆地区面临前所未有的开放机遇

经济全球化和区域一体化不断加速,世界范围区域经济联系更加紧密,为我们在更大范围、更宽领域、更高层次参与国际竞争和合作创造了良好机遇。沿海发达地区正在加速产业向内地转移,内地的人力资源、土地、政策优势明显,承接产业转移正当其时。2015 年 3 月,国务院正式批复了包括湖南在内的长江中游城市群发展规划,着力推进城乡、产业、基础设施、生态文明和公共服务等五个方面协同发展,邵阳身处其中大有可为。

2. 邵阳过去的区位劣势正在转化成区位优势

公路方面,从我市第一条高速公路潭邵高速公路建成通车,到 2013 年 12 月 25 日洞新高速公路的正式通车,我市境内高速公路的通车里程达到 500 公里,居全省第三,实现了县县通高速,且安邵高速、邵坪高速建成通车,武靖高速即将开工,邵阳作为全国高速公路交通枢纽城市的地位更加凸显。铁路方面,沪昆高铁正式竣工通车,邵阳人民期盼多年的怀邵衡铁路,终于获批并全线开工。娄邵铁路扩改基本完成,2016 年 1 月正式通车。邵永铁路扩改也纳入了国家建设规划。同时,邵阳市政府与广铁集团签订了战略合作框架协议,共同争取兴义—永州—郴州—赣州、常德—桂林—海口等铁路建设项目,至此,邵阳开始进入铁路高速建设期。航空方面,武冈机场开工建设,邵东军民合用机场的规划编制也已经启动,邵阳由此正式开启“航空新纪元”,进入了全国和国际交通大循环,交通枢纽地位日益凸显,为开放型经济发展插上腾飞的翅膀。

3. 政策和项目带动效应显现

国家中部崛起、西部大开发、武陵山片区开发等优惠政策，给予邵阳带来一系列国家重点支持的发展平台，像全国老工业基地调整改造、农产品现代流通综合试点城市、外贸转型升级示范基地和正在抓紧推进的全国加工贸易梯度转移重点承接地建设等，为邵阳开放发展注入强大动力。尤其是湘商产业园，如果按计划建好的话，到 2018 年，全市工业总产值将增加 400 亿，税收增加 20 亿，增加就业岗位 10 万个。正是有这些政策和项目的带动，2014 年，全市引进内资 737. 3 亿元、外资 1. 7 亿美元，分别增长 25. 1%、22%。进出口总额 8. 4 亿美元，增长 42. 5%，分别高出全国全省 40 和 19. 3 个百分点。

4. 有一批成长性好、潜力大的特色外贸产业与骨干企业

邵阳外贸居于前三位的产业分别是一次性打火机、发制品和箱包。其中，2014 年，打火机行业进出口 10. 2 亿元，年出口突破 35 亿只，占据全国一次性打火机出口市场的 60%。该行业建立了全省第一家打火机模具研发中心，并正在积极申报全国出口打火机生产基地，生产出灯机、口香糖机等多种高端机型，打开了欧盟等海外高端市场。近年来，邵阳市发制品出口发展迅速，2014 年出口总值 9. 5 亿元，增长 23. 9%，现在已成为邵阳市重要支柱产业之一。目前，产品远销北美、欧盟、非洲、东盟等地，已经形成了阳光发品、鸿泰等 7 家发制品出口加工生产龙头企业。邵东箱包是邵阳市传统特色产业之一，2014 年出口总值 8. 1 亿元，增长 1. 1 倍。目前，政府正在打造箱包工业园区，以求发挥规模集聚效应。此外，玉新药业在国内同行业中居第三。另外，还有水轮发电机、竹木、皮革皮草、箱包、五金等优势产业前景看好。同时九兴鞋业、统一集团、合隆国际、百威啤酒等一批外商投资项目陆续建成和投产。

5. 有一支强大的邵商队伍

邵阳人敢闯敢干，有商业头脑，全国各地还保留有见证邵阳人打

拼的宝庆码头,邵阳人被冠以“东方犹太人”的美誉。改革开放后,数以十万计的邵阳人漂洋过海,外出干事创业。目前,全国已组建异地邵阳(宝庆)商会30多个,发展会员3万多人。据不完全统计,目前在外经商的邵阳人有100万之众,达到一定规模的有60多万,相当于绥宁和城步两县人口总和,每年创造的产值达4万亿。所有这些,将为邵阳开放型经济发展增添强劲动力。

(二)存在的问题

近几年来邵阳经济发展的开放度日益增强,开放型经济发展的潜力很大,但因国际经济环境外需不足等影响和自身发展要素制约,邵阳开放型经济推进的步伐仍然不够大、不够开,当前仍然存在着一些问题。

1. 开放型经济总量偏小

由于受历史原因和交通条件等客观因素制约,邵阳开放型经济起步较晚,基础相对薄弱,经济总量偏小。2014湖南进出口总额1906.9万亿人民币,300亿美元多一点点,而邵阳2014年是8.4亿美元,只占湖南的2.7%。一是外贸进出口龙头企业较少,既没有大型国有外贸企业支撑,又缺少出口过亿美元的龙头企业带动。打火机、发制品和箱包产业进出口均超亿美元,占全市总额近50%。但这是行业出口,单家企业出口过亿目前还没有,只有1家出口过5000万美元的企业。二是邵阳产品代理出口较为普遍。受海关、出入境检验检疫不便等因素影响,不在本市自营进出口的企业有上百家,代理进出口总量达4亿美元以上。2013年5月3日正式入驻邵阳以来受理进出口报关单712票,进出口额7224万美元,与我市2013年进出口总额5.9亿美元差距很大。2014年在邵阳本土报关的出口总值达51.7亿元人民币,折合美元也就8000多万,与8.4亿美元差距更大。三是进出口产品结构不优。邵阳进口商品主要是原材料,出口产品以一次性气体打火机、鲜冻猪肉、桔子罐头、竹木制品等劳动密集型产品为主,科技含量低,产品附加值低,利润空间小,难以做大做强。

2. 招商引资竞争力较低

近年来,邵阳在招商引资方面取得了很好的成绩,招商引资总量连年增长,促进了邵阳经济发展,但与其他市州相比,总体规模还偏小,实力强大的战略投资者相对较少,招商引资的门槛较低,特别是围绕产业链招商还远远不够,能带动上下游产业链的投资还不多,更不用说形成产业集群。

3. 承接产业转移力度不够

近几年,是沿海发达地区产业转移的黄金时期。邵阳具备承接产业转移的区位和资源优势,但在这一轮大潮中,郴州等包括永州城市抓住机遇,取得长足发展,而邵阳的承接力度明显不够,尤其是加工贸易发展跟进滞后。一是承接平台建设水平不高,特别是海关、出入境检验检疫机构建设滞后。邵阳至今尚未设立海关、出入境检验检疫机构,外贸企业报关在长沙或韶山,报检在株洲,业务办理不便,手续繁杂,物流和营商成本高,2012 年 11 月株洲出入境检验检疫局成立了邵阳工作组,2013 年 5 月韶山海关邵阳监管筹建组也入驻邵阳,解决了一些问题,但没有从根本上解决问题。也正如此,2013、2014 年来邵考察客商人数多,保利集团、格力电器、明杰环保、红星美凯龙、湖南在其他地方商会联谊会、邵阳以外的邵阳商会等一些知名企业考察团、上市公司和商会来邵阳考察达 400 多人次,但真正落户邵阳的很少。没有海关、出入境检验检疫机构已成为制约邵阳开放型经济发展的瓶颈。二是各大园区基础配套设施不全,服务不到位。土地、交通、电力等基础设施不全,保障不到位,再加之招工难等问题,很多企业不能正常生产,开工率不高,给企业造成一定的经济损失。同时,受国家宏观调控政策的影响,金融机构普遍收紧银根,而且对于邵阳这样的欠发达地区,银行基本不愿意放贷,企业融资非常难,严重制约了企业做大做强。

三、加快发展邵阳开放型经济的路径探讨

坚持以开放型经济引领全市经济发展，进一步解放思想，突破传统路径依赖，打造邵阳开放型经济升级版。

(一)解决思想观念和发展思路问题

思路决定出路。对地处湘中偏西南的邵阳来说，发展开放型经济，关键是要转变观念，进一步解放思想，增强国际化意识，充分利用国际国内两个市场、两种资源，实现"借力借资借智"，实施"走出去""引进来"战略，开展招商引资，承接发达地区的产业转移。"走出去"有通江达海的勇气和智慧，"请进来"有海纳百川的胸怀。在大开发的基础上实现全面开放和持续发展。

当前，我市处于工业化中期阶段，已经对发展开放型经济形成"倒逼"。改革开放以来，邵阳的经济发展在全省由前列一步步滑到后列，特别是与全省各市州的差距越来越大。问题出在哪儿？我认为，问题的关键在于思想解放不够，开放意识不强，发展思路不对。所以我们必须树立主动融入、敢闯敢试的开拓创新精神和"引进来""走出去"双向互动的开放理念。行动上，破除坐等上门、被动开放、不推不动、简单模仿跟风的消极行为，树立抢抓机遇意识，增强发展危机感。机制上，破除沿袭传统粗放式增长的模式，树立对外开放与科学发展相结合的理念、集约发展的理念。注重顶层设计科学规划，实现有序开放、有效开放、协调开放、梯度开放。

(二)全面提升开放型经济发展质量

1. 大力推进招商引资

要"引进来"，利用"洼地效应"，推进招商引资。围绕湘商产业园招商，湘商产业园是省委、省政府支持邵阳经济发展出台的优惠政策，我们要充分利用这一政策，创新思路，整合力量，加快建设，把它打造成邵阳经济发展的新增长极。全面开放投资领域，凡是法律法规以及

国家宏观调控政策、产业政策没有明令禁止的领域一律开放,鼓励投资和并购,突出引进大企业、大项目。着力发展总部经济,引导跨国公司、大企业在邵阳设立区域总部、营运中心、采购中心、研发中心和结算中心。通过总部带动开放型经济发展。要创新招商形式,既要有效组织参与全省性的大型招商活动,更要注重有针对性的、点对点的小规模招商活动。采取小分队招商、中介招商、商会招商等多种方式,尤其是要发挥邵商作用,实现以商招商、引商招商。

2. 加快外贸转型升级

坚持以扩规模转方式为重点,加快外贸转型发展,扩大外贸总量。首先努力挖掘潜力。加强传统出口产业、企业的潜力挖掘,积极引导市内龙头企业实施科技兴贸、品牌建设和市场多元化战略,进一步加大知识产权保护力度,加快建设研发设计中心,努力培育自主品牌,建立完善境外销售平台,努力拓展欧盟、北美、中东等新兴市场,提升质量,做大做强。其次做大总量。积极争取国家和省里支持我市发展加工贸易的政策和资金,学习借鉴湘南承接产业转移示范区的经验做法,及时出台与省政府相配套的政策措施,为发展加工贸易提供有力的组织、经费和机制保障。进一步优化外贸主体结构,扶持一批具有自主知识产权、自主出口品牌的大型外贸集团,培育一批"专精新特"的中小外贸企业。加快推进加工贸易转型升级,引导加工贸易企业向产业链高端延伸,促进结构优化、产品升级,不断扩大利润空间。

3. 加强对外投资合作

"走出去"是经济全球化发展的必然趋势。"走出去"实现原材料从东盟国家进口、初加工,在邵阳乃至国内其他地方再加工为成品,然后通过东盟国家口岸出口到世界各地,这样,可以缓解我国、我市的资源和环境压力。同时"走出去"还可以拓展市场,有效规避国际贸易壁垒、关税壁垒、配额壁垒。东盟国家,像泰国,多年来实行自由经济政策,并和全球 70 多个国家签订了零关税协定,辐射圈达 40 亿人口,这个市场非常大。而且，早在 2004 年 11 月，中国与东盟十国的经济部长共同签订的中国东盟《货物贸易协议》约定，到 2015 年，中国和东盟成员国正常产品的关税均降为零。从这些地方出口，可以规避国际贸易壁垒、关税壁垒、配额壁垒。所以要鼓励和引导企业走出国门，参与国际、区域合作。对政府来讲，就要加强对“走出去”企业的项目信息、政策咨询、法律支持、金融保障等综合服务，引导对外投资合理布局和境外有序竞争，增强企业风险掌控能力。加强商务、外事联系，及时为企业和外派劳务人员提供信息支持。

4. 大力发展旅游产业

旅游产业开放带动性强，产业关联度大，是当今世界发展最快、最具活力的“朝阳产业”。邵阳是一个拥有 2500 多年历史的城市，文化底蕴深厚，山水自然资源丰富，旅游景点众多，旅游发展前景光明。近些年，邵阳的旅游产业已经有了长足的发展，有些方面还取得了令人瞩目的成绩，但也必须看到，目前全市旅游经济的总量还偏低，总收入、接待游客总人数等主要旅游经济指标在全省还处于比较落后的位置。因此，必须进一步发挥旅游业在扩大开放、拉动内需中的重要作用，大力提升旅游业实力和国际化水平。以市委、市政府提出的八个建成为契机，舞活崀山这个龙头，着力建设隆回花瑶、武冈云山、绥宁黄桑、城步南山、洞口那溪、新邵白水洞六个景区，全力打造城区“宝庆新八景”，力争用 5 年时间，建成全省旅游强市，创建 5 个 5A 级以上景区，实现旅游总收入突破 500 亿元，到 2020 年全市接待游客突破 5000 万人次。

（三）大力拓宽开放型经济发展途径

1. 把承接产业转移作为重要抓手

积极抢抓全球范围内特别是沿海产业转移的重大机遇，发挥我市区位、资源和劳动力优势，增强配套功能，科学制定承接产业转移规划，促进产业合理布局，提升我市承接产业转移的吸引力和集聚力。

及时掌握产业转移动态，对那些投资额大、带动力强、关联度高的战略性项目和核心企业，实行高层推动、高位对接、特事特办，促进企业抱团转移和集群发展。

2. 加快县域经济开放发展

加快县域经济发展是增强区域经济综合竞争能力、实现富民强市的现实需要。抢抓重大发展机遇，创新发展思路，从实际出发，依托资源优势，大力加强招商引资，不断提高县域经济开放水平。把鼓励投资现代农业、发展资源性产品深加工和开拓国内外市场作为县域开放型经济的重要内容，着力建设一批产业特色突出、出口规模较大、外向度较高的开放型企业。

3. 突出园区开放的主阵地作用

园区发展一直是我市经济发展的“短板”。无论是市本级的宝庆工业集中区还是各县市的园区，没有充分发挥经济发展主阵地作用。进一步创新园区体制机制和管理模式，试行一区多园、多区一园园中园等模式，我市正在申报的国家级经开区就是以宝庆工业集中区为发展主体，邵阳经开区为申报载体的“一区两园”模式。探索跨县联合开发、委托战略投资者和有实力的企业成片开发等多元化开发机制，使园区真正成为开放型经济发展的主要载体。在培育和引进龙头企业上下功夫，打造一批主业突出、外资来源地相对集中的特色园区，推进园区产业集聚发展和特色发展。进一步加大园区投入，加强产业配套，完善园区设施，增强承载能力。

4. 建设开放式的现代物流体系

建设开放式的现代物流体系必须以公路、铁路、航空为依托。加快全市公路、铁路、机场建设，促进多种运输方式零距离和无缝对接，形成货畅其流的现代立体交通体系。重点在市城区建设一批功能齐全、规模较大、外向度高的综合物流园区、物流中心和配送中心。加快推进湘西南国际商贸物流城、香港招商绿色物流新城、金罗湾商贸物流城、邵东星沙物流园等物流园区建设,着力打造大型物流平台,提升园区对周边城市的辐射和影响力。

5. 加快构建口岸大通关体系

对于有820万人口,2.1万平方公里市域面积,每年有10亿美元以上的出口额的邵阳来说,加快构建口岸大通关体系已十分必要。株洲出入境检验检疫局邵阳工作组于2012年11月、韶山海关邵阳筹建组于2013年5月分别入驻邵阳,省政府已批复同意开放邵阳公路口岸,筹备成立市口岸管理办公室,邵阳口岸综合管理区建设项目完成选址、规划、征地工作。下一步,积极申报邵阳海关、邵阳出入境检验检疫局。同时,进一步加强口岸大通关体系基础设施和配套服务设施建设,完善口岸功能,增加口岸作业区,加快电子口岸平台建设,实行信息资源共享,着力构建高效率、低成本、可预见的大通关体系,实现投资贸易便利化。

6. 有效搭建开放型经济发展平台

平台建设是开放型经济发展的桥梁。进一步整合教育、文化、卫生、体育、旅游、外事侨务、对台、外宣、会展等资源,进一步完善我市开放型经济发展的平台体系。充分利用国际国内经贸平台,积极组团参加活动,全方位、多角度展示邵阳,推介邵阳。重点着力把邵商大会打造成国际性、国家级的开放型经济大平台。推进出口基地建设,发挥发制品国家级出口基地、打火机和箱包省级出口基地的示范作用,加快推进鞋类、皮草、医药出口基地建设,培育出口产业集群,实现出口企业集聚发展。

(四)加强开放型经济发展要素支撑

1. 加大政策支撑

一方面,积极争取国家政策。要用足、用好国家和省政策,最大限度地发挥政策效应。要抓住国家宏观调控侧重于调结构、促转型、扩内需、保民生,以及我省强化转型升级、文化发展、民生改善等政策扶持的有利机遇，将创牌子、上项目、争政策有机结合起来，为开放型经济转型升级争得更多支持、拓展更大空间。要加强政策落实情况督促检查，确保取信于企业、取信于投资者。落实好支持新办企业和中小企业出口退税政策，引导企业用足、用好信用保险政策，扩大出口信用保险覆盖面，降低出口回落风险。另一方面，加强对开放型经济形势的分析和研判，捕捉政策机遇，及时出台各项扶持政策。

2. 加大财税支撑

目前，出口退税已经全部由国家和省财政承担。在全面落实国家支持承接产业转移、支持产业结构调整、激励自主创新等方面的优惠政策外，加快建立积极的财税支持体系，加大出口退税支持，成立“促进邵阳发展开放型经济基金”，专门用于对外贸出口企业进行奖励，进一步调动企业自营出口积极性，培育一批龙头出口企业，扩大邵阳出口总量。

3. 加大金融支撑

没有金融支撑的发展都是空谈。我市企业普遍存在发展资金短缺问题，融资难一直是困扰我市企业发展的一大瓶颈。一方面要积极引导金融机构加大对外来投资企业的信贷支持，特别是要大力引进外资金融机构和境外私募股权投资机构进驻邵阳发展。另一方面，鼓励企业加快发展，争取上市融资。同时，进一步加强中小企业担保公司的担保力度，支持降低担保费率，对担保费率低于同期银行贷款利率的担保机构给予奖励。

4. 加大土地支撑

切实落实湖南省《关于进一步扩大开放加快发展开放型经济的决定》《关于加快发展开放型经济的若干政策措施》和邵阳《关于加快发展开放型经济的决定》文件精神，加强用地指标统筹，优先保障鼓励类外来投资项目用地。加强土地储备，对用地集约的国家鼓励类外商投资项目优先供应土地。建立用地审批“绿色通道”，确保用地。优化用地审批流程,加快供地速度,提高投资效率。

5. 加大人才支撑

邵阳的企业大部分是劳动密集型、生产粗放型、技术附加值低型,要鼓励引导企业加快技术创新,大力引进海外高层次人才、紧缺人才和创新团队,大力引进国外先进技术和管理经验。鼓励企业、高校、科研院所开展多种形式的交流合作,培养贸易和经营人才。加大投入力度,积极发展各类职业教育,加大职业技术人员培养力度。鼓励企业与大中专院校开展订单式、定向型培养培训。进一步加强县级职教中心建设,统筹开展农民工技能培训。支持外来投资企业对新招员工进行上岗培训。

(五)完善机制,形成合力

建立健全与开放型经济发展要求相适应的领导体制、运行机制和责任考核机制,形成推动开放型经济发展的强大合力。

1. 切实加强组织领导

成立高规格的发展开放型经济工作领导小组,负责研究发展开放型经济的重大问题。各县市区、园区也要建立相应的工作机构,形成全市上下齐心协力促开放的强有力领导机制。

2. 健全统筹协调机制

健全对外开放“信息共享、环境共建、问题共商、工作共抓”的多部门协同机制,建立部门联席会议制度、重大项目和重大活动会商制度,研究解决开放型经济发展的重大问题。对重大项目实行“五个一”工作落实机制,及时协调解决重大项目落地及其后续服务保障工作。

3. 大力优化开放环境

努力营造高效率、低成本、无障碍的开放环境。对所有的招商引资项目,开辟“绿色通道”,建立联席会议制度,实行并联审批、限时审批。落实重大项目领导挂点联系制度,及时帮助解决企业、投资者遇到的矛盾和问题。进一步强化执行意识、责任意识、效率意识,突出服务的超前性、主动性和创造性，不断转变工作作风，切实解决“办事难、程序繁”“门难进、脸难看、事难办”和“不给好处不办事、给了好处乱办事”等突出问题。

4. 建立完善考评制度

进一步明确工作责任，建立有效的开放型经济工作评价和激励机制，完善招商引资、承接产业转移、外贸进出口、外经合作等开放型经济统计指标体系，有效开展政府年度综合绩效评估体系严格考评。坚持以实绩任用干部，对在发展开放型经济中表现优秀、业绩突出和贡献较大的个人，在经济、精神上予以奖励，在培养和选拔干部时优先予以考虑。

“互联网+”及其在邵阳的发展对策

张才清①

2015年3月5日,李克强总理在第十二届全国人民代表大会第三次会议的政府工作报告中指出:“要制定‘互联网+’行动计划,推动移动互联网、云计算、大数据、物联网等与现代制造业结合,促进电子商务、工业互联网和互联网金融健康发展,引导互联网企业拓展国际市场。”②2015年3月15日,李克强总理在答新闻记者问中再次热情洋溢地讲道:“我想,站在‘互联网+’的风口上顺势而为,会使中国经济飞起来。”李克强总理通过政府工作报告和答中外记者问,代表政府将“互联网+”概念强势推出,使“互联网+”一时火了起来,这也是第一次将“互联网+”概念上升到国家战略层面。那么什么是“互联网+”?为什么+,怎么加?这就是本文想探讨的几个主要问题。

一、互联网的发展及“互联网+”

(一)互联网的起源及其在中国的发展

1. 互联网的起源

要明白什么是互联网,先要了解什么是计算机网络。

---

① 张才清,男,中共邵阳市委党校科技教研部副主任,副教授。

② 李克强:《第十二届全国人大会第三次会议政府工作报告》,人民出版社2015年版,第13页。

计算机网络,其实就是利用通信设备和线路将地理位置不同、功能独立的多个计算机系统互连起来,以功能完善的网络软件来实现网络中资源共享和信息传递的系统。

互联网就是把不同的计算机网络通过通信线路和设备以一组通用的协定连接起来,形成逻辑上的单一巨大国际网络。这种将计算机网络互相连接在一起的方法可称作“网络互联”,在这基础上发展出覆盖全世界的全球性互联网络称“互联网”,即是“互相连接在一起的计算机网络”,目的是为实现全球范围数据通信和网络资源共享。“互联网 +”的核心内容是互联网技术。

2. 互联网在中国的发展

互联网在中国的发展经历了三个阶段,目前正在迈入第四阶段。

(1)信息通讯阶段(1997 年前)。在这阶段人们更多是利用互联网进行沟通,包括电子邮件、在线即时沟通工具 QQ 和 MSN、远程登录 FTP、电子公告 BBS 等。这一时代互联网在中国的发展有两件大事:一是 1986 年 8 月 25 日,中国科学院高能物理研究所的吴为民教授在北京 710 研究所通过卫星连接,远程登录到日内瓦一台计算机上,发出了一封电子邮件,这是中国人第一次用互联网发出的电子邮件。二是 1994 年 4 月 20 日,NCFC(中国国家计算与联网设施工程又称中关村地区教育与科研示范网络)通过美国 SPRINT 公司连入 internet 的 64K 国际专线开通,实现与 internet 的全功能连接,从此中国被国际上正式承认为真正拥有全功能 internet 的国家。

(2)纯互联网阶段(1997—2006 年)。尽管出现了电子商务,但互联网就像是一个独立的存在,主要是热衷于游戏好奇的年轻人和互联网圈内人使用互联网,企业基本上不太关注,尽管也有少数传统企业涉足电子商务,但这一阶段互联网对传统的经济体系影响不大。

(3)企业互联网阶段(2007—2013 年)。2007 年以后,随着网络基础设施不断完善,网民日益增多,中国企业开始认识到互联网对于企业形象和产品宣传营销的重要性,企业为了自身转型升级的需要,许多传统企业开始拥抱互联网,建立企业网站,开始电子商务,或深或浅地实现自身的互联网化。

(4)自2014年起,中国开始进入"互联网+"时代,那么什么是"互联网+"?

(二)"互联网+"的定义

官方版见《2015〈政府工作报告〉缩略词注释》:"互联网+"代表一种新的经济形态,即充分发挥互联网在生产要素配置中的优化和集成作用,将互联网的创新成果深度融合于经济社会各领域之中,提升实体经济的创新力和生产力,形成更广泛的以互联网为基础设施和实现工具的经济发展新形态。官方的定义较长,也较抽象,相比较互联网大佬们提法更具体。

于扬最先提出"互联网+",他认为互联网就像是水电一样的基础设施,这个世界所有传统的应用和服务都将被互联网所改变,这样所形成的经济形态就是"互联网+"。强调互联网的基础设施地位和对传统行业的改造。

马化腾认为:"互联网+"是以互联网平台为基础,利用信息通信技术与各行业的跨界融合,推动产业转型升级,并不断创造出新产品、新业务与新模式,构建连接一切的新生态,他认为互联网+的特质就是跨界融合,连接一切!强调互联网技术跨界连接创新。

阿里研究院的《"互联网+"研究报告》指出,所谓"互联网+"是指以互联网为主的一整套信息技术(包括移动互联网、云计算、大数据技术等)在经济、社会生活各部门的扩散应用过程。强调互联网技术在经济社会生活中的扩散应用。

李彦宏在《李彦宏谈互联网与传统产业结合:化腐朽为神奇》中认为"互联网+"是互联网与其他传统产业一种结合模式。他认为,互联网和很多产业一旦结合的话,就变成了一个化腐朽为神奇的东西。强调互联网与传统产业的结合。

雷军(小米科技老总)在《让雷军告诉你:“互联网+”加的是什么》中认为“互联网+”就是用互联网的技术手段与互联网思维与实体经济相结合,促进实体经济转型、增值、提效。强调互联网技术手段和思维与实体经济结合,促进实体经济的转型升级。

不同的表述,尽管侧重面不同,但基本上都强调的是要把互联网技术融合到传统产业和经济社会生活中,实现社会发展信息化、智能化、现代化的高度统一。“互联网+”,就是把互联网技术融入各行各业中,改造传统各行各业,提质增效,充分发挥互联网在经济发展和社会生活中的基础性作用,改变生产生活方式,促进社会进步,产业创新,经济转型升级。“互联网+”,“+(加)”的是传统的各行各业,这个“+”并不是简单的相加,而是1+1>2,甚至是几何的递增,是我们赶超世界的必然需要,也是我党“执政为民”的真正体现。“互联网+”是一种形态或者说生态,在这种生态下,互联网已经深入渗透到人们的生产生活中,对于人们来讲互联网就像水电一样,深刻地影响和改变着我们的生产和生活方式,使得我们的生产和生活都离不开它。

从本质上来说,“互联网+”是一种新的经济形态,是互联网广泛应用于生产和服务各领域,实现智能化生产和服务、泛在化互联,提供个性化产品,最终表现为虚拟化企业的新的经济发展形态,是世界性的共同目标。我们可以把互联网看成一种工具,通过“互联网+产业”的模式,让传统行业运用互联网思维去改造自身企业的业务流程和商业模式,重塑企业的整个价值链。

未来20年,所有的企业都是互联网企业。传统的制造、医疗、农业、交通、运输、教育等行业都将被互联网化。“互联网+”体现为互联网的技术、商业模式、组织方法将成为各个行业的标准配置。“互联网+”是工业与信息化融合发展的进一步延伸,不仅包括工业互联网,也包括行业互联网和企业互联网。“互联网+传统产业”的融合不是简单的一加一等于二,这种创新融合势必大于二者相加。它改变了人们的生产、工作和生活方式,是传统行业增长的新引擎,是创新驱动发展的新常态。

所以通俗理解:“互联网+”就是互联网技术与传统的各行各业的深度融合,对传统产业彻底改造和优化提升,从而促进产业转型升级和社会进步,形成更广泛的以互联网为基础设施的经济发展新形态。这个“+”可以理解为加入融合、加速提质、改造创新,所以有人讲“互联网+”就是第四次工业革命,这是非常有道理的。

二、“互联网+”提出的时代背景及其意义

(一)“互联网+”提出时代背景

1. 互联网在中国发展迅猛,互联网经济体量庞大,增速惊人

根据CNNIC(中国互联网络信息中心)2015年第35次中国互联网络发展状况统计报告,截至2014年12月,我国网民规模达6.49亿,全年共计新增网民3117万人。互联网普及率为47.9%,较2013年底提升了2.1个百分点。我国手机网民规模达5.57亿,较2013年增加5672万人。网民中使用手机上网的人群占比由2013年的81.0%提升至85.8%。人均周上网时间26.1小时。

来自易观的数据表明,2014年中国网上零售市场交易规模达28637.2亿元,增速为45%,2014年移动网购呈爆发式增长态式,全年移动网购规模达8616.6亿元,增速为229.3%。根据易观的预测,到2017年,中国移动互联网用户规模可达8.6亿人,而移动互联网市场规模(含移动生活服务、移动营销、移动购物、移动娱乐及流量费等)则可能超过4.5万亿,很明显互联网和移动互联网整体市场体量不小了。2015双十一,淘宝天猫一天交易额超过912亿元人民币,其中手机交易626.42亿,占比68.67%,人们在网上交易的热情比较高。据阿里巴巴2015年1月份公布的财报显示,2014年阿里巴巴中国零售

平台实现商品交易成交总额 2. 3 万亿,就绝对值而言,与上海、北京全年 GDP 总量差不多。

2005—2014 年中国网民的人数及普及率是逐年上升,2005 年网民人数 1. 11 亿,普及率只有 8. 5% ,2014 年网民人数 6. 49 亿,普及率 47. 9% ;2011—2015 年手机网民人数及占比也是逐年上升,2008—2014 年我国电子商务交易额占 GDP 的比重也是逐年上升,并且 2014 年达到了 20. 42% ,相当惊人,成为中国经济新的增长点。有专家根据相关数据模型推算,到 2017 年我国电子商务交易额将达到 21. 6 万亿,在 GDP 中占比将更大。

所以无论看绝对值还是看增长率,互联网经济带来的都是惊人数字,互联网对中国经济和社会生活的影响越来越受到政府关注。

2. 新常态产业转型升级遇上瓶颈,创新驱动乏力,经济下滑

(1)经济新常态特征:中高速、优结构、新动力。中高速:经济增长换挡回落,由过去 10% 左右的高速增长调整为 7%—8% 的中高速增长;优结构:产业结构要优,第三产业要逐步成为产业主体,需求结构要优,消费需求逐步成为需求主体,城乡区域结构优化,城乡差距将逐步缩小,收入分配结构优化,居民收入占 GDP 比重上升;新动力:由要素和投资驱动转为创新驱动。

而当前经济发展面临诸多困难和挑战:经济发展方式依然相对粗放,创新能力不足。正因为缺乏创新,产能过剩问题非常突出,钢铁、水泥、电解铝、平板玻璃利用率都只有 70% 多一点,将近 30% 的产能过剩或者说是无效的 GDP,到 2016 年 2 月国内工业品出厂价格(PPI)连续 48 个月负增长,同时生产要素成本上升,企业收益降低,投资达不到预期的效益,投资者投资热情减退,投资增长乏力,许多企业处于停工半停工状态,工人隐性失业或者说就业压力大,消费信心不足;另一种情况,居民消费心理,买涨不买跌,新的消费热点不多,造成内需不足,稳增长难度加大。

(2)出口形势严峻:外需不振;出口成本高。出口方面,欧债危机持续,国际经济复苏乏力,外需不振。同时由于国内人力成本不断上升,环保投入越来越大,企业出口综合成本居高不下,再加上产品缺乏创新,这些综合因素,造成我们的出口增长比较微弱。

(3)经济增长的三驾马车,投资增长乏力,消费内需不足,出口外需不振,这样就造成我们的经济增长形势严峻,甚至出现经济增长下滑严峻局面。所以中央经常提稳增长,寻找新的经济增长点,新的经济增长点在哪里?创新驱动,互联网经济就是一个好的增长点。

3. 互联网在改造传统产业上展现出强大的生命力

一些企业通过触网试水,互联网与企业尝试融合,产业越做越大,互联网+传统产业展现出强大的生命力。

互联网+传统广告成就了百度

互联网+传统集市成就了淘宝

互联网+传统百货卖场成就了京东

互联网+传统银行成就了支付宝

互联网+传统红娘成就了世纪佳缘

互联网+传统出租成就了快的、滴滴

……

2014底福布斯中国富豪排行榜前三甲:马云、李宏彦、马化腾

互联网在改造传统行业上展现出的强大生命力给其他行业转型升级提供了借鉴。

正是在这样的背景下,“互联网+”最终被政府认可并写入政府工作报告,成为了国家战略,并在2015年7月4日国务院出台了《关于积极推进“互联网+”行动的指导意见》,积极推进“互联网+”行动计划的落实。

（二）发展"互联网+"的意义

1. 有利于形成新的经济增长点，稳定经济增长速度

从"互联网+"提出的时代背景看，"互联网+"是撬动经济增长、发掘新经济增长点的重要"催化剂"，将极大地释放信息数据转化成巨大生产力的潜力，成为社会财富增长的新源泉和经济增长的新动力。以蓬勃发展的电子商务为例，近年来，电子商务年均增速超过20%，2014年和2015年中国电子商务交易额分别达13.4万亿和18.3万亿，2015年比2014年同比增长36.5%。预计未来3—5年，得益于日益完善的通信网络和庞大网民数量，我国电子商务还可以保持30%—40%左右的增速。"互联网+"形成的新兴行业以及与传统行业的融合升级，将是扩大消费、带动就业的重要经济增长点，对稳定促进经济增长意义重大。

2. 有利于调整经济结构，推动提质增效升级

以电子商务、互联网金融、互联网医疗、互联网教育、互联网交通等新型服务业的大力发展，将极大地提高第三产业占国民经济的比重，优化产业结构，同时"互联网+工业"的个性化生产充分满足消费者不同的消费需要，进一步促进消费，优化需求结构。

"互联网+农业"和"互联网+工业"能推动产业提质增效，转型升级。

"互联网+制造业"不同于依靠生产成本优势的中国制造，"互联网+"将使我国经济的特征由看得见、摸得着、有排放的"实体"中国制造，转变为智能化、数据化、少排放的"柔性"中国智造，从而改变产能过剩的局面，我国经济将步入质量效益更好、增加值更高、趋于"微笑曲线"两端的升级版，产业提质增效。微笑曲线是由台湾宏基集团创办人施振荣先生提出的，从产业链的分工来看，有研发、生产制造、市场销售服务，研发和销售服务处于两端，但其附加价值最高。"互联网+"能通过网络聚集民间智慧，形成众包众创，促进产品的研发，也

能通过互联网电子商务,扩大营销和促进售后服务市场的建立和完善,从而提升我国制造业在国际产业链分工中长期处于产业链低端的不利地位。从产业结构层面来讲,“互联网+”焕发出的巨大经济活力和财富效应,将引导我国产业结构走向分工高端,新兴信息产业的快速发展、互联网技术与传统产业的融合,有利于增强企业的研发力量,也有利于开发市场,创造品牌,完善产业链,使两端提升,产业附加值提高,产业升级。

3. 有利于提高居民福利水平,实现更为包容的增长

互联网使优质的教育、医疗资源配置更加均衡,区域城乡之间公共服务差距缩小。互联网的发展给社会弱势群体带来了难得的发展机会,对实现包容性增长,将经济增长的收益分享给社会所有阶层特别是弱势群体有重要的意义。全国7000多万农村贫困人口、8000多万残疾人是实现全面建成小康社会的重点难点。互联网技术的发展,一方面,给扶贫工作带来了新的技术手段,分类扶贫、个性化扶贫变得切实可行,互联网大数据可以使统计更准确,扶贫工作更加精准有效;另一方面,给弱势群体提供了实现自我发展的工具,移动支付的便利性正在缩小中国偏远地区贫困和残疾人群与世界的距离,近10年来已有超过3万名的残疾人在淘宝平台创业,偏远贫困地区的人们正在借助农村电商踏上致富道路。

4. 有利于进一步转变政府职能,提高政府治理效能

“互联网+”使信息更加公开透明,市场经济的逐利性使得资本资源人才技术这些生产要素向更能创造价值的地方流动,而互联网时代群众的监督又无处不在,这些就迫使政府必须厘清职能,不能直接参与市场竞争和过多干预,要进一步简政放权,激发市场经济和互联网经济的活力。

互联网技术的应用,可以极大地提高政府治理效能,可提高政府工作效率,削减公务员人数,节省政府运行成本;使用大数据能更有效

地提供基本公共服务，如通过大数据能更有效地识别扶贫对象，提高扶贫资金的使用效率，帮助更多人群脱离贫困。更重要的是，“互联网+”能降低信息传播成本，使政府信息在全社会传播的广度、深度和速度大幅提高，网民发布和接收信息也更加便利，群众对政府的监督和评价也更容易和主动了，从而加强了对政府行为的约束，倒逼政府加快提高治理效能。

三、邵阳发展“互联网+”对策建议

“互联网+”在一些大中城市已经火热，各种“互联网+”经济形态不断涌现，但在邵阳反响不大，一些新经济形态还没出现，如互联网租车、互联网医疗等，在邵阳“互联网+农业”和“互联网+工业”的典型案例还未有报道，我认为邵阳要加快发展，必须抓住“互联网+”这场科技革命的机遇，迎头赶上。

“互联网+”对于邵阳来说是挑战也是机遇，说是挑战因为我们基础设施落后，人才缺乏，“互联网+”是一种创新，创新就必须有这方面的创新人才，而我们经济落后地区人才缺乏，创新的“互联网+”人才更缺；说是机遇因为这场科技革命刚开始，还来得及。要大力发展“互联网+”，我认为邵阳市政府部门应从如下几个方面加大力度。

（一）加强宣传和培训，营造构建“互联网+”氛围

对于“互联网+”，邵阳市一般的人并不是很清楚，更谈不上积极行动，政府相关部门应大力宣传普及“互联网+”相关知识，要通过电视广播、报纸网站等媒体广泛地宣传“互联网+”，不仅要让广大市民了解“互联网+”及其意义，更要知道如何去加。这就要求相关部门（如科技局、科协、商务局等）要开展相关培训，普及“互联网+”技术，在邵阳应选择电子商务以及“互联网+服务业”这些已经成熟的“互联网+”业态模式作为突破口，有选择性地先对待业的大学毕业生和待业青年、残疾青年等进行技术培训，这样既能解决他们的就业问题，

也能带动邵阳电子商务等第三产业的发展,促进邵阳产品营销,还能拉动邵阳包容性经济增长,让弱势群体能享受到科技经济发展成果。除了组织这些人员参加学习,还要确保他们能成功开店经营,帮助到底。

相关部门要派出技术人员深入基层指导示范,尽快在邵阳建立一批行业"互联网+"示范企业,不仅是电子商务,还要建立起互联网学校、互联网医院、互联网农庄、互联网工厂等示范点,推广"互联网"技术,让更多的人能将互联网技术应用到传统行业中,更多的人从事"互联网+"行业,从而在邵阳形成通过"互联网+"进行创业创新的热潮。

(二)政府部门要带头发展"互联网+"

"互联网+"形态要求政府的政务工作要实现政务电子化,不仅是要在网上公开相关的政策法规,并且各种办公活动和服务也要尽可能延伸到网上。而事实上,一些政府部门的网站,内容陈旧,更新不及时,有些部门的内容介绍甚至都是空的,可提供的信息太少,大多数政府部门网站缺乏与市民的互动,缺少网上办公功能。一些部门有互联网不用,公文通知依然发打印稿。

政府部门要完善单位网站,不仅内容更新要及时,还要增加网上办公功能,把一些能在网上咨询和办理的工作在网上进行,方便市民。同时政府网站是邵阳互联网的窗口,要让世界了解邵阳,政府网站就要多宣传邵阳,不仅宣传邵阳的政治文化、风景名胜,更要多宣传邵阳的企业和产品,为经济建设服务。

要增加与市民的互动,以便及时了解民情,广纳民意。同时各部门应增加市民对政府各部门的评价建议功能,建立邵阳大数据,实现政府各部门的数据共享和关联,提高行政效率。

(三)加大投入,加强信息与物流等基础设施建设

现在有很多人和很多部门的工作是离不开互联网的,譬如网监网

警部门、网上银行、电子商务等，尤其是智能手机用户，随时随地都有联网要求，这就要求我们的网络要真正全覆盖。

邵阳还有地方尤其是在农村山区手机信号没完全覆盖，一些地方尽管有信号但信号不稳定，一些服务部门不提供无线宽带等，所以要营造良好的“互联网+”形态，政府和有关部门还要加大投入，确保网络真正全覆盖和在城区服务部门能提供无线宽带接入。

电子商务是“互联网+”中很重要的一部分，而方便快捷的物流系统是发展电子商务的必要条件。邵阳的物流快递覆盖面仅在城区和县城周边，而广大农村乡镇没有快递，这样就造成农鲜产品物流不畅，不便保鲜，同时物流成本高，不利于农村乡镇农鲜产品电子商务的发展。

要发展农村乡镇物流，我认为政府除要继续抓好乡村公路建设，实现村村通之外，还应通过税收优惠或提供仓储场地等措施鼓励物流企业进驻乡镇，在乡镇建立快递服务网点，有条件、业务量大的地方争取快递到村，方便邵阳农村农民在本村从事农鲜产品的电子商务活动。

（四）政府要加强网络监管，打击网络诈骗和网络犯罪行为，给“互联网+”营造一片净土

互联网经济需要网络诚信。影响“互联网+”发展的除了硬件、技术等因素外，网络诚信、网络安全也是非常重要，这是整个国家、整个社会都要关注的一个大问题。

大家知道，电子商务供需双方没有见面，消费者没有见到产品，只是根据网站的描述和其他客户的评价，在网上下单，但现在网上有专为商家刷好评的现象，采取这种虚假手段为商家增加这种假信用来欺骗消费者，这就涉及商家的诚信问题，消费者如果上过几次当就会影响其网上购买热情。所有的“互联网+”形态的发展都离不开网民的支持，而网民支持来源于对商家的信任。

商家的信用也不仅仅是商家自己的事,当地市民的信用对商家经营也会产生很大的影响。市民个人的诚信也会影响一个城市的诚信度,如果网民对某个地方的信用产生不好的印象,一看到商品产地或者商家是某地就不想买,从而影响该地互联网经济发展。因此,讲一些商家或网民在网上的不诚信行为,最终损害的是整个地方"互联网+"生态。所以政府部门必须重视和维护邵阳的信用问题,营造诚信邵阳。

如何营造诚信邵阳?我认为第一,政府要率先垂范,说到做到,做诚信政府。第二,要正面多宣传邵阳,在媒体上多宣传邵阳的好人、好事、好企业、好产品。第三,对市民和经营户要加强诚信教育,并建立个人诚信档案,对守法诚信的经营者大力表彰,对有失信行为的个人予以曝光批评并做出相应处罚。第四,要加强市场监管。对投诉要认真处理,及时回复。既要维护消费者权益,也要保护经营者诚信合法经营,要热情善待外地在邵客商或客户。要在网上公开投诉电话和信箱,并对涉及邵阳的投诉认真调查处理落实,做到件件有回复,从而维护消费者权益,让消费者满意,让消费者放心购买邵阳的产品或服务,让消费者感受到邵阳人的诚信,从而维护邵阳形象,营造诚信邵阳。

另外网络安全问题对于"互联网+"生态构建影响很大。由于网络技术还存在漏洞,一些网络用户不注意保护个人信息,犯罪分子往往会利用病毒程序或者是诈骗信息套取一些网民个人信息进而骗取钱财。所以有关部门如公安、工商、金融和媒体宣传部门应对市民加强安全教育,以生动的案例、灵活的宣传方式让广大市民,尤其是中老年易上当群体注意保护自己的隐私,提高防骗意识,防范网上诈骗。

同时,相关部门还要加强技术研究开发,从技术上堵塞网络漏洞,构建网络安全。网监网警等部门要加强监管和执法,对于那些通过网络窃取他人个人信息进行诈骗的犯罪行为要快速反应,依法打击,从而保证"互联网+"安全环境。

(五)引进和培养互联网跨界人才,为发展"互联网+"提供智力支撑

发展"互联网+"其实就是一种创新,技术创新引领经济形态的创新,需要人才做支撑。"互联网+"是互联网技术与各行各业的深度融合,所以这里的人才是跨界的人才,既要通晓互联网技术,又要熟悉相关行业的专业技能。

这种跨界人才比较稀缺,传统的人才可能对互联网技术不精通,熟悉互联网技术的可能对其他专业不熟悉,这都不符合跨界人才的要求,要引进这样的人才有难度,我认为如不能引进则可以借智!在"互联网+"时代人力资源也可共享,可以请外面的专家为邵阳发展作规划、研究和指导,为邵阳发展出谋献策。邵阳籍互联网专家不少,如工程院院士、中国科学院计算机研究所原所长李国杰,微信之父张小龙都是邵阳人,可以请他们来讲学和指导,并帮助培养邵阳人才。

同时可以通过继续教育的形式培养"互联网+"跨界人才,政府委托高校或者相关培训机构进行培训,各单位(包括中小企业)选派专业业务人员来参加学习,经费应由政府负担,分批培训,并且要讲求实效,为邵阳发展"互联网+"培养出更多的跨界人才。

"互联网+"是一种经济形态,政府不仅要营造"互联网+"的经济环境、发展"互联网+",还需要各个企业、中介机构、广大市民积极行动,要用互联网技术去改造相关业务流程,从事相关活动。只有从政府到企业,包括广大民众都使用互联网技术,让互联网技术彻底融合到各领域,从而改变生产生活及服务方式,这样才是真正的"互联网+"!

后 记

中组部、省委组织部出台了关于加强学员党性修养的意见，同时，在2015年全国党校工作会议上，习近平总书记明确指出了“党校姓党”，必须加强马克思主义理论修养。

为了深入学习、研究和宣传这些精神，提高学员的理论修养和党性修养，中共邵阳市委党校、邵阳行政学院组织部分教师编纂了《聚焦主课》一书。常务副校长李小坚、副校长邓政任主编。各章作者分别是：马昌永、郑典福、刘颖梅、肖凤、李小坚、杨佳、肖功军、邹鑫、戴开成、肖顺昌、肖璐璐、邓政、姚海波、李姝茔、范茜、谭丁平、刘甜甜、肖坤洗、刘向阳、孟一凡、刘淑芳、王珂珂、唐为、唐月香、张才清。姚海波副教授撰写前言，邓政副校长提出写作提纲初稿并担任全书统稿工作。

教研部张才清、肖功军、戴开成、邹鑫，教务处谭丁平老师为本书的出版付出了辛勤的劳动。书中借鉴和吸取了其他同志的研究成果，在此一并表示衷心感谢。由于写作时间比较仓促，书中不足之处在所难免，恳请各位读者和专家指正。

编者

2016年6月27日于邵阳